Sylter Schmökerlexikon

Manfred Wedemeyer

Sylter Schmökerlexikon

Verlag Peter Pomp · Essen

Titelbild: Hinterglasmalerei Astrid Störzer, Freyung
Titelbildentwurf: Manfred Boiting, Essen
Fotos: Dr. Manfred Wedemeyer, Morsum/Sylt
Satz und Druck: Peter Pomp GmbH, Essen
Buchbinderei: Hunke & Schröder, Iserlohn

ISBN 3-89355-056-9

Einladung

Nein, verehrte Leser, es ist kein Druckfehler. Hier soll keine Einleitung stehen, sondern ich bitte darum, einladen zu dürfen zu einer geruhsamen, unterhaltenden Einsichtnahme in das Sylter Schmökerlexikon.
Unter Schmöker verzeichnen die Wörterbücher ein altes, durchräuchertes Buch und beziehen sich dabei auf das niederdeutsche Wort smöken oder rauchen. Indes ist zwischen smöken und smökern zu unterscheiden. Smökern bedeutet lesen oder sich in ein Buch vertiefen. Als Schmöker wird ein Unterhaltungsbuch bezeichnet. Folglich soll auch ein Schmökerlexikon unterhalten. Darin kann man sich vertiefen und zum Zeitvertreib behaglich lesen. Aber das Sylter Schmökerlexikon erhebt darüber hinaus einen Anspruch. Es soll nicht nur unterhalten. Es bietet vielfältige, sachlich zutreffende Informationen über die nordfriesische Insel von A bis Z, nämlich von Aal bis Stefan Zweig. Auskünfte und Berichte unterhaltsam und zuverlässig zu vermitteln und dabei Eigenheiten und Konturen der Insel deutlich werden zu lassen, ist die Aufgabe dieses Schmökerlexikons. Man kann darin blättern und einzelne Stichworte suchen. Es eignet sich jedoch auch zum Lesen von A bis Z. Freilich ist die Gepflogenheit, Wörterbücher ganz durchzulesen, wohl wenig verbreitet. Bertolt Brecht zum Beispiel gehörte zu den Lesern, denen es Vergnügen bereitet, ein Lexikon von vorn bis hinten zu studieren. Der Autor des Sylter Schmökerlexikons wünscht sich viele Leser, die diesem Beispiel folgen mögen. In jedem Fall sollte es wie alle Lexika zum Fest- und Querlesen verführen.
Das Sylter Schmökerlexikon ist in persönlich-subjektiver Auswahl zusammengestellt. Entsprechend den Neigungen des Verfassers überwiegen literarische, biographische und historische Themen. Aber auch die Gegenwart kommt nicht zu kurz, obschon Aktualität nicht angestrebt ist. Denn eine Zeit, die auch auf Sylt schnelle Entwicklungen, neue Ereignisse und wechselnde Erkenntnisse mit sich bringt, verlangt bewußte Beschränkung auf das Wesentliche und Eigenartige der vielgerühmten Insel.

Manfred Wedemeyer

Aal

Daß der Aal sowohl im Süß- als auch im Salzwasser leben kann, erwies sich auf Sylt zum Beispiel in der Vogelkoje Kampen am 3. Januar 1976 bei einer Sturmflut. Das Wasser stand etwa 2,50 Meter hoch im Naturschutzgebiet. Auch der Süßwasserteich der alten Entenfanganlage war überflutet. Die im Teich ausgesetzten Rotfedern und Karpfen kamen im Salzwasser um. Nur die Aale überlebten den Einbruch des Meerwassers. Aale gibt es heute in vielen Gewässern der Insel. Sie sind Raubfische und ernähren sich von Krebsen, Schnecken, Muscheln, Fischen und Würmern. Sie unterliegen einem Wandertrieb, um ihre Eier im Meer abzulegen, nämlich in der Sargassosee zwischen den Bermudas und den Westindischen Inseln, 3 500 Seemeilen entfernt von der Elbmündung. Dort laichen sie in 40 Meter Tiefe, treten niemals die Rückreise an und sterben in der Sargassosee. Die Aalbrut wird von den Strömungen quer über den Atlantik zu den Küsten Europas befördert. Die bekannteste Aalart ist der Europäische Flußaal (Anguilla anguilla), auch auf Sylt ein begehrter Leckerbissen. Die Mehrzahl der auf der Insel verzehrten Aale stammt aus Dänemark (Limfjord).

Albert Aereboe

Zu den Malern, die zeitweise in den Bann der Insel Sylt geraten sind, gehört Albert Aereboe, 1889 als Sohn eines Lübecker Dompredigers geboren, 1970 im Alter von 81 Jahren in seiner Geburtsstadt gestorben.
Nach seiner Ausbildung an der Akademie für bildende Künste in München war er freischaffender Künstler und zählte zu der Richtung, die mit dem Namen „Neue Sachlichkeit" gekennzeichnet worden ist. Aereboe war von 1919 bis 1926 Leiter der dekorativen Malklasse an der Kunstgewerbeschule in Kassel. Dort erhielt er 1923 den Professoren-Titel.

Plakatentwurf für eine Ausstellung in der Kunsthalle Kampen 1957

Nach einem Besuch auf Sylt entschloß er sich 1925, gefesselt von der Insellandschaft, ein Atelierhaus an der Sylter Nordspitze in List zu bauen. Diesen Wohnsitz nahe der kleinen Siedlung der

Bauernfamilien des weiten Listlandes vertauschte er hin und wieder mit Aufenthalten in Berlin und Paris. 1939 richtete er eine Atelierwohnung in Berlin ein. Nachdem sie 1943 zerstört worden war, kehrte Aereboe nach Sylt zurück und wohnte jahrelang im Haus seiner Schwägerin in Kampen am heutigen Hoogenkampweg. Sein Lister Atelierhaus hatte er schon 1939 verkauft.

Was den Künstler veranlaßte, sich in List anzusiedeln, hat bereits 1931 A. B. Enns in dem Aufsatz „Albert Aereboe – der Maler auf Sylt" (Niederdeutsche Monatshefte, 6. Jahrgang, Heft 10) dargestellt: „Was ihn anzog, war die herbe, schwarzgrüne Farbigkeit, die er für die sanfte Blaurotstimmung der Ostsee eintauschte. Die Dünenwelt mit ihrer spärlichen und mageren Vegetation, die kühle, weit hingelagerte See und der unermeßliche Nordseehimmel boten ihm neue Ausdrucksmöglichkeiten.

Hier war noch alles unberührt von Menschenhand; eine unentdeckte und ungehobene Natur, die sich jeden Tag im Kampf mit Wind, Wogen und Sonne erneuerte, hatte einen großen und frischen Atem. Hier war man abgeschnitten von allem Alten, von der traditionsbeladenen Heimatstadt, von dem aufgespeicherten Kunstgut, von der allzu wichtig genommenen Kunstlehre. Selber mußte man die Formen aus der frischen Natur holen."

Einzelheiten über sein Leben auf Sylt und die Anregungen, die er der Insel verdankt, hat Aereboe in Briefen an Elisabeth Hablik-Lindemann, Handweberin in Itzehoe und Frau des Malers Wenzel Hablik, mitgeteilt. Diese Briefe aus den Jahren 1934 bis 1960, heute in der Sammlung Hablik in Itzehoe aufbewahrt, zeigen insbesondere, wie die Natur der Nordseeinsel den Maler beeinflußt hat.

In jenen Jahren ist eine Reihe von Bildern entstanden, die die Sylter Landschaft, vor allem Dünen, darstellen. Aber auch Pflanzen und andere Natureindrücke haben das Malerauge erfreut: „Die kleinen weißen Osterblumen stehen ganz rührend blühend unter meinen kleinen Büschen, als wenn sie da immer schon gestanden hätten ... Mein Haus ist natürlich klein. Es war ja auch nur für 2 Menschen berechnet . . . Ich ging eben vor meine Haustür. Es ist dunkler Nachthimmel und man hört von weitem ganz dumpf das Meer wallen. Aber rundherum um mein Haus auf den Wiesen ein mächtiges Konzert von Tausenden von Fröschen. Das klingt alles so schön ausgeglichen und harmonisch" (List, 15.4.1934).

Das Gleichgewicht der Natur im Listland war in jenen Jahren noch vorhanden. Die Bebauung hatte den weiten Blick noch nicht behindert: „Wenn man die schwere Haustür mit einem Fensterloch, die romanisch runde, steinerne Überwölbung öffnete und ins Freie trat, lag die ganze Dünenkette vor einem, die das Gelände List mit seinem Königshafen umschloß. Der Kiebitz und die vielen Wasservögel, viele Schafe, Pferde, Kühe, alles auf den satten, tiefer liegenden Wiesen in der Morgensonne" (Kampen, 15.2.1947).

In Kampen wohnte Aeroboe von 1943 bis 1959. Auch hier entstanden Landschaftsbilder, außerdem Porträts und Stilleben: „Ich arbeite fleißig! In meinen Pausen trete ich aber hinaus vor's Haus und freue mich über die schöne Natur hier. Es ist selten ruhiges Wetter, etwas

nieselig nur, manches Mal. Gerade das liebe ich aber, diese melancholische Atmosphäre, wo sich alles Gestrüpp nun schon fast seinem Blätterkleide entkleidet, gegen das milchig Weiße des Himmels abhebt. Dazu diese linde schöne Luft einzuatmen, mich harmonisch stimmt" (Kampen, 16.10.1953).
In Aereboes Briefen aus Kampen wird auch Zeitgeschichtliches mitgeteilt, zum Beispiel die Strandung des dänischen Fischkutters „Flemming" im Oktober 1946 vor Kampen. Damals sammelten die hungrigen Sylter und Flüchtlinge Mengen von Heringen am Strand ein: „Morgen gehe ich an den Strand, das gestrandete Schifferboot zu zeichnen. Alle fraßen sie hier Heringe. Ich habe mich innerlich gefreut, daß alle Flüchtlinge der Insel sich mal ordentlich sattfraßen. Scheffelweise holten sie sie ab. 13 000 Zentner Fische waren an Bord. Tausende Menschen waren am Strande von allen Orten und plünderten den Dänen. Gott segne weiter die verhungerte Küste mit auslands- und devisenfreien Waren" (Kampen, 3.10.1946).
Daß auch angeschwemmtes Strandholz für die Inselbewohner im Gegensatz zu heute einen Wert hatte und die Gesetze zur Bergung von Strandgut mißachtet wurden, beweist folgende Briefstelle: „Einmal kam hier viel Holz an den Strand. Ich habe feste mit Fahrrad herangeholt. Einmal kam der Zoll und sagte sein „Na!" „Ja, wieso? Wer klaut denn hier Holz?" 2 Meter lag unterm Dünengras, ich lenkte ihn davon ab mit Worten: „Wer tut denn das auch?" Großes Gelächter. Als er dann hinter einem anderen her war, schob ich unterdessen noch so zwei lange Balken dazu. Nur eine schöne Planke aus Teakholz! Die wurde mir allerdings wieder geklaut" (Kampen, 21.12.1954).
Die Bemühungen zur Wiederbelebung des Kulturlebens waren nach dem Zweiten Weltkrieg auch in Kampen rege. Der Kunstverein Kampen unter der Leitung von Harald Bloch veranstaltete im Juni 1947 eine internationale Kunstausstellung, an der Albert Aereboe teilnahm. Sein Hauptwerk „Der Alchimist" (1928 entstanden, heute im Besitz der Kunsthalle Kiel) war dort zu sehen und wurde beschädigt: „Zeitungsnotiz: Bilderstecher am Werk. Auf der Internationalen Kunstausstellung in Kampen auf Sylt wurde das Ölgemälde „Der Alchimist" von Professor Aereboe von einem Unbekannten zerstochen. Das Gemälde ist Eigentum des Landes Schleswig-Holstein und stilistisch durchaus normal ... Und noch etwas, was neu unter dem kl. Tagebuch passierte, auch ganz normalerweise, Herr Bloch rief es mir förmlich über die Dorfstraße und dabei schwenkte er etwas zu viel seine Aktenmappe. Und als ich ein paar Schritte weiterging, eine Sylterin mit meergrünen Augen: Sie wissen doch, worum es sich handelt, nein? Sie haben den 1. Preis erhalten" (Kampen, 25.8.1947). Einen weiteren Preis, den Kulturpreis des Landes Schleswig-Holstein, erhielt Aereboe im Jahr 1958. Daraufhin lud die Gemeinde Kampen zu einem Ehrenabend ins Restaurant „Rotes Kliff" am 23. April 1959 ein. In Anerkennung der Verdienste des Künstlers beschloß die Gemeindevertretung, eine Straße zwischen Hoogenkampweg und der dörflichen Hauptstraße nach Albert Aereboe zu benennen. Dieser Beschluß wurde jedoch nie ausgeführt: heute heißt diese Straße Arnikaweg. Für die ihm erwiesene

Ehrung dankte Aereboe: „Wenn ich Jahrzehnte auf Sylt gelebt habe, so ist es die unvergleichliche Meernatur dieser Insel gewesen, die mich gebannt hat und mich durch ihr Wesen immer wieder aufs neue inspirierte. Hier ist die Gestaltung der Landschaft auf die einfachste Formel gebracht. Der unendliche Horizont des Meeres und die übergroße Kuppel des Himmels machen das Planetarische der Erde fühlbar und lösen in mir kosmische Verbundenheit aus. Es sind die Kräfte, die mich immer wieder zu produktiver Tätigkeit angeregt haben. Wenn ich mich hierbei in meiner letzten Schaffenszeit wieder der abstrakten Malerei zugewandt habe, so gründet sich das nicht nur auf den allgemeinen Geist und Stil der gegenwärtigen Zeit. Es ist im besonderen auch gegeben durch die Abstraktheit der Wesensnatur dieser Insel, bei der das Gegenständliche der Einzelerscheinung sich weitgehend dem großen, einfachen Nenner der Gesamtnatur unterordnet."
Der Ehrenabend für Albert Aereboe in Kampen war zugleich der Abschied des Künstlers von der Insel Sylt. Er hatte dort keine Wohnung mehr, nachdem seine Schwägerin verstorben und ihr Kampener Heim verkauft war. Der Maler hatte sich auf Sylt stets wohlgefühlt und wäre gern dort geblieben, wenngleich er sich in seinen Briefen gelegentlich über die Abgeschiedenheit der Insel beklagte: „Hier auf der leider zu weit abgelegenen Insel" (Kampen, 21.12.1954); „Wir armen Pinsler in diesem toten Schlauch auf diesem Gebiet von Schleswig-Holstein" (Kampen, 16.3.1958); „Und nur hier auf der langgezogenen Insel der vielen Leuchttürme neben Schaf und Hünengräbern sein weiteres Leben in Engigkeit, aber unter weiten horizontalen Blicken gestaltet" (Kampen, 4.12.1948).
In seine Heimatstadt Lübeck kehrte Aereboe 1959 zurück. Vor seiner Abreise sprach er in einer Anzeige der Sylter Rundschau seinen Dank an die Gemeinde Kampen aus, indem er den „Naturgeist der Insel" erwähnte, dem er so vielfältige Anregungen für sein Schaffen verdankte.

Knud Ahlborn

Knud Ahlborn, geboren 1888 in Hamburg, gründete im August 1919 das Freideutsche Jugendlager Klappholttal aus dem Rest eines Militärlagers der Kaiserlichen Marine. Bis März 1971 hat er Klappholttal geleitet, das sich aus einem Treffpunkt der Freideutschen Jugendbewegung zu einer Volkshochschule sowie zu einem Kinderheim und Schullandheim entwickelte. Zugleich war Ahlborn als praktischer Arzt in Kampen tätig. 1977 verstarb er im Alter von 89 Jahren. Knud Ahlborn war eine der letzten Gründerfiguren der Freideutschen Jugendbewegung, die er stark mitgeprägt hat. Er war eine Symbolgestalt jener Protestbewegung um 1900, die sich gegen die Verkrustung des Kaiserreichs und gegen Völlerei und Wirtschaftwunder jener Zeit wandte. Schon als Primaner hatte er 1905 den Hamburger Wanderverein und als junger Medizinstudent 1906 die Akademische Freischar ins Leben gerufen. Als 1913 der Hohe Meißner, jener Berg in der Nähe von Kassel zum Ort der ersten Zusammenkunft der

Wandervogelgruppen gewählt worden war, hielt Knud Ahlborn am Feuer eines gewaltigen Holzstoßes, das auf der Kuppe entzündet war, eine Rede an die versammelten Bünde der Freideutschen Jugend. Zusammen mit zwei anderen Ärzten (einer war Erwin von Hattingberg, der später Inken Diedrichsen, List, heiratete) fand er im Meißner-Spruch den Ausdruck für das, was die Freideutsche Jugend damals verband.

Kurz vor dem Ersten Weltkrieg, als die Kriegsbegeisterung allgemein aufkam, veranlaßte Ahlborn als Vorsitzender der Deutschen Akademischen Freischar ein Telegramm an den Kaiser: „Schützen Sie die Jugend der ganzen Welt vor dem entsetzlichen Unglück eines Krieges! Machen Sie in letzter Minute die äußerste Anstrengung für die Erhaltung des Friedens." Dieses Dokument drückt die politische Überzeugung der damaligen Freideutschen Jugend klar aus und ist ein besseres Beispiel für ihre Ideale als die Schlacht von Langemarck, in der ein großer Teil der kriegsfreiwilligen Jugend 1914 gefallen ist. Ahlborns Telegramm an den Kaiser kann als die vernünftigste politische Äußerung aus der ganzen Geschichte der Jugendbewegung angesehen werden.

Das Fest der Freideutschen Jugend auf dem Hohen Meißner 1913 betrachtete Knud Ahlborn als eine Sternstunde seines Lebens. Zu diesem Fest sind seine Gedanken bis in die letzten Tage seines fast 90jährigen Lebens zurückgekehrt. Als eine Frucht der Jugendbewegung sah er Klappholttal, „wo die äußeren Bedingungen geschaffen sind, frei von den Hemmungen aller beruflich alltäglichen Arbeit sich in geistige Zusammenhänge zu versenken und alle geistigen Kräfte auf die Erschaffung ideeller Ziele zu sammeln." Charakteristisch für das Leben in der Klappholttaler Gemeinschaft und für die Meißner-Euphorie Ahlborns waren vor allem die Neigung zur einfachen Lebensweise, die Abkehr vom zivilisatorischen Überschwang und die gegenseitige, vorurteilslose Achtung auch der Andersdenkenden.

In den Gemeinschaften der Freideutschen Jugend spielte auch die Lebensreform, der Wille zu körperlich gesunder Lebensführung eine Rolle. Deshalb hat Ahlborn immer wieder betont, daß alle Veranstaltungen der Jugendbewegung alkohol- und nikotinfrei sein sollten. Mit ihm vertraten führende Teilnehmer des Meißner-Festes von 1913 die Alkoholfrage als soziale Frage, die Abstinenz als soziale Entscheidung. Knud Ahlborn hat stets daran festgehalten und durch die Tat bekräftigt, indem er sich dem Guttempler-Orden anschloß. Er hat ihm über 50 Jahre bis zu seinem Tod angehört. Auch anderer sozialer Aufgaben der Gemeinschaft nahm er sich an. So war Ahlborn jahrelang Mitglied im Kampener Gemeinderat und hat sich aktiv an der Kommunalpolitik auf Sylt beteiligt.

Den von der Jugendbewegung entwickelten Gedanken des Natur- und Landschaftsschutzes hat Knud Ahlborn leidenschaftlich vertreten. 1923 gründete er in Kampen den Verein Naturschutz Insel Sylt. Zu den Enttäuschungen der letzten Lebensjahre des Naturschützers Ahlborn gehörte es, daß die freien Heideflächen im Norden von Kampen, in deren Nähe das Haus Hochheide, das Heim seiner Familie steht, zur Bebauung freigegeben wurden. Erfolgreich waren seine Anstrengungen zur Erhaltung der Vogelkoje Kampen. Seinen Bemühungen ist es zu verdanken, daß dieses Naturidyll mit zahlreichen Pflanzenarten und vielfältigem Vogelleben im Jahr 1935 zum Naturschutzgebiet erklärt wurde.

Für Naturschutz und Landschaftspflege hat Knud Ahlborn auf Sylt sowie am Hohen Meißner viel getan. Er hob immer wieder hervor, daß Natur und Landschaft den Ruf der Insel Sylt als Erholungs- und Ferienplatz begründet haben. In ihrer Erhaltung sah er zugleich die Existenzgrundlage und die Zukunftssicherung der Nordseeinsel. Da er die Heilwirkung der auf den Sylter Heiden wachsenden Arnika oder Bergwohlverleih (Arnica montana L.) schätzte und für den Schutz dieser Pflanze eintrat, erhielt Ahlborn auf Sylt den Beinamen „Dr. Arnika".

Altfriesisches Haus

Das Altfriesische Haus in Keitum ist ein Hausmuseum. Christian Peter Hansen kaufte 1850 das Wohngebäude von seinem Stiefsohn Bleik Peters, weil die „Schulwohnung sehr unzulänglich und nicht ausreichend war." Bis zu seinem Tod 1879 bewohnte Hansen dieses Haus. 1907 kaufte es die Söl'ring Foriining und bewahrt es seither als Museum. Der Wiener Feuilletonist Ludwig Hevesi (1843 – 1910) hat 1894 seinen Besuch im Altfriesischen Haus unter der Überschrift „Heidegänge auf Sylt" so beschrieben: „Es ist reizend in Hansens vollgepropftem Hause. Die Wände sind noch mit lauter fein glasierten blau-weißen Delfter Kacheln belegt, deren jede eine kleine Blumenvase aufweist. Heute hat Alt-Delft sogar einen stattlichen Selbstwert. Neben dem Ofen der Wohnstube stellt ein besonderes Viereck aus zwölf Kacheln ein altes holländisches Schiff: „De Eendracht" vor, das nämliche, dessen Kapitän der Erbauer des Hauses, Peter Uwen, gewesen war. Er hat sich das zu Delft so machen lassen. Die holländische blau-weiß-rote Flagge des Schiffes war noch bei der Eroberung Schleswigs durch die Preußen und Österreicher in natura vorhanden, und da hingen die guten Leute sie voll patriotischer Freude hinaus, und zwar umgekehrt, da sie der Meinung waren, Rot-Weiß-Blau wären die preußisch-österreichischen Farben. Noch einige niedere Stuben sind da, Wände und Decke blau bemalt, die Decke auf viereckigen Sparren ruhend. Und alles ist behängt mit Landschaften, Porträts, Abbildungen, Miniaturen, ausgestopften und getrockneten Lebewesen, wurmstichigen Geräten, zerfaserten Geweben. Jeder Sparren z. B. ist der Länge nach mit einer Reihe Bildchen bedeckt. Selbst horizontal am Plafond sind gerahmte Bilder angebracht, als Deckengemälde. Über diesem Fenster ist eine gerettete Inschriftleiste aus einer abgebrochenen Kirche, in diesem Schranke sind lauter Naturspiele aus Sylter Gestein beisammen: Friedrich der Große mit dem Dreispitz auf dem Kopfe, ein stumpfnasiges Mädchen, eine photographierte Dame, der Papst mit der Tiara usf. Manches urwüchsige, malerische Möbelstück von einst lebt noch heute. Das alte Schlafzimmer mit seiner Bettnische, alles blau bemalt und ausgeschnitzelt, mit bunten Arabesken

und sogar blasenden Blasengelchen, ist noch unversehrt. Anderes ist anderswoher gekommen. Ein Prachtstück ist der altgeschnitzte, durchaus polychromierte Schrank mit Adam und Eva, der vor zweihundert Jahren dem Pfarrer von Keitum gehört hat. Und dazwischen wieder kommen Hansens selbstgefertigte Zeichnungen und Malereien.
Sogar seine hübsche erste Frau hat er, aus gar großer Liebe, eigenhändig abzukonterfeien verstanden, in Aquarell, „mit sonderlichem Fleiß", wie man früher sagte. Es ist ein liebes Frauchen, mit schwarzem, gescheiteltem Haar und aufgestecktem Zopf, in engem, schwarzem Kleid nach heutigem Glockenschnitt, der schon damals Keitumer Mode war ...
So haben sie gelebt, da draußen im Nordmeer, auf ihrer zerfressenen Scholle, die immer kleiner wird. Einst wird sie ganz verschlungen sein, die Sylter glauben fest daran; aber übrig bleiben wird jedenfalls irgendein anderer Hansen, der die letzten Bröckchen seines ertrunkenen Vaterlandes unter Glasstürze stellt, vermutlich in Rendsburg drüben, wo auch Uwe Jens Lornsen ein Standbild erhalten hat."

Antisemitismus

Das Wort Antisemitismus stammt aus dem 19. Jahrhundert. Den Judenhaß, den es bezeichnet, gab es schon früher. Auch auf der Nordseeinsel Sylt waren in einigen Logierhäusern frühzeitig Juden als Gäste unerwünscht. Einen judenfeindlichen Eindruck machte Wenningstedt, wo nach Auskunft von Richters Reiseführer „Sylt – Föhr – Amrum" (6. Auflage, Hamburg 1914) aus dem Jahr 1914 ein Hotel (Friesenhof: „nichtchristliche Gäste verbeten") und drei Privatunterkünfte (Haus Matzen: „nur Gäste christlichen Glaubens", Haus Wilhelm Möller und Villa Bleeg: „nur christliche Gäste") die Aufnahme jüdischer Badegäste ablehnten. In der Unterkunftsliste von Westerland aus demselben Jahr fehlen jedoch solche Hinweise auf eine judenfeindliche Haltung. Andererseits wies man hier freilich nicht auf eine judenfreundliche Einstellung hin, wie sie in jener Zeit Häuser auf Norderney äußerten („für Israeliten").
Der jüdische Anteil an der Sylter Bevölkerung ist immer gering gewesen. Von den 7521 Einwohnern des Jahres 1933 waren drei Juden, die in der Stadt Westerland wohnten. Seit 1905 hatte sich ihre Zahl nicht verändert. Zwar begründeten nur diese wenigen Juden ihren Wohnsitz auf der Insel, aber dennoch spielte der jüdische Einfluß im internationalen Modebad der wilhelminischen Zeit eine nicht geringe Rolle, seitdem Westerland als Badeort entdeckt war. Denn zahlreiche Juden zählten zu den Badegästen dieser Sommerfrische, wie aus den Kurlisten zu entnehmen ist. Einige eröffneten Saisongeschäfte. In der Westerländer Strandstraße unterhielt um 1900 der jüdische Kunstmaler Franz Korwan-Katzenstein, geboren 1865 in Heinebach bei Kassel, ein Atelier. Ihn besuchten prominente Badegäste, unter anderen Heinrich von Stephan, der Organisator des deutschen Postwesens. Korwan-Katzenstein beteiligte sich als Ratmann aktiv an der Kommunalpolitik der Westerländer Gemeinde und ver-

handelte in Berlin beim preußischen Innenministerium erfolgreich dafür, daß Westerland 1905 die Stadtrechte erhielt. In den zwanziger Jahren arbeitete der Künstler in einem Atelier im Keitumer Haus der jüdischen Familie Julius Saenger (1866 – 1929). Um 1936 verließ er die Insel und ging nach Baden-Baden. Von dort wurde er nach Südfrankreich deportiert. In den Pyrenäen ist er 1940 umgekommen. Daß Juden am öffentlichen Leben als gleichberechtigte Bürger der Weimarer Republik teilnehmen konnten, bewies der Oberrabbiner von Altona, der 1927 in Westerland zur Feier der Eröffnung des Hindenburgdamms eingeladen war.

Am Abend des 30. Januar 1933, zur Feier der Machtergreifung, waren alle Fenster des Hauses „Wiedermanns Wiener Kaffeegarten“ in Westerland festlich mit Lampions erleuchtet. Der Sohn des Kaffeehausbesitzers, Ernst Wiedermann, war begeisterter SA-Mann. Als ihm kurz nach der Machtergreifung ein Sohn geboren wurde, beugte er sich aus dem Fenster seiner Westerländer Wohnung in der Strandstraße und rief einem vorbeigehenden Bekannten freudig zu: „Ein kleiner SA-Mann ist geboren worden!“ Wenige Wochen später erreichte ihn ein Brief, in dem ihn seine Parteigenossen aufforderten, seinen Austritt aus der Partei schriftlich einzureichen, weil er als Enkel eines Juden nicht mehr die nationalsozialistische Bedingung einer rassereinen Abstammung erfüllte. Seine Tochter Claretta hat den Vorfall beschrieben: „Die Bürger von Kleinstädten haben meist ein gutes Gedächtnis für das Privatleben ihrer Mitmenschen; und jede Familie hat, wie die Engländer behaupten, ein Skelett im Schrank. Unser Skelett war ein jüdischer Kurgast, der zu seiner Ferienfreude in Westerland ein siebzehnjähriges Mädchen schwanger machte und verschwand. Das Mädchen heiratete noch vor der Geburt der kleinen Klara, die wie ihre zehn folgenden Geschwister als eine Wünschmann aufwuchs, und somit

Stadt- und Inselnachrichten

Westerland, den 16. August.

Aufenthaltsverbot für Juden

in Wenningstedt, Kampen, List und Hörnum

Nachdem sich die Juden in den Badeorten Kampen Wenningstedt, List und Hörnum immer wieder unliebsam bemerkbar gemacht und mehrfache Aufforderungen, sich in den ihnen gezeigten Grenzen zu halten, unbeachtet gelassen haben, hat sich die Polizei nunmehr veranlaßt gesehen, für die Gemeinden Kampen, Wenningstedt, List und Hörnum auf Sylt auf Grund des § 1 der Verordnung des Reichspräsidenten zum Schutze von Volk und Staat v. 28. 2. 1933 ein Aufenthaltsverbot zu erlassen. Zuwiderhandlungen gegen diese Anordnung werden gem. § 4 a. a. O. geahndet werden.

Diese polizeiliche Anordnung bringt eine ebenso eindeutige wie begrüßenswerte Klarstellung für die genannten Orte zu dieser Frage. Im Uebrigen bedarf es wohl keiner besonderen Erwähnung, daß Juden auch in den in dieser Verordnung nicht direkt genannten Orten der Insel Sylt, – sei es als Gäste oder sei es als Gewerbetreibende – im höchsten Grade unerwünscht sind.

Sylter Zeitung vom 16. August 1938. Ein Aufenthaltsverbot für Juden wurde in Westerland bereits im März 1934 erlassen.

hätte über diese, für das damalige sittliche Empfinden anstößige Episode Gras wachsen können. Doch, wie gesagt, das Gedächtnis der Kleinstädter ist beständig, und das kam gelegen, denn die Machtübernahme durch den Nationalsozialismus war nunmehr eine vollendete Tatsache, und man fand es lohnend, einen Konkurrenten zu beseitigen, um selbst ans Ruder zu gelangen. Mein Vater schrieb die gewünschte Austrittserklärung."

Die von den Nationalsozialisten frühzeitig angekündigte Ausscheidung der Juden aus dem Leben in Deutschland begann auf Sylt, wie das Beispiel Ernst Wiedermann zeigt, im Jahr 1933. Im August jenes Jahres mußte ein Jude die Insel verlassen, weil er mit einem „deutschen christlichen Mädchen" Kontakt aufgenommen hatte. Wegen der Politik des Judenhasses und der antisemitischen Maßnahmen der Nationalsozialisten sank 1933 die Zahl der Sylter Badegäste. „Es ist anzunehmen", teilte die Sylter Zeitung am 10. Januar 1934 mit, „daß die Umwälzung besonders zahlreiche Gäste aus den Großstädten (Juden) von der üblichen Badereise abgehalten hat, so daß auch für Westerland die Besucherzahl aus den Großstädten zurückging." Ein Teil der Juden zog die dänische Insel Röm vor: „Ein Besuch auf unserer Nachbarinsel Röm, namentlich im Badeort Lakolk, bringt die Überzeugung, daß zahlreiche deutsche Juden hier Quartier genommen haben. Der Zustrom ist stärker geworden, als die Sylter Bäder in klarer Weise den Juden ihre Einstellung zeigten. Viele deutsche Nordschleswiger verbringen in ihren Blockhäusern am Strand von Lakolk ihre Erholungszeit. Wenn sie auch einen Kreis für sich bilden, so werden sie von den jüdischen Strandgästen sicher nicht erbaut sein. Das eigentliche Badehotel aber befindet sich in reichsdänischen Händen und öffnet natürlich auch gern den jüdischen Gästen seine Hallen, um ein volles Haus zu erhalten" (Sylter Zeitung, 5. September 1935). Ein volles Haus wünschten sich auch die Sylter Vermieter. Deshalb ist in Westerland das Aufenthaltsverbot für Juden, das ab März 1934 galt, zunächst nicht von allen beachtet worden. Dieses Verbot hatte der Bürgermeister Dr. Schuldt, der zugleich Kurdirektor war, ausgesprochen: „Westerland wird die Aufnahme von Juden künftig ablehnen. Diese Feststellung durch Bade- und Stadtverwaltung ist natürlich zugleich auch richtungsweisend für jeden einzelnen Vermieter in unserem Ort und schafft eindeutig Klärung" (Sylter Zeitung, 10. März 1934). Dennoch wurden jüdische Gäste weiterhin aufgenommen, um die Lage des Gastgewerbes nicht zu verschlechtern. Dagegen sprach im August 1935 der Ortsgruppenleiter N. Jacobsen: „Scharf wandte er sich gegen Hausbesitzer, die im Winter die Hakenkreuzflagge zeigten, aber im Sommer plötzlich wieder die alt-ehrwürdige schwarzweißrote Fahne hißten. Dieser Wechsel bedeute nichts anderes, als auch Juden die Tore öffnen, denn nicht anders als in solcher Absicht könne dieser offensichtliche Gegensatz der Beflaggung im Sommer und Winter verstanden werden" (Sylter Zeitung, 19. August 1935). Jacobsen aber kündigte an: „Wir werden dafür sorgen, daß den Juden in Zukunft der Aufenthalt in Westerland verleidet wird." Die Bäder Wenningstedt, Kampen, List und Hörnum erließen erst im August 1938 ein Aufenthaltsverbot für Juden. Schon im Juli 1935 jedoch zeigte Wenningstedt seine judenfeindliche Haltung wieder deutlich, nachdem in Braderup ein Aushängekasten mit der NS-Zeitung „Der Stürmer" beschädigt worden war: „In vielen Häusern kommt das Schild „Hier werden keine Juden aufgenommen", welches vor dem Kriege gebraucht wurde, wieder zu Ehren. Deutschen Volksgenossen gehört der Strand und Juda soll in Palästina baden!“ (Sylter Zeitung, 22. Juli 1935). Nachdem mit diesen Parolen die jüdischen Kurgäste vertrieben waren, richteten die Rassefanatiker ihre Angriffe gegen Geschäfte und Hausbesitz der Juden auf Sylt. Im Juli 1938 sind jüdische Geschäfte in Westerland gekennzeichnet worden: „Von unbekannter Seite sind gestern abend eine Reihe jüdischer Geschäfte – und zwar das Konfektionshaus Unger und die Pelzgeschäfte Warisch und Danzig in der Friedrichstraße in der Form gekennzeichnet worden, daß quer über den Bürgersteig davor mit großen Buchstaben in weißer Farbe das Wort „Jude“ geschrieben wurde, mit dem Pfeil, der auf das betr. Geschäft hindeutet. In diesem Vorfall prägt sich der Unwille in weiten Kreisen des Kurpublikums aus, daß man in Westerland, das an sich seit Jahren die Aufnahme von Nichtariern ablehnt, als Arier Gefahr läuft, in ein jüdisches Geschäft als Käufer zu geraten“ (Sylter Zeitung, 30. Juli 1938).

Die Ausschreitungen der nationalsozialistischen Rassefanatiker auf Sylt erreichten ihren Höhepunkt in der „Reichskristallnacht“. Geschäfte und Häuser in jüdischem Besitz in Kampen und Westerland sind in der Nacht vom 9. zum 10. November 1938 demoliert worden. Es zeigte sich auch auf der nordfriesischen Insel, „daß es sich hier um einen zentral geplanten und gelenkten Verfolgungs- und Unterdrückungsakt gegenüber den bereits vielfach gedemütigten jüdischen Mitbürgern handelte, der von staatlichen und halbstaatlichen Institutionen in voller Verantwortung und Absicht zielgerecht durchgeführt wurde. Diesen Ereignissen ist nur der Begriff des „Progrom“ angemessen“. Auf Sylt wurde infolge dieses Progroms in „spontanen Aktionen gegen jüdischen Hausbesitz vorgegangen“ (Sylter Zeitung, 12. November 1938). Die von einem Nationalsozialisten herausgegebene Sylter Zeitung erklärte: „Für die Insel ist es heute mehr denn je eine Selbstverständlichkeit, daß wir die Juden, die wir einmal glücklich losgeworden sind, nicht hier wiedersehen wollen, und daß auch die Tatsache, daß Juden hier auf der Insel Grundbesitz haben, auf die Dauer unerträglich erscheint. Insbesondere aber gilt das für das Verschwinden jüdischer Saisongeschäfte in Westerland, das man nun wohl endlich und endgültig erwarten darf“ (12. November 1938). Außer auf die genannten Geschäfte war der nationalsozialistische Anschlag auch auf die Westerländer Villa am Meer gerichtet: „Das bisher in jüdischem Besitz befindliche Haus Villa am Meer, das bei der Aktion auf Sylt ebenfalls mit demoliert worden war, ist jetzt an den Besitzer der Grundstücke Villa Roth und Schloß Segenhaus, H. Feikes, verkauft worden und damit in arischen Besitz übergegangen. Diese schnelle Reaktion ist ein überaus erfreuliches Anzeichen für das endgültige Verschwinden der letzten Spuren von jüdischem Besitz auf Sylt“ (Sylter Zeitung, 14. November 1938).

Die genannten Geschehnisse machen deutlich, daß die Sylter Inselgesellschaft zur selben Zeit ihren Weg in den Nationalsozialismus ging wie die übrigen deutschen Landesteile, trotz des gängigen Friesen-Slogans „Lieber tot als Sklave“ und der oft gepriesenen Eigenständigkeit der Insel.

Apotheke

Noch zu Beginn des 19. Jahrhunderts gab es keine Apotheke auf Sylt. Für rund 2500 Einwohner lohnte sich das Geschäft nicht. Die Sylter konnten in Tondern ihre Arzneimittel bestellen, wo seit 1623 eine Apotheke besteht. Um 1800 war das Apothekergeschäft mit der Arztpraxis auf Sylt verbunden. Der Landschaftsarzt, staatlich angestellt und dem Amtsphysikus in Tondern unterstellt, verkaufte auch Heilmittel. Die Verbindung Arzt – Apotheke bewährte sich jedoch nicht. Deshalb ist sie 1825 aufgehoben worden. Im selben Jahr eröffnete der Apotheker aus Tondern eine Filiale in Keitum, damals der Hauptort der Insel. Das Apothekengebäude am Lornsenwai ist noch erhalten. 1892 wurde die Apotheke von Keitum nach Westerland verlegt, nachdem Westerland sich zum zentralen Ort entwickelt hatte. Heute gibt es 7 Apotheken auf der Insel.

Appelschnut

„Solange wir noch sehr klein waren, ging es im Sommer an die Ostsee. Dort konnten wir Sonne, Sand und Wasser nach Herzenslust genießen. Als wir größer wurden, fuhren wir nach Sylt. Ach, waren das schöne Ferien. Sylt bleibt für mich für alle Zeiten das Traumland meiner Kindheit. Jetzt bin ich nur im Winter einmal wieder hingefahren. 1902 war es wirklich ein Gefilde der Seligen – jetzt (1983) ist es ein armes Stück Land, von Betonstraßen durchzogen. Nur das Meer und die Dünen reden noch die alte Sprache. Ich ging am Außenmeer entlang bis nach List. Es war eine herrliche Brandung, und die Möwen kreischten über mir.“ Diese Eindrücke sind in dem Erinnerungsband „Appelschnut über Appelschnut“ (Hamburg 1989) enthalten. Senta Möller-Ernst, 1897 in Hamburg als Tochter des Dichters Otto Ernst geboren, hat sie aufgezeichnet. Appelschnut nannte der einstmals bekannte und vielgelesene Vater seine Tochter Senta, weil ihr Gesicht wie ein runder, rotbackiger Apfel aussah. Im Jahr 1902 reiste die Familie nach Kampen. Die Erlebnisse dieser Sommerfrische hat Otto Ernst in dem Buch „Appelschnut“ (1906) beschrieben. Eine Neuausgabe erschien 1987 zum 90. Geburtstag von Appelschnut.

Archsum

Deutlich erkennbar ist die Archsumburg auf der „Charte von Sylt“, die 1756 Johann Friedrich Camerer in seinem Werk „Vermischte historisch-politische Nachrichten von den Herzogthümern Schleßwig und Hollstein“ abbildete. Heute ist dort keine Ruine, auch kein Ringwall mehr zu sehen. Die letzten Reste der Burganlage sind wahrscheinlich erst 1860 abgetragen worden. Aber der Name Archsum, von den Ostdörfern Sylts das kleinste, blieb verbunden mit der ehemaligen Burg und wurde vor allem in den Jahren von 1963 bis 1983 bekannt, nachdem das Landesamt für Vor- und Frühgeschichte die Burg Archsum als ein Troja des Nordens ausgegraben und wieder zugeschüttet hatte. Seither wissen wir, daß eine Siedlung in Archsum bereits zur römischen Kaiserzeit, also vor rund 2000 Jahren um Christi Geburt bestand. Sie ist weder von Friesen, die um 850 aus Westfriesland einwanderten, noch von Wikingern, wie behauptet wurde, erbaut. Aber das Rätsel Archsum ist noch immer nicht gelöst. War es eine Kultstätte, ein Geisterdorf für unbekannte Gottheiten? Hans Kielholt, der älteste Chronist der Insel, berichtete um 1450, daß es auf Sylt in alten Zeiten „heidnische Völker gab, die einen so seltsamen Glauben hatten, daß man darüber gar nicht alles erzählen kann.“ Nach einer Legende haben die Dorfbewohner in Archsum der Burg ihren Respekt bewiesen, indem sie das Gelände nicht bebauten und es als Ödland der Gemeinde beließen. Erst als die Gemeinde Archsum 1970 aufgelöst wurde, ist das Burgplateau Bauland geworden – wie zu viele andere Grundstücke.

Literatur: Römisch-Germanische Kommission, Archsum auf Sylt (Teil I, Mainz 1980, Teil II 1987, Teil III 1990)

Hafen Hoyerschleuse auf dem Festland um 1910

Victor Auburtin

Reiseberichte im Stil des Feuilletonisten, der seine Feder leicht, ja federleicht übers Papier führt, lieferte der Journalist Victor Auburtin (1870 – 1928) den Zeitungen, insbesondere dem Berliner Tageblatt, zu dessen ständigen Mitarbeitern er seit 1905 zählte. Im Juni 1921 reiste Auburtin nach Sylt. Er lernte die Schwierigkeiten der Anreise kennen. Nachdem Hoyerschleuse 1920 durch die Abstimmung dänisch geworden war, erschwerten die Zollkontrollen die Fahrt nach Sylt. Der Reiseweg wurde erst mit der Fertigstellung des Hindenburgdamms 1927 bequemer. Victor Auburtin hat als Zeitzeuge seine umständliche Anfahrt zur Insel unter der Überschrift „Sylt“ am 2. Juli 1921 im Berliner Tageblatt meisterhaft beschrieben.

Auster

Die Schalen der Auster (Ostrea edulis) findet man häufig am Sylter Strand. Es sind Reste der Meermuschel, die sich in Bänken an einigen Stellen des nordfriesischen Watts angesiedelt hatten. Die Jungaustern leben eine Zeitlang als Plankton im Wasser und sind vielen Gefahren ausgesetzt. Die meisten gehen zugrunde. Deshalb werden die Austernbänke in Kultur genommen. In List wurden 1910 staatliche Austernanlagen geschaffen. Die mit Schleppnetzen eingefangenen Tiere wurden vor dem Verkauf in Zementbecken mit frischem Meerwasser aufbewahrt. Zu den Austernbänken, die preußisches Staatseigentum waren, gehörte die fiskalische Austernstube in List (Gasthof zum Königshafen). Dort saßen die Gourmets und nahmen schlürfend die Austern als Delikatesse zu sich. Die Lister Austernanlagen mußten 1935 Neubauten weichen. Die „fiskalische“ Auster von Sylt hatte keinen dauernden Erfolg. Später wurden holländische und französische Saataustern eingeführt. 300 000 holländische Saataustern sind 1937 auf den Bänken im Wattenmeer ausgestreut worden. Aber sie setzten sich nicht durch. Seit 1986 hat die private Lister Austern-Compagnie die Zucht wieder aufgenommen. In Netzsäcken (Poches) auf Tischen wurden die Tiere ins Watt vor der Blidselbucht gebracht. Zur Überwinterung kommen sie in Betonbecken. 1988 verkaufte der Sylter Austernzüchter fast 1 Million Austern, verpackt in feuchten Körben.

Autotransport

Seit 1950 können Autos über den Hindenburgdamm mit der Bundesbahn befördert werden. Zuerst wurden flache Transportwaggons an die Personenzüge angehängt. Heute verkehren auf dieser Strecke, die zum Teil zweigleisig ausgebaut ist, in dichten Abständen zweistökkige Autozüge, für die leistungsfähige Verladerampen in Niebüll und Westerland errichtet worden sind. Die Zunahme der Autotransporte in den Jahren von 1960 bis 1970 hängt mit dem Bauboom der Appartements zusammen. Die in den Jahren von 1980 bis 1990 erhöhten Zahlen spiegeln den neuen Trend der Kurzurlaube wider. Die

Entwicklung der Autotransporte nach Sylt zeigt die Statistik (Zahl der in Niebüll nach Westerland verladenen Fahrzeuge):

Jahr	Zahl der Kraftfahrzeuge
1950	10017
1960	49434
1970	130586
1980	277545
1990	443465

Ferdinand-Avenarius-Institut

In den Jahren 1903 bis 1923 traf sich die Redaktion der Zeitschrift „Kunstwart" während der Sommermonate im Nordseebad Kampen auf Sylt. Der Herausgeber dieses Blatts, Ferdinand Avenarius (1856 - 1923), lud einige Mitarbeiter in sein Haus Uhlenkamp ein. Der Hauptsitz der Schriftleitung blieb jedoch Dresden. Der „Kunstwart" war eine weit verbreitete, einflußreiche Kulturzeitschrift, die 1923 rund 23000 Bezieher zählte. Eine so hohe Auflage hat eine Kulturzeitschrift bisher nicht wieder erreicht. Auf Sylt begründete Avenarius eine kulturelle Tradition, die bis in die Gegenwart weiterwirkt. Seinen heutigen Ruf als Refugium für Künstler verdankt Kampen insbesondere dem legendären Haus Uhlenkamp. In der benachbarten Klappholttaler Akademie am Meer besteht seit 1977 das Ferdinand-Avenarius-Institut, dessen Entstehung und Bedeutung kurz erläutert werden sollen.
Den „Kunstwart" gab Avenarius seit 1887 heraus. 1902 organisierte er den Dürerbund, einen Volksbildungs-, Kulturpflege- und Heimatschutzverein, der bereits im ersten Jahr 3300 Mitglieder hatte, darunter zahlreiche Persönlichkeiten des öffentlichen Lebens. 1932 erschien das letzte „Kunstwart"-Heft. Unter dem Titel „Deutsche Zeitschrift" kam die Publikation noch bis 1937 heraus. Zwei Jahre zuvor, 1935, war der Dürerbund aufgelöst worden.

Haus Uhlenkamp in Kampen

Die Dresdner Villa von Avenarius wurde im Zweiten Weltkrieg zerstört, ebenso das dort bewahrte Archiv des „Kunstwart". Das Haus Uhlenkamp am Hoogenkampweg in Kampen betreute nach dem Tod von Avenarius 1923 seine Witwe Elsa. 1932 erbte Wolfgang Schumann, der Stiefsohn und Nachfolger in der Herausgabe der Zeitschrift, den Besitz und verkaufte ihn 1955 an die Gemeinde Kampen. Alle Bemühungen, Uhlenkamp als Kulturstätte zu bewahren, mißlangen. Im Juni 1968 ist das Haus abgerissen worden. An seiner Stelle steht heute eines der zahlreichen Ferienhäuser, die nun das Ortsbild in Kampen bestimmen.
In Kampen bildete sich 1953 eine von Knud Ahlborn geleitete Ferdinand-Avenarius-Gesellschaft, die das Lebenswerk

des Publizisten, Zeitschriftengründers und Organisators auswerten, das Haus Uhlenkamp zu einer Gedenkstätte ausgestalten und die Pflege seiner Grabstätte in Keitum übernehmen sollte. Ahlborn war mit Avenarius 1913 auf dem Hohen Meißner zusammengetroffen, wo der „Kunstwart"-Herausgeber als Vertreter der älteren Generation anläßlich des Freideutschen Jugendtages sprach. Die Avenarius-Gesellschaft ist 1976 aufgelöst worden. Seit 1977 besteht das Ferdinand-Avenarius-Institut, das der Klappholttaler Akademie am Meer angegliedert ist.

Das Ferdinand-Avenarius-Institut bemüht sich, die im Haus Uhlenkamp geschaffene kulturelle Tradition in der Gegenwart fortzuführen und die historischen Quellen aus der Zeit des „Kunstwart" und Dürerbunds zu bewahren und im heutigen Verständnis darzustellen. Das Quellenmaterial über Ferdinand Avenarius ist fast ausschließlich in Privatarchiven zu finden, vor allem im Archiv des Familienverbandes Avenarius in Frankfurt am Main (Dr. Gerd Avenarius). Für historische Forschungen ist auch das Ferdinand-Avenarius-Institut in Klappholttal wichtig, zumal das „Kunstwart"-Archiv in Dresden verbrannt ist.

Das Ferdinand-Avenarius-Institut verfügt über sämtliche Jahrgänge des „Kunstwart", die Bildmappen und andere Veröffentlichungen des „Kunstwart" und des Dürerbundes, einen Teil der Bibliothek des Hauses Uhlenkamp, eine photographische und briefliche Dokumentation sowie die Bronzeplastik von Bernhard Bleeker aus dem Jahre 1912. Zu den erhaltenen Handschriften gehören die Korrespondenz zwischen Mitgliedern der Familie Avenarius, Arbeiten des Philosophen Richard Avenarius und geschäftliche Verträge. Außerdem ist ein Teil der Briefe erhalten, die Herbert Broermann, ein Schüler des Germanisten Fritz Stich in Bern, vor Herausgabe seiner Dissertation „Der Kunstwart in seiner Eigenart, Entwicklung und Bedeutung" (München 1934) mit bekannten Schriftstellern 1934 gewechselt hat, zum Beispiel mit Stefan Zweig, Thomas Mann, Walter von Molo, Max Mell, Momme Nissen und Ernst Kreidolf.

Broermann hatte einige prominente Dichter und Künstler nach ihrer Meinung über Einfluß und Wirkung des „Kunstwart" befragt, um durch Beispiele zu beweisen, daß diese Publikation die bedeutendste Kulturzeitschrift in der Wilhelminischen Zeit war. Wie der „Kunstwart" die literarische und künstlerische Bildung entscheidend mitbestimmt hat, kommt in dem Brief zum Ausdruck, den Stefan Zweig an Broermann schrieb:

„Ich war verreist und kann Ihnen erst heute antworten, hoffentlich nicht zu spät. Der Kunstwart hat für uns junge Leute viel bedeutet, weil er in einer ebenmäßigen Art, ohne jede parteiliche Einstellung die verschiedensten Werte der Dichtung, Musik und Kunst nicht in der üblichen Rezensierweise, sondern in der anschaulichen von Proben uns zur Kenntnis brachte und ich war deshalb sehr froh, wie er zum erstenmal auf meine Arbeiten hinwies und mich dadurch einem weitern Kreise einführte. Die Sphäre des Kunstwarts war so wichtig, weil er einen weiten Bildungskreis erreichte und einen allgemeinen, statt sich an eine einzige Gruppe zu wenden, und Sie tun ausgezeichnet, das dauernde Verdienst diese Werks für die Allgemeinbildung durch Ihre Arbeit in das rechte Licht zu stellen."

Der Brief von Stefan Zweig ist teilweise in der genannten Schrift von Broermann zitiert. Dagegen ist bisher unveröffentlicht das Antwortschreiben von Thomas Mann. Der Dichter schrieb 1934 aus der Schweiz und äußerte sich kritisch über die Zeitschrift. Mit Recht stellte er fest, daß der „Kunstwart" sich später ins „Muffig-Nationalistische" entwickelt habe:

„Es tut mir leid, aber ich kann Ihnen in dieser Angelegenheit garnicht dienen. Meine Beziehungen zum „Kunstwart" waren immer sehr oberflächlich, ich habe das Blatt auch in früheren Jahren nur höchst unregelmäßig gesehen, und später hat seine Entwicklung ins Muffig-Nationalistische es mir immer fremder und gleichgültiger gemacht. Es kann wohl sein, daß in der Zeit vor dem Kriege auch meiner dort, wenn auch ohne Überschwang, so doch auch ohne Gehässigkeit gedacht worden ist. Aber das völlige Schweigen über das Hauptwerk meiner Jugend scheint mir immerhin charakteristisch.

Verzeihen Sie also mein Versagen in dieser Sache. Schon als einem Schüler von Fritz Strich hätte ich mich gerne Ihnen gefällig erwiesen."

Die beiden Briefe deuten die Spannweite der Beurteilungen der vom „Kunstwart" und Dürerbund verbreiteten Gesinnung an: Anerkennung des Bemühens der Zeitschrift, das gesamte Gebiet der künstlerischen Phantasie zu behandeln und eine Art von oberstem Kunstcicerone zu sein, aber zugleich auch die Kritik an ihrem Dogmatismus, Kulturkonservatismus und ihrer völkisch-nationalen Tendenz. Über diese Fragen liegen bereits gründliche Untersuchungen vor. Außer Broermann beschäftigten sich mit diesem Thema Franz Heim (Der Kunstwart als Erzieher, München 1946), Gerhard Kratzsch (Kunstwart und Dürerbund. Ein Beitrag zur Geschichte der Gebildeten im Zeitalter des Imperialismus, Göttingen 1969), Wolfram Boberski (Die Literaturpolitik des Dürerbunds, Göttingen 1977) und Ingrid Koszinowski (Von der Poesie des Kunstwerks. Zur Kunstrezeption um 1900 am Beispiel der Malereikritik der Zeitschrift „Kunstwart", Hildesheim 1985).

Boleslaw Barlog

Der 1906 in Breslau geborene Theaterleiter und Regisseur Boleslaw Barlog kam 1948 auf Einladung von Peter Suhrkamp nach Kampen: „Am Strand sah man Friedrich Luft mit seinen Hunden promenieren. Von den Malern und Bildhauern begegnete ich Edwin Scharff mit seiner Frau Ilona, die Dorfhexe genannt" wurde. In seinem Erinnerungsbuch „Theater lebenslänglich" (1981) berichtet Barlog, heute Zweitwohnungsbesitzer in Keitum, von seinen Begegnungen mit Prominenten auf Sylt: „Aber nicht das Wiedersehen mit berühmten Namen gab der Insel ihren hohen Wert, sondern die Heilkraft ihres Klimas. Ohne den mehrwöchigen Urlaub auf Sylt in jedem Jahr hätte ich den Anstrengungen siebenundzwanzigjähriger Berliner Intendanz nicht standhalten können. Wer auf Sylt Erholung sucht, der findet sie auch, in das Nachtleben muß man sich ja nicht stürzen. Für mich ist Sylt die schönste Badeinsel der Welt, soweit ich die Welt kennengelernt habe."

Villa Baur-Breitenfeld

Im Haus des Zolleinnehmers Janssen in Westerlands Paulstraße hatten sich um 1878 zwei Kurgäste aus Bayern einquartiert: Georg von Baur-Breitenfeld und sein Vater August, ein wohlhabender Mann, der zeitweise das Klostergut Ettal mit 667 Tagwerk Land besaß. Dort war sein Sohn Georg aufgewachsen. Später zog die Familie nach München. Die Mutter starb früh. Georg und August von Baur-Breitenfeld lernten im Haus des Westerländer Zolleinnehmers dessen Töchter Margarethe und Elise kennen. 1879 gab es eine Doppelhochzeit in München: August heiratete Margarethe, sein Sohn Georg nahm die jüngere Elise zur Frau.

Georg von Baur-Breitenfeld, der sich Wirtschaftspächter und Rentier nannte, baute sich 1880/81 auf der Düne am Strandübergang der Strandstraße, westlich vom heutigen Wellenbad, eine geräumige Villa mit 32 Zimmern. Zum Bauen hatte er sich vor allem entschlossen, um Unzuträglichkeiten bei der Quartierbeschaffung zu vermeiden. Nach seinen Angaben herrschte in der Hochsaison in Westerland Wohnungsmangel. Während der Saison wohnte er dort, in der übrigen Zeit in München. Kurgäste nahm er regelmäßig in seinem Westerländer Haus auf. Die Villa Baur-Breitenfeld war das am meisten photographierte Haus jener Zeit. An der Nordwestecke des Gebäudes war ein Maschinenhaus angesetzt, um Strom und Wasser zu gewinnen. Mit Hilfe einer Dampfmaschine wurde Strom erzeugt. Ein Windrad trieb eine Wasserpumpe an.

Georg von Baur-Breitenfeld war ein streitbarer Mann. Die Auseinandersetzung um die Besteuerung von Zweitwohnungen, die fast 100 Jahre später von der Stadt Westerland eingeführt worden ist, begann mit dem Besitzer des Hauses Baur-Breitenfeld. 1884 entstand ein

Villa Baur-Breitenfeld

Streit zwischen ihm und der Gemeinde, die höhere Kommunalabgaben von ihm forderte. Baur-Breitenfeld berief sich auf ein Doppelbesteuerungsabkommen und ließ sich von der Stadt München ein bayerisches Staatsangehörigkeitszeugnis ausstellen, damit er in Westerland nicht doppelt besteuert würde.

Im Streit mit der Gemeinde Westerland konnte sich Georg von Baur-Breitenfeld nicht durchsetzen. Er starb 1890 in Westerland, kaum 43 Jahre alt. Seine Witwe Elise hat ihn bis 1918 überlebt. 1900 ist sie im Sylter Intelligenz-Blatt als

Inhaberin eines Telefons aufgeführt: die Villa Breitenfeld erhielt eines der ersten Telefone in Westerland. Im Dezember 1919 mußte das Haus wegen Einsturzgefahr abgebrochen werden.

Adolf Erich Beneke

Zu den Schätzen des Sylter Archivs in Westerland gehört ein Skizzenbuch, das Adolf Erich Beneke (1819 – 1882) in den Jahren 1861 und 1862 auf Sylt angefertigt hat. Es sind anspruchslose Zeichnungen, die mehr kulturgeschichtlich als künstlerisch wertvoll sind. Sie zeigen zum Beispiel Orts- und Landschaftsansichten in Munkmarsch, List, Wenningstedt, Rantum, Keitum, Kampen und Westerland. Beneke war Forstwirt in Böhmen, Gutsinspektor in Mecklenburg und österreichischer Offizier. 1859 wurde er als Rittmeister pensioniert, nachdem er in Solferino verwundet worden war. Einen Teil des Jahres verbrachte er in Österreich, oft auch in Hamburg und zweimal auf Sylt. Er hinterließ 102 Skizzenbücher. Das Buch mit den Sylter Zeichnungen konnte 1957 vom Sylter Archiv erworben werden. Teile daraus wurden 1959 gedruckt und in einer Mappe verkauft.

Gottfried Benn

Zwei sonnige Wochen genoß der Dichter Gottfried Benn (1886 – 1956) auf Sylt im Sommer 1955. Er beobachtete das Naturschauspiel auf der Insel: anrollende Nordsee, weiter Sandstrand an der Westküste, wehender Strandhafer auf den Dünen, hinter denen sich Reetdachhäuser ducken. Daß Benn in Westerland die Spielbank besuchte, hat er seinem Briefpartner F. W. Oelze am 20. August 1955 auf einer Postkarte (Wanderkarte der Nordseeinsel Sylt) mitgeteilt: „Die letzten 10 Tage waren wir hier und haben alles genossen: eine warme Nordsee, blauesten Himmel, Schwimmen und sogar Roulette.“

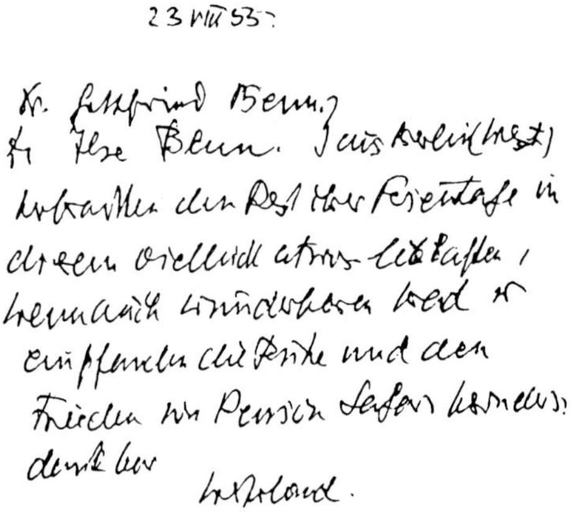

Originaleintrag des Gästebuchs

In Westerland waren Benn und seine Frau Gäste der Pension Safari am Eidumweg in ruhiger und abgeschiedener Lage. Dennoch wirkte das Nordseebad auf Benn vielleicht zu laut und unruhig. So kann man seiner Eintragung ins Gästebuch der Pension Safari am 23.

August 1955 entnehmen: „Dr. Gottfried Benn, Dr. Ilse Benn aus Berlin (West) verbrachten den Rest ihrer Ferientage in diesem vielleicht etwas lebhaften, wenn auch wunderbaren Bad u. empfanden die Ruhe und den Frieden von Pension Safari besonders dankbar."

Bauerngehöfte in List, Zeichnung von Claus Bergen 1919. Ausschnitt

Claus Bergen

Claus Bergen (1885 – 1964) gehört neben Hans Bohrdt und Willy Stöwer zu den bekanntesten deutschen Marinemalern des 20. Jahrhunderts. Berühmt sind seine Bilder von der Skagerrakschlacht und von Unterseebooten. Auch in Schleswig-Holstein sind Werke von ihm zu sehen, zum Beispiel in der Marineschule Flensburg-Mürwik „Endkampf der Bismarck" (1942). Bergen hat sich insbesondere mit seinen Kriegsschiffsmotiven einen Namen gemacht. Aber als Darsteller ziviler Themen ist er fast unbekannt. Es gibt jedoch auch Bilder von ihm, die nicht den Seestücken zuzurechnen sind und die ihn nicht als

Veteranen der Flottenmalerei ausweisen. Dazu gehören Ölgemälde und Zeichnungen, die auf Sylt entstanden sind. In den Jahren 1919 und 1923 hat Bergen die Insel besucht. Da er in den Westerländer Kurlisten jener Jahre als Badegast nicht verzeichnet ist, wird er vermutlich in Kampen gewohnt haben. Dieses Nordseebad ist von Künstlern stets bevorzugt worden. Dort malte Bergen 1919 das Ölbild „Rotes Kliff auf Sylt", das im Besitz des Deutschen Schiffahrtsmuseums in Bremerhaven ist. Im Nachlaß des Marinemalers befinden sich folgende Bilder mit Sylter Motiven: Lister Bauerngehöft, Uwe-Düne in Kampen, Eingang des Hauses Nr. 154 in Keitum, Kirche in Keitum, Dorfstraße in Braderup, Häusergruppe in Wenningstedt, Häusergruppe in Kampen, Hafen von Munkmarsch sowie Dünen- und Brandungsbilder (alle im Besitz des Deutschen Schiffahrtsmuseums in Bremerhaven).

Bernstein

Käthe Gold liebte den Bernstein. Damit sie ihn am Kampener Strand finden konnte, kaufte der Verleger Ernst Rowohlt Rohbernstein in Hamburg und streute ihn frühmorgens am Strandsaum von Kampen aus. Käthe Gold, in den dreißiger Jahren erfolgreiche Schauspielerin bei Gründgens am Berliner Staatstheater, fand die goldgelben Klümpchen und jubelte.
Die Bernsteinsucherin Käthe Gold hätte das erhärtete Harz von Nadelbäumen des Tertiär am Sylter Strand auch ohne die Hilfe von Rowohlt entdecken können. Freilich hätte die Suche mehr Zeit beansprucht. Noch heute gehen viele Besucher der Insel mit gesenktem Blick am Strand entlang auf der Suche nach dem begehrten, inzwischen raren Bernstein. Elektron nannten die Griechen den Bernstein, den das Meer an den Strand wirft. Zu den Schätzen, die Schliemann in Mykene fand, gehören Bernsteingeschmeide. Die Steine stammen zum größten Teil von der Cimbrischen Halbinsel. Vor etwa 3000 Jahren war der Bernstein der wichtigste Exportartikel Schleswig-Holsteins.
Die Entstehungszeit des Bernsteins liegt Jahrmillionen zurück. Vor 55 bis 35 Millionen Jahren, im Eozän, wuchsen im Gebiet der Ostsee und Südschwedens üppige Wälder. Darunter waren dichte Kiefernbestände, aus denen Harz quoll. Es gerann, auch unter Einschluß von kleinen Tieren, und lagerte sich im Waldboden ab. Meeresüberflutungen erreichten die Waldgebiete, spülten das leichte Harz heraus und lagerten es an anderen Stellen ab. Weitere Umlagerungen des Bernsteins verursachten die Eiszeiten. Die Gletscher transportierten Gesteine, Sand und Schutt als Geschiebe aus dem Norden in das norddeutsche Flachland. Als das Klima wieder wärmer wurde, spülte das Schmelzwasser den Bernstein heraus und brachte ihn über Ströme und Flüsse ins Meer, nämlich in die Nord- und Ostsee. Auch mitten im Land verblieben Bernsteinstücke. Sie wurden beispielsweise beim Bau des Nord-Ostseekanals gefunden. Einen besonderen Sylter Bernstein gibt es nicht. Die hier gefundenen Stücke gehören wahrscheinlich zum Baltischen Bernstein.

Der Name Bernstein ist auf Brennstein zurückzuführen (englisch to burn = brennen). Seine Eigenschaft, durch Reiben elektrisch zu werden, war bereits im Altertum bekannt.

Bevölkerung

	1827	1987	
			mit Zweitwohnung
Westerland	407	9572	12674
List	38	2015	2819
Kampen	101	613	1719
Wenningstedt	353	1578	3571
Rantum	62	456	772
Hörnum	–	922	1455
Sylt-Ost (Morsum, Archsum, Keitum, Munkmarsch, Tinnum)	1846	4805	7054
Insel Sylt	2595	19941	30064

Quellen: 1827 Jens Booysen, Beschreibung der Insel Silt. Schleswig 1828
Hugo Krohn, Die Bevölkerung der Insel Sylt, Kiel 1949, Bredstedt 1984
1987 Statistisches Landesamt Schleswig-Holstein, Schreiben vom 27. November 1990

Biene

„Die Bienenzucht ist sehr unbedeutend und wird auch nie von einiger Erheblichkeit werden, da es uns an Waldungen und Schutz wider die starken See-Winde gebricht und unsere Flora auch nicht sehr üppig ist." Jens Booysen stellte dies 1828 in seiner „Beschreibung der Insel Silt" fest. Es gilt noch heute, obschon die Zahl der Imker auf Sylt inzwischen gestiegen ist. Ihre Bienenkästen, die festen Wohnungen für die nicht echten Haustiere, sieht man besonders zur Zeit der Rapsblüte auf den Feldern stehen. Die Inneneinrichtung, den Wabenbau aus Wachs, verfertigt die Honigbiene (Apis mellifica) selbst. Ein Bienenvolk besteht aus etwa 40 000 bis 80 000 Individuen, wenn es nicht vom Imker absichtlich vergrößert wird. Sie alle sind Kinder der Bienenkönigin, des einzigen Eier legenden Weibchens in der Kolonie. Die Masse des Volkes wird von den Arbeiterinnen gebildet, Weibchen mit kümmerlich entwickelten Eierstöcken, die normalerweise keine Eier ablegen. Die Leistungen dieser Tiere sind erstaunlich. Bewunderung erregt auch ihre Organisation. Viel Wissenswertes über das Bienenvolk enthalten die Bücher „Das Leben der Bienen" von Maurice Maeterlinck (1925) und „Aus dem Leben der Bienen" von Karl von Frisch (1927). Auf Sylt werden zumeist Rapshonig und seltener Heidehonig aus insularer Herstellung angeboten.

Biikebrennen

Alljährlich leuchten am Abend des 21. Februar, am Vorabend des Petritages, auf Sylt Feuer auf, die Biiken. Sie sind ein sichtbares Zeichen der friesischen Tradition. Biikebrennen ist ein friesisches Volksfest. An jenem Februarabend werden unter reger Beteiligung der Bevölkerung in jedem Inselort die Biiken – das Wort hängt mit Baaken oder Feuerzeichen zusammen – angezündet. An den Brennstellen, meistens auf einem vorgeschichtlichen Grabhügel, werden Haufen von Brennmaterial aufgetürmt. Inmitten eines jeden Haufens steht ein Pfahl mit einer teergefüllten Tonne. Er soll den Winter darstellen. Wenn er brennend herabfällt, jubeln die Festteilnehmer und geloben, Zank und Streit zu vergessen.

Wie jedes Brauchtum haben auch Biikebrennen und Petritag während ihrer geschichtlichen Entwicklung manche Veränderungen und Wandlungen erlebt. Die Anfänge liegen im Dunkeln. Die Sage behauptet, einst seien die Feuer Teil eines heidnischen Festes gewesen. Man erflehte dadurch von Wodan, dem obersten Gott der Germanen, Segen für die Äcker und alles, was für die Insel nützlich war. Man ließ auch Feuerräder über die Felder rollen, damit sie bessere Erträge brächten. Um das lodernde Feuer wurde getanzt und ausgerufen: „Wodan, verzehre das Feuer, nimm unser Opfer an!" Mit dem Christentum wandelte sich die Bedeutung des Biikebrennens. Im 17. und 18. Jahrhundert wurde es zum Abschiedsfest für die Sylter Seeleute, die auf Wal- und Robbenjagd nach Grönland, Spitzbergen und ins Eismeer zogen. Nun kündete die Feier den Beginn der Walfangsaison. Am Tag nach dem Biikebrennen, dem Petritag – als Kalendertag Petri-Stuhlfeier – hielt man zunächst bei Keitum Thing ab, auf dem Verbote und Bekanntmachungen verlesen und Rechtsfragen geklärt wurden. Denn was immer die Grönlandfahrer erwartete, eines war gewiß: keiner von ihnen kehrte vor dem Herbst zurück und mancher von ihnen kam niemals wieder. Deshalb mußten bis dahin alle Rechtsgeschäfte abgewikkelt sein. Naturlich kam dabei auch das Feiern nicht zu kurz. Einen Eindruck davon vermittelt die Komödie „Di Gidshals of di Söl'ring Pid'ersdei (Der Geizhals oder der Sylter Petritag) des Sylter Seefahrers, Lehrers und Küsters Jap Peter

Biikebrennen, ein Gemälde von Magnus Weidemann

Hansen aus der Zeit um 1800. Gegen das Fest erhoben die Prediger manchmal ihre Stimme. Die Rantumer wären von ihnen fast einmal bekehrt worden. Einst hatten die Dorfbewohner in Rantum ihre Biike am Vorabend des Petritages entzündet. Die Feuer waren erloschen, die Leute waren bereits zur Ruhe gegangen. Um Mitternacht wurden sie aus dem Schlaf geholt, weil auf dem Biikenhügel abermals ein gewaltiges Feuer loderte. Sie eilten zum Löschen. Da sahen sie ein schwarzes Ungeheuer am Hügel herumschleichen, gleich einem Riesenpudel. Den hielten sie für den Teufel. Um ihn zu verscheuchen, gelobten sie, von nun an das Biikebrennen zu unterlassen. Später aber haben sie die Biike doch wieder angezündet.

Als die drei Sylter Pastoren Bahnsen, Rienau und Gleiss gegen die vorchristliche Überlieferung des Biikebrennens wetterten, inszenierte der Keitumer Seemann und Bauer Nann Mungard eine Feier am Vorabend eines Petritages auf dem Thinghügel in Keitum und ließ dort drei Teertonnen abbrennen. Auf jede Tonne war ein Buchstabe gemalt: B, R und G, die Initialen der drei Pastoren. Nann Mungard kam vor Gericht. Doch er wurde freigesprochen. B, R und G, so hatte er sich verteidigt, sei zwar eine Abkürzung. Aber sie stände nicht für die drei frommen Gottesmänner, sondern für die Worte „Brenne recht gut".

Heute wird beim Biikebrennen in friesisch und hochdeutsch der Vergangenheit und Gegenwart gedacht. Dann gibt es in den Wirtshäusern Grünkohl und Schweinebacke. Die ganze Nacht wird getanzt. Und der nächste Morgen bringt am Petritag das Schönste am Biiken für die Kinder: schulfrei.

Blanke Hans

„Trutz, Blanke Hans!" ist die Rungholt-Ballade von Detlev von Liliencron genannt. Von der Nordsee als Mordsee ist darin die Rede. In Gestalt von Sturmfluten greift der Blanke Hans auch die Küsten von Sylt an. Unter Blanke Hans wird auch allgemein die Nordsee verstanden. Eine besondere Worterklärung stellt den Blanken Hans als Räuber dar, der bei spiegelglatter, „blanker" See plötzlich infolge eines hohen Springtidewassers als Räuber auftaucht, Küstengebiete überflutet und Ernte und Vieh mit sich nimmt. Das niederländische Wort blank bedeutet „unter Wasser stehend". Hans ist zum Gattungsnamen geworden, weil er so häufig ist, auch in den Wortbildungen „Dummhans" und „Hans Dampf in allen Gassen."

Margarete Boie

In ihren Büchern über das Leben auf Sylt hat die Schriftstellerin Margarete Boie, 1880 in Berlins Prachtstraße „Unter den Linden" als Tochter eines preußischen Offiziers geboren, ihre Liebe zur nordfriesischen Insel Sylt bekannt. Fast ein Jahrzehnt, von 1919 bis 1928, behielt sie ihren Wohnsitz in Westerland. Während in jenen Jahren ihre Freundin Helene Varges (1877 – 1946) die Sylter Landschaft in Ölbildern, Pastellen und Zeichnungen festhielt, entwarf Margarete Boie ein farbiges literarisches Porträt der Sylter Geschichte und Gegenwart. Die Inselgeschichte stellte sie dar in den Romanen und Erzählungen „Schwestern" (1921), Die treue Ose (1922), Bo der Riese (1923), Der Sylter Hahn (1925), Moiken Peter Ohm (1926), Dammbau (1930), Die letzten Sylter Riesen (1930), Uwe Jens Lornsen in Kiel (1938). Gemeinsam mit Richard Stöpel verfaßte sie 1924 einen Führer von Sylt. Naturschutzfragen behandelt sie in ihrer Schrift „Ferientage auf Sylt" (1928). Die Schriftstellerin starb 1946 in Lüneburg. Margarete Boie nimmt als Heimatschriftstellerin einen angesehenen Platz in der Sylter Literaturgeschichte ein. Aus genauer historischer Kenntnis sowie mit viel Phantasie hat sie Alltag und Festtag, Sitten und Bräuche der Sylter beschrieben.

Jens Booysen

Einen Bücherstapel von beträchtlicher Höhe bildet die Literatur, die Schriftsteller, Reiseberichterstatter, Chronisten und Heimatforscher über Sylt geschaffen haben. Die meisten Schriften über diese nordfriesische Insel sind erst seit der Mitte des vorigen Jahrhunderts entstanden, nachdem sie für den Badeverkehr entdeckt worden war. Bis dahin gab es nur wenige Bücher, die Sylt gewidmet sind. Es fehlt jedoch nicht an früher gedruckten Hinweisen, Berichten und Briefen über die Insel. „Sylt müßte ja wohl ein kleines Paradies sein", schrieb zum Beispiel 1841 der Landschaftsarzt Georg Wülfke in einem Brief aus Husum an den Vater von Uwe Jens Lornsen in Keitum. „Jawohl, sage ich dann, gehen Sie nur mal hin und leben Sie unter diesen kernigen Leuten, unter Sitten, wie sie auf dem ganzen Festlande nicht gefunden werden."

Zu den „kernigen Leuten", die das Sylter Inselleben vor Beginn des Fremdenverkehrs, der ab 1854 in Westerland einsetzte, mit geprägt haben, gehört der Kapitän Jens Booysen. Er gab 1828 eine „Beschreibung der Insel Silt" heraus, die als Nachdruck im photomechanischen Verfahren wieder herauskam. Sie vermittelt ein aus wesentlichen Konturen zusammengesetztes Bild der Inselbewohner, ihres Landes, ihrer Lebensart und ihrer Probleme im ersten Drittel des 19. Jahrhunderts. Diese Studie ist eine eigenständige, durchaus kritische Arbeit, die auch über die originelle Denkweise des Verfassers Auskunft gibt. Booysen entschuldigt sich als Laie dafür, daß er das Buch schrieb. Er glaubte sich dazu deswegen berechtigt, weil er gern zur „näheren Kunde des Vaterlandes" beitragen wollte. Seine im altmodischen Stil verfaßte Darstellung enthält treffende, teils urige Formulierungen, so daß die Lektüre amüsant und kurzweilig ist. „Das Klima auf Silt", stellt der Autor beispielsweise fest, „ist überhaupt genommen sehr gesund, selten übermäßig heiß im Sommer, und die Kälte im Winter auch niemals so stark wie auf dem festen Lande; indessen scheint es doch, daß einige Schwächlinge aus den Städten die Luft ein wenig stark finden."

Den häuslichen Fleiß der Frau seiner Zeit erwähnt Booysen lobend: „Das Frauenzimmer auf Silt ist unstreitig das arbeitsamste der ganzen Welt, und wenn man glauben könnte, daß Arbeiten der Hauptzweck des Daseins des Menschen wäre, so erfüllen sie ganz gewiß ihre Pflicht mit der allergenauesten Gewissenhaftigkeit."

Leben und Wirken von Jens Booysen näher zu betrachten, bietet vor allem unter drei Gesichtspunkten interessante Einblicke in die Sylter Vergangenheit:

1. Als Kapitän repräsentiert Booysen das „goldene Zeitalter" der Insel Sylt, jene Blütezeit der Handelsschiffahrt in den Jahren 1775 bis 1807, als viele Inselfriesen auf allen Meeren fuhren. Die Seefahrer hatten sich insbesondere nach dem Ausbruch des nordamerikanischen Unabhängigkeitskrieges im Jahre 1775 von der Grönlandfahrt der Handelsschiffahrt zugewandt, wie Booysen selbst beschreibt: „Die in diesem Krieg sehr ausgebreitete Handlung und Schifffahrt Dänemarks legte den Grund zu einem, im Vergleich mit dem vorigen Zustande auf Silt, aufkeimenden Wohlstande. Viele Seeleute, von Silt, die früher auf Grönland und auf sonstige kurze Reise ihr Brot verdienten, begaben sich auf entfernte Reisen nach West- und Ostindien, theils als Schiffscapitäne, theils als Steuerleute, und erwarben sich dadurch nicht allein ein reichliches Auskommen, sondern erübrigten auch zum Theil so viel, daß sie im Alter davon leben konnten; allein dadurch ward denn auch der seitdem beständig zunehmende Luxus an Häusern, Hausgeräth und Kleidern nur zu sehr begründet."
2. Booysen hat als Kommunalpolitiker in der Zeit der liberalen Bewegung in Schleswig-Holstein das Gemeindeleben der Insel stark angeregt. Ihm ist es zum Teil zu verdanken, daß das kommunal-politische Leben auf Sylt in den ersten drei Jahrzehnten des vergangenen Jahrhunderts so aufgeweckt war.

3. Als Schriftsteller ist Booysen gleichfalls rührig gewesen. Mit mehreren Arbeiten hat er Beiträge zur Chronik der Insel beigesteuert. In Briefen und schriftlichen Stellungnahmen erwies er sich als zuverlässiger Schilderer zeitgeschichtlicher Fragen.

Jens Booysen wuchs als Sohn einer alteingesessenen Seefahrerfamilie der Sylter Norddörfer auf. Er wurde in Wenningstedt am 22. August 1765 geboren. Nach seiner seemännischen Ausbildung wurde er Kapitän auf Hamburger Kauffahrteischiffen. 1796 führte er die „Wilhelmsburg" des Reeders de Voß von Altona nach Südamerika in die holländische Kolonie Surinam. Dort wurde Booysen 1797 Mitglied der Großloge Concordia der Freimaurer, jener Gruppe von Freidenkern und bürgerlichen Liberalen. Sein Schiff wurde mehrmals von Franzosen und Engländern aufgebracht und festgehalten. Deshalb mußte der Reeder kostspielige Prozesse in England und Frankreich führen, um wenigstens Teile seines Eigentums zu retten. Ihm dabei zu helfen, war Kapitän Jens Booysen vergeblich bemüht, indem er acht Jahre lang, von 1798 bis 1806, ununterbrochen in Paris blieb und um Schiff und Ladung prozessierte. Einen unmittelbaren Eindruck von den Erlebnissen des Kapitäns Booysen geben seine Briefe aus den Jahren 1790 bis 1807, die zumeist an seinen von ihm verehrten Schwiegervater Uwe Peters nach Keitum gerichtet und größtenteils während seines Aufenthalts in Frankreich geschrieben sind.

Da Booysen sich in Paris um 1800 von einem Kupferstecher porträtieren ließ, ist ein Bild von ihm überliefert (Physionotracebild). Er war nach C. P. Hansen eine „stattliche Person" und hatte ein „nobles Wesen" und „viele Bildung". Booysen war ein freisinniger, vielseitig begabter und energischer Mann. „Er weiß in alle Sättel gerecht zu seyn und aus seinem langen Rücken einen Haken zu machen, der gehörig anschlägt und sicher faßt", so charakterisierte 1822 in einem Brief Uwe Jens Lornsen seinen Oheim Jens Booysen.

Eine rege Tätigkeit entfaltete Booysen auf Sylt, nachdem er sich angesichts des Zusammenbruchs der Handelsschiffahrt als Folge der Kontinentalsperre 1807 von der Seefahrt zurückgezogen hatte. Als welterfahrener und tatengewohnter Kapitän war er auf die Insel zurückgekommen, lebte von seinem Vermögen und widmete sich dem öffentlichen Leben und Wohl der Insel. Er baute sich 1807 ein Haus in Keitum, wo er bereits 1792 nach seiner Heirat mit der Tochter des Kapitäns Uwe Peters das Gebäude am Keitumer Kliff, heute Heimatmuseum, bezogen hatte. Mit der Seefahrt blieb er weiterhin auch dadurch verbunden, daß er seine Erfahrung als Agent der Lloyd Assecuranz-Compagnie in London zur Verfügung stellte.

Wegen seiner Verdienste im Kommunalwesen von Sylt, das in den absolutistischen dänischen Gesamtstaat einbezogen war, erhielt Booysen 1817 den Danebrogsorden.

Seit 1815 war er als Landesgevollmächtigter 18 Jahre lang Mitglied der Volksvertretung der Landschaft. In jenen Jahren hatten wirtschaftliche, soziale und geistige Wandlungen auf der Insel bereits begonnen. Liberale Ideen waren als Folge der Aufklärung und des Absolutismus entstanden. Auch auf Sylt forderte man Verbesserungen im Betrieb der Staatswirtschaft. Vor allem bemühte Jens Booysen sich um eine Reform der ungerechten Besteuerung. Er reiste 1822 im Auftrag des Kollegiums der Landesgevollmächtigten nach Kopenhagen, um dem König eine Bittschrift zu überreichen. Die Sylter baten um Herabsetzung der Pflugzahl (Steuerhöhe für nutzbares Land), Ermäßigung der Grundsteuer und der Bankhaft (Abgabe zur Tilgung von Staatsschulden). Aber erst 1829 wurde der Grundsteuerwert der Landschaft Sylt ermäßigt. Die Verminderung der Pflugzahl ist jedoch abgelehnt worden. Bis 1867 blieben die Steuerpflüge unverändert, obwohl sich das Mißverhältnis zwischen Steuerhöhe und Zahlungsvermögen wegen der stetigen Abnahme des nutzbaren Landes auf Sylt vergrößerte. Die Frage nach der Höhe der Landverluste als Folge der Sturmfluten hat Booysen in einem Beitrag für das Staatsbürgerliche Magazin 1827 behandelt. Er berechnete den Verlust an der Sylter Westküste auf jährlich 1 Ruthe oder 3,13 Meter. Von neueren Zahlen weicht die Berechnung Booysens ab. Heute nimmt man einen jährlichen Landverlust von mindestens 1,25 Meter an.

Wie aufgeweckt das Kommunalleben auf Sylt zur Zeit Booysens war, zeigen die Bemühungen um eine Verbesserung der Landschafts- und Gemeindeverfassung. An der lebhaften Diskussion der Verfassungsfragen nahmen neben Booysen vor allem sein Schwiegersohn Jens Bleikken, sein Schwager Jürgen Jens Lornsen (der Vater von Uwe Jens Lornsen) und Georg Wülfke teil. Ihre politischen Vorstellungen und Wünsche hatten die Sylter im Januar 1831 in einer Petition an den dänischen König übersandt. Zu den Verfassern dieser Petition zählt auch Jens Booysen. Er war davon überzeugt, daß eine gute Kommunalverfassung die Grundlage aller bürgerlichen Einrichtungen sei und ließ sich von Kritikern nicht beirren, die es sonderbar fanden, daß Seeleute über Regierungsangelegenheiten nachdachten. Die Diskussion der neuen Sylter Landschaftsverfassung hat Booysen gemeinsam mit Jens Bleicken und Georg Wülfke entscheidend vorangetrieben. Als Wortführer der Landesgevollmächtigten verfaßte er 1831 das Schriftstück „Etwas über eine beschriebene Communal-Verfassung auf Silt", das die allgemeinen Grundsätze der Verfassungsreform enthält. Diese Arbeit von Booysen hat den beratenden Kollegien vorgelegen und ist vermutlich ein Vorbild für den Verfassungsentwurf gewesen, der 1834 zustande kam. Allerdings ist der Entwurf als künftige Kommunalordnung Sylts schließlich nicht angenommen worden.

Als 1817 in Keitum der Sylter Verein, ein Vorläufer späterer Bürgervereinigungen, gegründet wurde, war wiederum Booysen die treibende Kraft. Der Verein sollte „dem Geiste Erheiterung im Genuß anständiger Vergnügungen und geselliger Munterkeit" geben und außerdem das allgemeine Wohl fördern, indem man die öffentlichen Belange diskutierte und Verbesserungen vorschlug und auszuführen half. Die Zusammenkünfte waren jedoch nicht zahlreich besucht und arteten schließlich in einen Kartenspielclub aus. Wegen mangelnder Beteiligung ist der Verein 1835 aufgelöst worden. Sein hauptsächliches Verdienst liegt in der Errichtung einer Lesebibliothek in Keitum. Sie wurde 1819 geschaffen und entstand durch freiwillige Beiträge an Geld und Büchern. Zu ihren Gründern gehört neben Jens Booysen auch Uwe Jens Lornsen. Der erste Bibliothekar der Lesebibliothek oder Lesegesellschaft war Jens Bleicken. Nach dem Urteil des Chronisten C. P. Hansen ist die Bibliothek oft benutzt worden und hat viel zur Bildung auf der Insel beigetragen.

Booysen ist auch unternehmerisch tätig gewesen. Er beteiligte sich 1819 zusammen mit anderen wohlhabenden Landsleuten an der Pacht der Austernbänke im Wattenmeer. 1820 unterbreitete er einen „Vorschlag und Entwurf zu einem Versuche ein Schiff auf Grönland vorzügl. auf Robbenfang von Silt auszurüsten". Dieses Vorhaben sollte der Arbeitsbeschaffung in der Zeit des Rückgangs der Seefahrt dienen. „Schon lange beklagen wir uns und nicht ohne Grund über Abnahme der Seefahrt und mithin über Mangel an Auswegen, unsere Seeleute zu beschäftigen", stellte Booysen in der Einleitung seines Entwurfs fest und machte seine Landsleute darauf aufmerksam, daß sie teils auch selbst schuld daran seien und deswegen etwas unternehmen müßten wie zum Beispiel die Flensburger: „Wodurch hat Flensburg seine Schiffahrt angefangen und allmählich in Flor gebracht? Einzig und allein dadurch, daß so zu sagen alte Einwohner der Stadt Schiffs-Rehder wurden." Der Plan von Booysen, Landsleute mit der Grönlandfahrt wieder zu beschäftigen, ist nicht verwirklicht worden. Aber andere Pläne des rührigen Kapitäns wurden ausgeführt. 1823 beschloß er gemeinsam mit 8 anderen Keitumer Bürgern, zwei Heidekoppeln auf der Wester-Heide anzukaufen und mit Bäumen zu bepflanzen. Der Anlaß der Aufforstung war „der beynahe gänzliche Mangel an Feuerung auf Silt und die ansehnlichen Ausgaben, womit die Anschaffung dieses unentbehrlichen Bedürfnisses verknüpft ist."

Gemeinsam mit Jens Bleicken legte Booysen 1822 am Nordende von Keitum einen kleinen Hafen an, den die Austernflotte und die Schiffe der Heringsfischer benutzten, bis er um 1868 versandete.

Die Sylter Heringsfischereigesellschaft ist gleichfalls eine Gründung von Booysen und Bleicken. Nicht das Profitstreben stand dabei im Vordergrund, sondern der Zweck dieses Unternehmens sollte zugleich darin bestehen, wie es im „Plan einer von Silt aus anzulegenden Heringsfischerei" heißt, „einigen unserer zum Theil darbenden Mitmenschen Gelegenheit zu nützlicher Beschäftigung und zur Erwerbung der Subsistenzmittel zu verschaffen". 1828 begannen die Sylter Heringsbüsen, zweimastige Fahrzeuge für den Heringsfang, ihre Fischerei bei den Shetlandinseln. Aber der Erfolg blieb aus. Das Geschäft wollte nicht gelingen und mußte 1831 aufgegeben werden.

Erfolgreicher war Jens Booysen als Heimatschriftsteller. Eine Chronik der Insel, nämlich eine Darstellung geschichtlicher Vorgänge lediglich nach der Zeitfolge, ohne Rücksicht auf ursächliche Zusammenhänge, stellte er unter dem Titel zusammen: „Versuch einer Khronik oder Skitzen oder Bruchstücke zu einer Khronik der Insel Silt, gesammelt und aufgezeichnet in den Jahren 1824 und 1825." Die Handschrift, mit Zusätzen von fremder Hand, wurde 1925 in den Sylter Nachrichten gedruckt. Außerdem erschienen Auf-

sätze aus der Feder von Jens Booysen im 7. Band von Falcks Staatsbürgerlichem Magazin im Jahr 1827 unter der Überschrift „Bemerkungen betreffend die Meyerschen Charten über das alte Nordfriesland“ und „Statistische Nachrichten von der Insel Silt“. Hierin legte Booysen dar, warum er die Darstellung des Kartographen Johannes Mejer (1608 – 1674) aus Husum, die den Zustand von 1651 wiedergibt, für zuverlässig hielt und von der Richtigkeit der Landkarte, die die Umrisse Nordfrieslands um 1240 angibt, nicht ganz überzeugt war. Dieses Urteil von Booysen ist heute noch gültig.
Im Alter von 67 Jahren starb Jens Booysen am 9. März 1833 in Keitum. Die Grabrede für ihn hielt der Landschaftsarzt Georg Wülfke, er sagte: „Der Werth des wahren Mannes fällt zusammen mit seinem Wirken für die Welt, mit seinen öffentlichen Leistungen“. So betrachtet hat Jens Booysen für seine Heimatinsel Wertvolles geleistet. Er hat sich in schwierigen, vielseitigen Aufgaben bewährt, Vermögen und Ansehen erworben, seine Erfahrungen uneigennützig dem Gemeinwohl gewidmet, auch als Unternehmer Pläne verwirklicht und die Heimatliteratur bereichert. Er ist der Repräsentant jenes alten Sylt im ersten Drittel des vorigen Jahrhunderts, das vom Fremdenverkehr noch unverfälscht war und dessen Spuren heute immer mehr verblassen.

Buhne

Die Buhne ist ein senkrecht zum Ufer ins Meer gebautes Schutzwerk, das die Strömung vom Ufer abweisen, die Kraft der Brandung verringern und die Ablagerung von Feststoffen (Sand, Schlick) fördern soll. Sie soll dem Küstenschutz dienen. Vor der Sylter Westküste sind 1867 die ersten Buhnen gebaut worden. Den leichten Pfahlbuhnen folgten die Steinbuhnen. Bis 1899 war eine Uferlänge von 22 km mit den Schutzwerken ausgerüstet. Später folgten Eisenbuhnen und Stahlbetonbuhnen, bis die gesamte Westküste mit Buhnen versehen war. Die einzelnen Schutzwerke sind numeriert. Berühmt ist die Buhne 16 nördlich von Kampen wegen des Nacktbadestrands. Buhnen werden heute am Sylter Weststrand nicht mehr gebaut. Sie haben sich als Küstenschutzwerke nicht bewährt. Den Abbruch der Insel können sie nicht verhindern.

Burg

In Archsum, Tinnum und Rantum gab es um Christi Geburt Burgen: umwallte Plätze, Ringwallanlagen mit einem Innenraum von etwa 60 Meter Durchmesser und 5 – 7 Meter Wallhöhe. Darin standen in radialer Ordnung Häuser im Schutz der Ringmauer. Der Burgwall von Archsum (Durchmesser 80 Meter, Wallhöhe 8 Meter) entstand in der frühen römischen Kaiserzeit, also um Christi Geburt. Die Burgen in Rantum und Tinnum sind wahrscheinlich zur selben Zeit errichtet worden. Die Burgen dienten zeitweise als Fluchtstätten, möglicherweise auch als Kultplätze. Die in der Marschebene aufragende Tinnumburg vermittelt noch heute einen Eindruck von der mächtigen Umwallung.

Georg Busse

Georg Busse, 1867 in Berlin geboren, 1947 in Westerland verstorben, studierte Malerei an der Akademie in München. In Berlin eröffnete er ein Photoatelier. Seit 1903 war er im väterlichen Hotel Miramar in Westerland tätig. Er malte und zeichnete Landschaften, Häuser und Porträts zumeist in Kohle und Kreide. Mit den Künstlern Hugo Köcke, Franz Korwan, Andreas Dirks und Hans Peter Feddersen war er befreundet. Bis 1933 hatte Busse die Leitung der „Sylter Winterspiele“. 1927 gestaltete er mit dem Schauspieler Fritz Lehmann den Festzug zur Eröffnung des Hindenburgdamms.

Johann Friedrich Camerer

Johann Friedrich Camerer (1720 - 1792) war dänischer Kriegsrat und beschäftigte sich intensiv mit der Landeskunde. Er gab 1758 (Band I) und 1762 (Band II) „Vermischte historisch-politische Nachrichten in Briefen von einigen merkwürdigen Gegenden der Herzogthümer Schleßwig und Hollstein“ heraus. Sie enthalten Beschreibungen von Helgoland, Uetersen, Eiderstedt, Friedrichstadt, Nordmarsch, Tondern und Sylt. Camerer hat die Insel Sylt besucht und lernte den Pastor Martin Richard Flor kennen. Flors „Nachricht von der Insel Sylt“ hat er in sein Werk aufgenommen (Band II, 1762). Camerers Bücher sind heute selten. Sie sind nur in wenigen Bibliotheken vorhanden und als antiquarische Raritäten hoch gehandelt.

Elisabeth Castonier

Elisabeth Castonier, 1894 in Dresden als Tochter des Malers Felix Borchardt (er porträtierte u. a. Wilhelm II.) geboren, 1975 in München gestorben, hat als erfolgreiche Schriftstellerin vor allem autobiographische Unterhaltungsromane geschrieben. Die Autorin charakterisiert die Boheme der zwanziger und dreißiger Jahre, ihre eigene Arbeit für Film, Literatur, Verlag sowie ihre Ehe mit dem dänischen Tenor Castonier. Nach Sylt kam sie 1933. Was sie hier erlebte, hat sie in ihrem Buch „Stürmisch bis heiter. Memoiren einer Außenseiterin“ (1967) erzählt:

„Freunde schrieben mir aus Wenningstedt, ich sollte doch kommen. „Bis zum Herbst ist alles vorüber“, schrieb Ruth, die mit Wolffs Tochter Lotte befreundet war. Aribert Wäscher und Valeska Gert waren schon in Kampen in Valeskas kleinem Häuschen. Erich Kleiber hauste, wie jedes Jahr, im runden Bau, der wie ein abgesägter Turm aussah. Wir kannten uns flüchtig von einer Gesellschaft bei Theodor Wolff her. Aber niemand wollte jetzt bei Theodor Wolff zu Gast gewesen sein, deshalb war er, der Windts

Oper dirigiert hatte, wohl auch so scheu, grüßte nur flüchtig von weitem, wich aus.
Eines Tages hieß es, daß Göring nach Kampen kommen werde. SA-Leute erschienen am Strand, blickten sich forschend nach unerwünschten Elementen um und ersuchten dann die in der Nähe der Treppe Sitzenden streng, ihre Strandkörbe zusammenzurücken, um Platz für den Herrn Ministerpräsidenten zu machen. Hitlerjungen in Uniform hoben eine besonders tiefe Grube aus, ein neuer Strandkorb mit neuer, großer Hakenkreuzflagge wurde aufgestellt, ein Hakenkreuz aus feuchtem Sand geformt. Dann erschien Göring, vielmehr: er trat auf.
Er trug eine weiße admiralsähnliche Uniform und hob ein Fernrohr ans Auge, um den Horizont nach Feinden abzusuchen – einen herrlich lichtblauen, klaren Sommer-Horizont. Dann kletterte er finster und wichtig in seine Grube, saß eine Zeitlang da. Aber er wagte sich nicht ins Wasser.
„Und dabei hätte ich so gern seinen Akt gesehen“, seufzte Aribert. „Was meinst du, Valeska, soll ich in sein Loch rollen und sagen: Oh, du Großmächtiger, ich liebe eine Jüdin, kannst du mir verzeihen?“ Wir rieten ihm ab. Damals lachte man noch hin und wieder in unserem Kreis über das Groteske dieser Zeit.“

Cicero Presse

Die Cicero Presse ist ein Fachverlag mit Antiquariat in Morsum, spezialisiert auf Bibliographien, Werkverzeichnisse und Enzyklopädien. Der Verlagsname verbindet den des römischen Staatsmannes und Redners (106 – 43 v. Christus) mit der typographischen Maßeinheit (12 Punkt, 1 Punkt = Schriftgröße 0,376 mm). Dieser Begriff wurde so genannt nach dem Schriftgrad der ersten Ausgabe der Briefe Ciceros „Epistulae ad familiares“, Rom 1467, bei Konrad Sweynheim und Arnold Pannartz, in Quarto. Inhaber der Cicero Presse in Morsum ist Timm Zenner.

Käpt'n Corl (Carl Christiansen)

Ein unvergessenes Original aus der Zeit der Sylter Dampfschiffahrt-Gesellschaft ist der Westerländer Kapitän Carl Christiansen, kurz Käpt'n Corl genannt. 1864 in Westerland geboren, ging er mit fünfzehn Jahren zur See, fuhr auf allen Meeren und diente sich zum Kapitän hoch. 1902 kam er nach Sylt zurück und trat in den Dienst der Sylter Dampfschiffahrt-Gesellschaft. Bis 1927 gehörte er dieser Wattenmeer-Linie an. Auf den Fahrten wurden dem Kapitän alle möglichen Fragen gestellt. „Wie lange dauert die Fahrt bis Sylt?“ wollte eine Dame wissen. Käpt'n Corl antwortete: „Zwei Stunden, die Rückfahrt vier Stunden.“ Wie sich das erkläre, wollte der Passagier erfahren. Antwort: „Sie wissen doch, die

Kapitän Carl Christiansen auf der Kurpromenade in Westerland um 1930

Erde ist rund. Von Hoyer nach Sylt geht es bergab, umgekehrt bergauf." Während einer anderen Fahrt zeigte der Kapitän nach Emmerleff hinüber, und erklärte: „Drüben ist Nansen geboren." Staunend meinten die Reisenden, nicht gewußt zu haben, daß dort die Wiege des berühmten Polarforschers gestanden habe. Tatsächlich war ein Nansen in Emmerleff geboren. Er hieß jedoch Sören mit Vornamen und war Gemüsehändler.

Als 1927 nach der Eröffnung des Hindenburgdamms die alte Schiffsverbindung nach Hoyerschleuse aufgehoben wurde, beendete Carl Christiansen nach 25 Jahren Fährdienst seine Tätigkeit. Er wurde Aufseher und Führer auf Inselrundfahrten der Kurverwaltung. Nun nannte er sich Strandkapitän. Seine Kommandobrücke war die Strandpromenade. Auch bei der neuen Aufgabe bewährten sich sein Witz und seine Schlagfertigkeit. Eines Tages fragte ihn ein neugekommender Badegast, der staunend auf das Meer blickte: „Ist das alles Wasser?" Käpt'n Corl antwortete: „Nee, da sind auch Fische drin."

1937 starb Carl Christiansen im 73. Lebensjahr in Westerland.

Jacob Cruppius

Jacob Cruppius, geboren 1637 in Stolp, gestorben 1708 in Keitum, war von 1675 bis 1708 Pastor in Keitum. In einer Chronik hat er seinen Werdegang und die wichtigsten Ereignisse seiner Dienstzeit beschrieben. Sein Sohn Joachim hat eine Fortsetzung angefügt. Die Chronik veröffentlichte Peter Schmidt-Eppendorf. (Sylt-Memoiren einer Insel. Husum 1977.)

Daguerreotypie

Der französische Maler Daguerre (1787 - 1851) gilt als der Erfinder der Photographie. Es gelang ihm in Paris, auf einer versilberten Kupferplatte, die er durch Joddämpfe lichtempfindlich machte, ein mit der Camera obscura nach der Natur eingefangenes Bild festzuhalten. 1839 hat die Académie des Sciences in Paris die Erfindung bekannt gemacht. 1853 eröffnete auf Sylt Paul Ebe Nickelsen das erste photographische Atelier. Er fertigte Daguerreotypien an. Aber es sind keine Exemplare von ihm überliefert.

Caspar Danckwerth

Der Husumer Bürgermeister Caspar Danckwerth (ca. 1600 - 1672) gab 1652 die „Newe Landesbeschreibung der zwey Herzogthümer Schleßwig und Holstein“ heraus. Das Werk ist heute wegen der darin enthaltenen Landkarten von Johannes Mejer mehr geschätzt als der Text von Danckwerth. Deshalb sind die Karten mehrmals nachgedruckt worden, der Text dagegen nur selten. Über Sylt schrieb Danckwerth zum Beispiel folgendes:
„Die Einwohner dieser Insul gebrauchen sich noch ihrer Alt-Friesischen Sprache, haben auch noch ihren besonderen alten Habit oder Tracht an Kleidung, insonderheit tragen die Weiber kurze Röcke, so nicht viel über die Knie herunter reichen, wie vormahls die Spartanische Weiber auch sollen getragen haben, denen sie an Muth und Herze sich auch vergleichen. Die Einwohner seynd was ungeschliffen, weil sie von anderen Leuten abgesondert leben, und wenig zu Lande, viel aber zu Wasser handtieren, und werden von einem Landvogt regieret.“

Danebrogsorden

Vermutlich 1219 stiftete Waldemar II., König von Dänemark, den Danebrogsorden als Auszeichnung für verdiente Persönlichkeiten. Noch heute ist er das Ehrenzeichen der Danebrogsmänner. Nach dem Tod eines Ordensträgers müssen die Insignien des Danebrogsordens an das Ordenskapitel in Kopenhagen zurückgegeben werden. 1835 wurde dem Sylter Danebrogsmann Jap Peter Hansen der Orden und ebenso die Jahrespension von 50 Reichstalern aberkannt, nachdem er wegen Diebstahls verurteilt war. Jap Peter Hansen hatte die Auszeichnung 1815 für seine Erfindung einer verbesserten Kornwaage erhalten.

Wulf Manne Decker

„Wulf Manne Decker ist unser Faktotum. Sein Bruder ist Strandinspektor, sein Vater ist Strandvogt; seine Familie gehört zu den ältesten der seefahrenden Patricier auf Sylt. Wulf Manne hat es auf See nicht weit gebracht; seine Talente sind von festländischer Beschaffenheit, und die Natur hat ihn dazu bestimmt, Gottes Wege auf dem Trockenen zu wandeln." So charakterisierte ein Meister der Feder und des Feuilletons, ein Kurgast im aufstrebenden Nordseebad, Julius Rodenberg, den aktivsten Mitbegründer des Bades Westerland. Rodenberg kam 1859 nach Sylt und lernte Decker in der „Dünenhalle" kennen. Schon die erste „Dünenhalle", ein als Restaurationslokal umgebautes Bauernhaus an der Keitumer Chaussee, hatte Decker errichtet. Maßgeblich war er am Bau des ersten Hotels und Restaurants „Dünenhalle" beteiligt. 1857 ist er zum Direktor der Badeanstalt gewählt worden. Er hat dieses Amt bald wieder abgegeben, weil es zu Unstimmigkeiten mit anderen Badeaktionären gekommen war. Der Badegesellschaft blieb er jedoch weiterhin treu. Er war ihr Geldgeber und sogar ihr Retter, als er 1861 allein 60 Aktien zu 100 Taler Reichsmünze von den benötigten 130 Aktien zeichnete.

Nicht alle Zeitgenossen haben gleich günstig über Decker geurteilt. Der höchste Verwaltungsbeamte des Amtes Tondern, Graf Reventlow, schrieb 1860, daß Decker ein seltenes Exemplar von Selbstvertrauen und Ungeschick gewesen sei, der alles Mögliche in Unordnung gebracht habe. „Es ist nicht leicht, eine Beschreibung dieses Mannes zu machen, da er ohne bestimmten Charakter Alles ist, ohne bestimmendes Gewerbe Alles thut, und ohne bestimmbares Interesse Alles weiß," notierte Rodenberg in sein Tagebuch. Die Badegäste nahmen die Dienste Deckers gern in Anspruch. Er war für sie jemand, der zu allem zu gebrauchen war und sich auch nicht scheute zuzugreifen. Nach Rodenberg war er „der leibhaftige Ueberall und Nirgends, und es geschieht auf Sylt nichts, bei dem er nicht zu Gevatter gestanden. Er ist der Weltmann, der den Verkehr vermittelt, er ist Eisenbahn und Telegraph zugleich. Er versteht es, die gerühmte Biederkeit der Insulaner mit den continentalen Tugenden zu vereinen, die namentlich zur Zeit der Badesaison nicht unnützlich sind".

In seiner linken Brusttasche trug Wulf Manne Decker ein Buch mit Gummilitze, auf dessen Deckel in Goldbuchstaben „Baden-Notizen" zu lesen war. Darin befanden sich alle Fahrpläne von Eisenbahnen und Dampfschiffen, Ebbe- und Flutkalender, Speisezettel der Restaurants, auch die Tanzordnung für Bälle in der „Dünenhalle". Dieses Buch glich nach den Worten Rodenbergs „dem Sack eines Professors der Magie".

Zu den Eigenheiten des Westerländer Originals Decker, das Julius Rodenberg in seinem Tagebuch anschaulich porträtiert hat, gehörten zwei Leidenschaften: Schriftstücke anzufertigen und Drucke herauszugeben. In den Einrichtungen der Badeanstalt legte er seine handschriftlichen Mitteilungen aus: Ankündigungen über Ebbe und Flut, Fahrpläne und Bekanntmachungen. Eine besondere Vorliebe hatte er für Druckstücke. „Die Rede, die Jungfer Inken Eschels sprach, als sie bei Errichtung der

Dünenhalle dem Zimmermann den Kranz überreichte, läßt er drucken; und die Rede, mit der Boy Boysen, der Zimmermann, dankte, läßt er gleichfalls drucken. Daß er seine eigenen, bei dieser Gelegenheit gehaltenen Reden drucken läßt, versteht sich“ (Julius Rodenberg). Er ließ auch den ersten „Fremdenführer auf der Insel Sylt, einen Wegweiser für Badende in Westerland,“ verfaßt von C. P. Hansen, 1859 auf seine Kosten herstellen. Dieses Buch, damals vom Verlag Decker für 4 Mark angeboten, ist inzwischen so selten geworden, daß man es heute antiquarisch lange vergeblich suchen kann.

In der von Wulf Manne Decker geführten Badegesellschaft gab es viele Verdrießlichkeiten und Hindernisse, zumal „ein großes badendes Publikum, das an Komfort gewöhnt, schwer zu befriedigen ist“. (C. P. Hansen). Nach allerlei Streitigkeiten hatte sich Decker von der Direktion zurückgezogen. Seine körperlichen und wirtschaftlichen Kräfte schwanden. Als er 1867 einen erneuten Konzessionsantrag für das Bad auf seinen Namen einreichte, stellte der preußische Landvogt von Binzer in einem Gutachten fest, Decker sei zwar mit seinen Aktien an der Gesellschaft vorwiegend beteiligt, aber an der Verwaltung nehme er nicht mehr teil. Harte Worte enthält die Stellungnahme des Amtmanns von Tondern, Bleicken: Decker sei schon seit mehreren Jahren mehr oder weniger geistig krank, und daher sei ihm die Verfügungsbefugnis über sein geschwundenes Vermögen entzogen. Seine Krankheit äußere sich auch darin, sich in jeder Weise wichtig zu machen. Seine Eingabe gehöre zu den vielen Versuchen in dieser Richtung. Tragisch endete das Leben des Mannes, der sich in den Anfangsjahren des Seebads Westerland vor allen anderen verdient gemacht hat.

Deichbau

Der Bau von Deichen, Schutzwällen an der Meeresküste gegen Sturmfluten und Hochwasser, hat nach Saxo Grammaticus, der um 1200 eine Dänengeschichte schrieb, in Nordfriesland um 1000 begonnen. Die aus Westfriesland eingewanderten Friesen haben hier ihre Kenntnisse des Deichbaus in Holland verwendet. Zunächst legten sie Warften oder künstlich aufgeworfene Hügel an, auf denen sie ihre Häuser errichteten. Wann die ersten Deiche auf Sylt entstanden, ist nicht genau zu belegen. Der Stinumdeich gilt als der älteste Schutzwall, der einst die Sylter Südmarsch sicherte. Angeblich wurde er durch die Flutkatastrophe des Jahres 1362 zerstört. Reste des Stinumdeichs sind nach der „Beschreibung der Insel Silt“ von Jens Booysen aus dem Jahr 1828 noch vorhanden gewesen. Der zweitälteste Deich

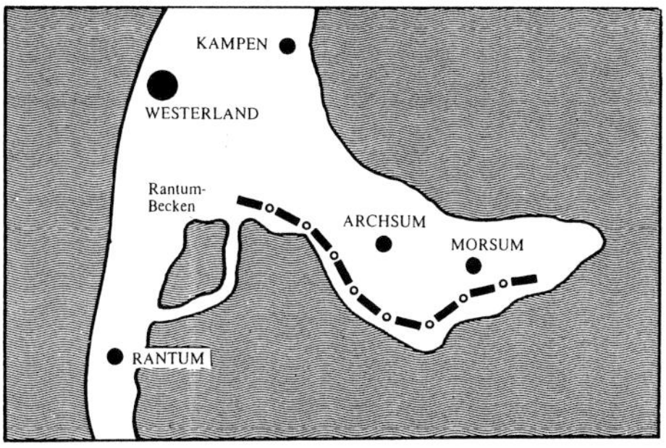

Der Nösse-Deich

des südlichen Sylter Marschgebiets war der Eidumdeich, der nach Aufgabe des Stinumdeichs, wahrscheinlich nach 1362, jedenfalls lange vor 1634 gebaut wurde. Vom Eidumdeich waren zur Zeit der Eindeichung des Nössekoogs (1936 – 1938) nur noch Reste verschiedener Länge vorhanden, nämlich beim Osterwall südlich von Morsum, bei Morsum-Odde, zu beiden Seiten des Kattrevel Wehls und des Öwenhoogs südlich von Keitum sowie bei Dikjendeel südlich der Eidum Vogelkoje.
Die mittelalterlichen Deiche waren steil und nur wenige Meter breit. Heute weiß man, daß sie nicht stark geneigt sein dürfen, damit die Wellen keine Löcher in den Schutzwall schlagen können. Die Deiche werden nun auch höher gebaut. Der 1938 fertiggestellte Nössedeich war 6,20 m hoch. Die Kronhöhe ist 1982 in 1,8 km Länge um 1 m auf 7,20 m erweitert worden, nachdem die Sturmflut im November 1981 das Bauwerk an mehreren Stellen beschädigt hatte. Die rund 5000 Einwohner der Sylter Ostdörfer sind dadurch vor Sturmfluten besser geschützt.

Literatur: Hans Joachim Kühl u. Albert Panten, Der frühe Deichbau in Nordfriesland. Bredstedt 1989

Denghoog

„Und auch in ein altes Hünengrab mußte ich hinein. Der Hüne war nicht mehr darin, sondern eine Frau mit Stearinlichtern und empfänglich für Trinkgeld." So schilderte 1886 der Schriftsteller Julius Stinde aus Kirch-Nüchel bei Eutin seinen Besuch des Denghoogs (Thinghügel) von Wenningstedt in seinem Fortsetzungsroman „Familie Buchholz". Es ist das besterhaltene Ganggrab in Schleswig-Holstein, das heute noch zu besichtigen ist. Der Grabhügel ist in der jüngeren Steinzeit, etwa um 2200 v. Chr., angelegt, eingebettet in einen ursprünglich 6 m, jetzt noch 3,20 m hohen Grabhügel (24 m Durchmesser). Nachdem in der Mitte des vorigen Jahrhunderts bereits große Randsteine herausgenommen und für den Hausbau verwendet worden waren, ist das Grab 1868 von dem Hamburger Physiker, Chemiker und Hobby-Archäologen Ferdinand Wibel mit Hilfe von 4 Einheimischen in 3 Tagen freigelegt worden. Ein 6 m langer Gang führt in die Grabkammer. Sie wird von 12 großen Tragsteinen gebildet und ist im Westen 1,90 m, im Osten 1,50 m hoch. In der Grabkammer wurden die Reste von einer unverbrannten Leiche und viele Knochen vorhergegangener Beisetzungen gefunden. Grabbeigaben weisen darauf hin, daß der Denghoog vor etwa 5000 Jahren gebaut wurde: Feuersteinwaffen für Männer, Bernsteinschmuck für die Frauen und verzierte Tongefäße als Proviantbehälter für die Reise ins Jenseits.
Möglicherweise ist der Denghoog himmelskundlich ausgerichtet worden. Der Hügel könnte als Richtmarke bei der Beobachtung von Sonnenständen gedient haben. Der Mensch der Neusteinzeit war als Ackerbauer auf reiche Ernteerträge und auf eine genaue Kalendereinteilung angewiesen. Deswegen hat er die Himmelserscheinungen im Wechsel der Monate und Jahre genau beobachtet. Diese Zusammenhänge hat Rolf

Müller in seinem Buch „Der Himmel über den Menschen der Steinzeit" (1970) dargestellt.

Marlene Dietrich mit ihrer Tochter Maria Sieber am Strand von Westerland im Sommer 1928

Marlene Dietrich

Im Sommer 1928 verlebte Marlene Dietrich (1901 geboren, in Paris lebend) mit ihrem Mann Rudolf Sieber und ihrer 1925 geborenen Tochter Maria die Sommerfrische in Westerland. Sie wohnte in der Friedrichstraße 11, Haus Enzian. Der Westerländer Photograph Heinrich Herold hat die Schauspielerin mit ihrer Tochter am Strand in der Nähe des Südbads im Bild festgehalten.

Dingwall

Amtliche Bekanntmachungen wurden in vorpreußischer Zeit auf Sylt durch Horn, Kirchenglocke oder Dingwall (Burstock) verbreitet. Der Dingwall, ein um einen Stock gewickelter Zettel, ein Schriftstück mit den Anordnungen, wurde von Haus zu Haus gereicht. Er ist der Vorläufer der heutigen Zeitung mit amtlichen Bekanntmachungen.

Andreas Dirks, Selbstbildnis 1903, Scherenschnitt

Andreas Dirks

Andreas Dirks gehört zu den bekanntesten Sylter Malern. Er wurde 1865 in Tinnum als Sohn eines Segelschiffskapitäns und späteren Landwirts geboren. Seine Kindheit verlebte er auf Sylt und war Schüler der Realschule und Gewerbeschule in Hamburg, wo er Dekorationsmalerei erlernte. Seine künstlerische Ausbildung erhielt er 1885 und 1886 an der Kunstakademie Düsseldorf und danach in Weimar, wo Theodor Hagen und Leopold Graf Kalckreuth seine Lehrer waren. Nach Studienreisen in Belgien und Holland ließ Dirks sich als freier Künstler in Düsseldorf nieder. Er unternahm Reisen zum Bodensee (1904), nach Südwestafrika und Nordamerika (1907 - 1908). Oft kam er auf die Heimatinsel und richtete in Westerland ein Atelier im Haus Windhuk ein, Ecke Steinmann- und Brandenburger Straße. Auf eigenem Segelboot durchkreuzte er das nordfriesische Wattenmeer und besuchte Inseln und Halligen. Hier sammelte er Eindrücke und Motive für seine vorwiegend impressionistischen Bilder, die ihn als Maler seiner nordfriesischen Heimat ausweisen. Die Nordsee, ruhig oder bewegt, unter blauem oder wolkenschwerem Himmel, häufig mit Segelschiffen vor der Küste oder einem Hafen, ist das hauptsächliche Thema seiner Bilder. Aber Dirks ist nicht nur Marinemaler, auch andere Landschaften hat er dargestellt, darunter Sylter Motive. Andreas Dirks war zu seinen Lebzeiten ein anerkannter und bekannter Maler. 1916 nahm er in Düsseldorf den Titel eines Königlichen Professors entgegen. Ein Lehramt war damit jedoch nicht verbunden. Der Künstler starb 1922 im Alter von 57 Jahren in Düsseldorf. Die Straße in Tinnum, an der sein Geburtshaus heute noch steht, ist nach ihm benannt. Auch in Westerland trägt eine Straße seinen Namen.

Wilhelm Dreesen

Als Sylt preußisch und das Badeleben im letzten Drittel des vorigen Jahrhunderts immer lebhafter wurde, hatte die Kunst des Photographierens bereits einen technisch vervollkommneten Stand erreicht. Nicht nur die Badegäste ließen sich gern aufnehmen, auch die Bewohner der nordfriesischen Insel stellten sich bereitwillig vor den großen Kasten des Photographen. Zu den Sylter Photopionieren jener Zeit gehört Paul Ebe Nickelsen. Er hat die ersten interessanten photographischen Bilddokumente von Westerland überliefert. Der Name der Paulstraße ist seinem Andenken gewidmet.
Lichtbildner kamen in den Blütejahren des internationalen Modebads Westerland auch von auswärts auf die Insel. Aus Flensburg reiste Wilhelm Dreesen an, ein Mann mit Schnurr- und Knebelbart, Hofphotograph und Sonntagsmaler, Mitbegründer der Künstlerkolonie Ekensund, Mitglied des Vereins für Amateur-Photographie in Flensburg. Unter dem Titel „Die Nordsee-Insel Sylt“ gab er 1894 eine Mappe im Folioformat mit 50 Photos auf 25 Kartons, auf die jeweils 2 Bilder im Lichtdruckverfahren reproduziert waren, heraus.
Heute betrachtet, lassen diese Aufnahmen eine längst vergangene Welt wieder aufleben. Sie zeigen die noch unbebaute Sylter Landschaft, Ortsansichten von Westerland und anderen Inseldörfern, darunter Kampen vom Leuchtturm gesehen, die Mühlen in Keitum und

Westerland, Photographie von W. Dreesen

Munkmarsch, die Heimatstätte für Heimatlose, Meer-, Strand- und Dünenlandschaften. Auch einige Sylter Bewohner wie Krabbenfischer und spielende Kinder sind dargestellt. Aber die Landschaftsbilder überwiegen.
Viele Photos von Dreesen haben heute nicht nur dokumentarischen Wert, sie sind auch künstlerisch bestimmt. Wie groß die Meisterschaft des Hofphotographen war, verdeutlicht unter anderem die Bildform. Vor 1914 war es noch nicht möglich, den Ausschnitt aus dem Negativ zu bestimmen. Der Photograph war damals an das festgelegte Plattenmaß gebunden, das er ausnutzen mußte und dessen Format für die Bildform maßgeblich war.
Dreesens Sylter Photomappe ist heute eine antiquarische Rarität, die hoch bezahlt wird. Als sie veröffentlicht wurde, war der Herausgeber auf der Höhe seines Schaffens. Dem photographischen Handwerk hatte er sich erst als Fünfundzwanzigjähriger zugewandt. Zunächst wurde Dreesen, 1840 in Rendsburg geboren, Stabstrompeter einer Regimentskapelle. Als Stellvertreter eines dänischen Wehrpflichtigen wagte er es 1864, gegen die Preußen bei den Düppeler Schanzen zu kämpfen.
Unversehrt aus dem Feldzug zurückgekehrt, wendete er das ausgezahlte Entgelt 1865 zur Gründung einer photographischen Anstalt in der Flensburger Norderstraße auf. Die nötigen handwerklichen Fähigkeiten hatte er in 14 Tagen gelernt. In Kiel (Holstenstraße) und Kappeln (Rathausmarkt) richtete er zusätzliche Ateliers ein.
Der Landschaftsphotographie wandte sich Dreesen insbesondere seit 1871 zu, nachdem die erste brauchbare Trockenplatte erfunden war. Mit künstlerischem Geschick und Geschmack stellte er zahlreiche Photos her, indem er der Natur in malerischer Sicht beizukommen versuchte. Mit einigen Ausstellungen und Auszeichnungen wurde sein Schaffen bekannt. Vom Hause Glücksburg erhielt er 1887 den Titel eines Hofphotographen.
Als Sonntagsmaler war er in der Künstlerkolonie Ekensund aufgenommen worden. Seine Malerkollegen, zum Beispiel Fritz Stoltenberg, Kiel, und Jacob Nöbbe, Flensburg, hat er photographiert. Nöbbe malte „Wilhelm Dreesen an der Staffelei“ 1893. Dieses Ölbild ist heute im Besitz des Städtischen Museums in Flensburg.
Seit 1891 beschäftigte sich Dreesen mit der Herausgabe von Photomappen. Die erste trägt den Titel „An der Ost- und Nordsee“. Vor dem Ersten Weltkrieg sind einige Schulbücher mit seinen Aufnahmen bebildert worden. In Flensburg starb Wilhelm Dreesen 1926. Seine Landschaftsaufnahmen, auch die Sylter Photos von 1894, haben den Meisterphotographen überdauert.

Düne

Sand – Sand – Sand – Sand.
Wir decken das Land mit dürrender Hand
von List bis Hörnum, von Hörnum bis List,
bis alles Leben erloschen ist.

Mit diesem Vers aus „Sang der Dünen auf Sylt“ hat Hermann Claudius (1878 – 1980) auf die Bedrohung durch den

Sylter Dünen, Lithographie von Wilhelm Heuer 1839

wandernden Sand aufmerksam gemacht. Nicht nur vom Meer, auch vom Sand ist die Insel zu allen Zeiten ihrer Geschichte bedrängt worden. Die Sylter mußten damit rechnen, daß der von den Dünen und vom Strand ostwärts treibende Sand ihre Häuser und Felder überdeckte. Der Sandverwehung mit staatlicher Hilfe Herr zu werden, bemühte man sich bereits im 18. Jahrhundert. 1706 sind schon Dünenschutzarbeiten veranlaßt. Als erster Strand- und Düneninspektor ist der ehemalige Grönlandkommandeur Lorenz Petersen Hahn benannt. Bis 1747 bekleidete er das Amt. Zu seinem Nachfolger wurde der Landvogt Matthias Matthiessen. Er vernachlässigte jedoch seine Aufgabe, so daß um die Mitte des 18. Jahrhunderts die Dünenverwehungen nicht genügend bekämpft worden sind. Erst seit 1788 wurden die Arbeiten zum Dünenschutz systematisch betrieben von Broder Hansen Decker. Drei Generationen blieb das Düneninspektorat in den Händen dieser Familie. Mit der Bepflanzung und Festlegung der Dünen beschäftigte sich auch Adelbert Baudissin (1820 – 1871), der 1865 Deichinspektor an der Schleswiger Westküste wurde. Bis auf den heutigen Tag halten die Dünenschutzmaßnahmen an. In unserer Zeit sorgt das Amt für Land- und Wasserwirtschaft dafür, daß die Sylter Westküste mit Strandhafer und Sandfangzäunen in jedem Jahr neu ausgestattet wird.

Wodurch entsteht die Düne, ein Berg von Sand? Die Düne ist das Werk des Meeres und Windes. Mit der Brandungswoge kommt der feine Sand an den Strand und wird vom Wind zu Sandbergen von unterschiedlichen Formen (z. B. zur Sicheldüne) von West nach Ost aufgetürmt. Je nach Bewuchs mit Pflanzen sind zu unterscheiden: Vordüne, weiße Düne, graue Düne, braune Düne (mit Krähenbeere und Heide bewachsen). Die Düne ohne Vegetation, die Wanderdüne, schreitet in wellenförmiger Bewegung fort, mehrere Meter im Jahr. Im Listland sind solche Wanderdünen in steilen, zackigen und sanften Abhängen zu beobachten. Man hat dort den Eindruck einer Hochgebirgslandschaft. Die höchste Düne auf Sylt ist die Uwe-Düne in Kampen (52,5 m hoch).

Literatur: F. Solger, Dünenbuch. Stuttgart 1910
Klaus Priesmeier, Form und Genese der Dünen des Listlandes auf Sylt. Schr. Naturw. Ver. Schlesw.-Holst., Bd. 40, Kiel 1970

Sylt, 1976, Radierung von Otto Eglau

Otto Eglau

„Ich trinke die Luft hier, als ob es Champagner wäre... Ganz wichtig ist für mich mein Weg zur Insel Sylt gewesen. Ich bin ja Urberliner, in Karlshorst geboren, und die Berliner lieben das Wasser. Da bin ich, wie alle Berliner, an die See gefahren, erst an die Ostsee und dann, durch meinen Lehrer Max Kaus angeregt, an die Nordsee. Das war für mich ein ganz entscheidender Schritt." So wurden das Meer und die Insel das Hauptthema des Malers und Radierers Otto Eglau (1917 – 1988). Sylt war ihm Heimat geworden. Auf der Insel begegnete ihm das Elementare, die Handschrift der Elemente, die wesentlichen Bausteine, darunter das Ur-Watt, wie er eine seiner Radierungen nannte. Er war fasziniert von den Linien, Strukturen, Formen, Farben und Zeichen der Sylter Landschaft. Meer, Wind, Watt, Wolken und unendliche Weite: das sind die Sylter Landschaften, deren Formenvielfalt und Urwüchsigkeit den Künstler zu immer neuen Bildern anregten. Dort hat er seit 1951 in jedem Jahr monatelang gelebt und gearbeitet. Die Insel zog Otto Eglau magnetisch an. Und auch angesichts der zunehmenden Zivilisation meinte er: „Die Insel bleibt ein Wunder."
Otto Eglau gehört zu den führenden Künstlern unserer Zeit, deren Wirkung nicht regional begrenzt blieb. Er war international erfolgreich. Reisen haben den Maler rund um die Welt geführt, bis Japan, Nepal und Amerika. In Salzburg erhielt er eine Professur an der von Oskar Kokoschka gegründeten Internationalen Sommer-Akademie für Bildende Kunst, Fachrichtung Radierung. In Japan inspirierten ihn besonders die Holzschneider und Kalligraphen: „Haben wir als Studenten bei Kaus mit dem Küchenmesser ins Holz geschnitten, so hatten die Japaner 20 bis 30 Messer. Die Kalligraphie war für mich das tollste. Und dann bin ich eines Tages ans Sylter Watt gekommen, sah den Schlick und die Reste der Flut, da wußte ich: das ist deine Kalligraphie."
Wenn Otto Eglau auf Sylt unterwegs war, hatte er stets sein Skizzenbuch bei sich. Das Gesehene trug er spontan ein. Es waren Momentaufnahmen, von der Natur angeregte Bilder. Im Atelier verarbeitete der Maler später seine Eindrücke, indem er sie filterte und durch Abstraktion auf die innere Struktur und das Wesentliche des Wahrgenommenen zurückführte. Eine doppelte Filterung war gegeben: durch das Auge und den Verstand, im Freien und Atelier, vor dem Motiv und im Umgang mit den bildnerischen Mitteln.
Der Berliner Otto Eglau hatte auf Sylt ein zweites Zuhause. Er pendelte zwischen seinem Atelier in Berlin und Kampen, zwischen Witzlebenplatz und Alter Dorfstraße. Das vom Künstler in Kampen erworbene Reetdachhaus beherbergt heute die Galerie und die alte Krause-Kupferdruckpresse, mit der Otto Eglau in seiner Berliner Werkstatt über 25 Jahre lang seine Radierungen druckte, auch die Sylter Kalligraphien.

Eidum

Eidum war ein Sylter Dorf, das im 15. Jahrhundert von der Nordsee überspült worden ist. Die von der Sturmflut vertriebenen Einwohner gründeten einen neuen Wohnort: Westerland.

Verhältnismäßig spät ist Westerland in einem schriftlichen Dokument genannt. Dagegen ist von der Insel Sylt schon 1141 im sogenannten „Schenkungsbuch" des Klosters Odense die Rede. Die historischen Quellen fließen jedoch erst im 14. und 15. Jahrhundert reichlicher. Von dieser Zeit an werden „Erdbücher" geführt. Darin sind die Steuern der einzelnen Landschaften und Dörfer verzeichnet. In einem dieser Register, dem Zinsbuch des Bistums Schleswig aus dem Jahr 1462, ist „Westerlant" erstmals aufgeführt. Aus den Angaben ist zu erkennen, daß in jener Zeit Morsum das größte Dorf der Insel war, gefolgt von Westerland. Eidum, einst etwa 2 km südwestlich der heutigen Stadt Westerland gelegen, ist nicht genannt. Die Bewohner von Eidum waren bereits 1436 von Sturmflut und Flugsand endgültig vertrieben. Sie gründeten nordöstlich von Eidum eine neue Wohnstätte, die später den Namen Westerland erhielt.

Vom alten Eidum blieben nur die Flurteile „Enden" übrig, nämlich Oster-, Wester- und Süderende. Die vor der Sturmflut geflüchteten Eidumer zogen sich auf die höher gelegenen Heideflächen zurück und gaben ihrer neuen Siedlung zunächst den Namen Südhedig. Der Name Westerland geht auf ein östliches Flurstück auf Tinnumer Gelände zurück. Hier bestand vermutlich schon eine kleine Bauernschaft, bevor der Ort Eidum in den Fluten unterging. Um 1450 nannten die Flüchtlinge von Eidum ihr neues Dorf Westerland.

Spuren der alten Eidumer Siedlung sind später wieder aufgetaucht, zum Beispiel 1850, als das Meer die Stätte der Eidumer Kirche freilegte. Bei niedrigem Wasserstand waren Steinreste des Ostwalls der Kirche zu sehen. Die einzige Darstellung der letzten Eidumer Kirche stammt von Lukas Janzen Waghenaer aus Amsterdam. Er gab 1585 einen Atlas mit Seekarten heraus, darunter eine Westansicht der Insel Sylt mit den für die Seefahrer wichtigen Landmarken. Die Eidumer Kirche ist als markantes Seezeichen abgebildet. Sie hat offensichtlich zur Zeit von Waghenaer bestanden. Es ist anzunehmen, daß sogar noch 1635 Überreste dieses Gotteshauses vorhanden waren. Angeblich sollen Teile von ihr zum Bau der alten Westerländer Dorfkirche St. Niels 1635 verwendet worden sein. Der Sage nach stammen ihre Granitquader von der Eidumer Kirche. Dies berichten sowohl Danckwerth 1652 als auch Heimreich 1666 in ihren Chroniken: „Westerland Kirche mit den Dörfern Norddorf und Süddorf; in diesem Kirchspiel an dem Westufer stehet noch das ganze Gemäuer von der alten Eytum Kirche, oder zu St. Niels geheißen . . ." (Danckwerth).

Eisboot

Die Insel im Winter mit Post zu versorgen, war vor dem Bau des Hindenburgdamms schwierig. Zum Abholen der Post vom Festland fuhr das Eisboot über das zugefrorene Watt. Es war ein offenes, starkes Boot mit Riemen, Segel und Kufen an beiden Seiten, das über das Eis geschoben wurde und durch offenes Wasser, wo die Strömung der Gezeiten eine Eisbildung verhindert hatte, auch gesegelt und gerudert werden konnte. Die letzte Fahrt mit dem Eisboot wurde 1923 unternommen.

Kurt Eisner

Kurt Eisner, 1867 in Berlin als Sohn eines jüdischen Fabrikanten geboren, war zunächst Anhänger des Liberalen Friedrich Naumann. Im Ersten Weltkrieg schloß er sich als Pazifist der Sozialdemokratie an. Bei Kriegsende rief er den „Freien Volksstaat Bayern" aus und war erster Ministerpräsident. Am 21. Februar 1919 wurde er auf dem Weg zur Eröffnung des neuen Landtags in München, wo er seinen Rücktritt erklären wollte, durch Graf Arco-Valley erschossen. Der Mord führte zur Ausrufung der Räterepublik am 7. April 1919. 1902 hat Kurt Eisner Sylt besucht. Damals war er Redakteur der sozialdemokratischen Wochenzeitung „Vorwärts". Ihn interessierte das Sylter Badeleben nicht besonders, sondern vielmehr bewunderte er die demokratische Gemeindeverfassung von Rantum. Unter dem Titel „Rantum" beschrieb er 1903 seine Eindrücke für das illustrierte Unterhaltungsblatt „Die Neue Welt": „Ich war zu Fuß die vielen Kilometer von Westerland herüber gewandert, zuerst am Meeresstrand, dann über die Dünen nach dem Osten der Insel, wo, nahe an den Watten, die kleine Siedlung Rantum auftaucht, als raste sie nur einen Augenblick auf der Flucht vor Meer und Sand."

Erdgeschichte

Über die Entstehung der Insel Sylt berichtet die Sage, das Riesenschiff Manigfuald sei nahe Esbjerg gestrandet, der Kapitän sei von Bord gegangen und auf seinem Weg durch das Wattenmeer habe er im Schlick eine Schuhsohle verloren. So sei der Mittelteil von Sylt entstanden, der sich von Westerland bis Nösse erstreckt.
Die Geologen haben sich mit dieser Geschichte von der Landbildung Sylts nicht zufriedengegeben. Sie untersuchten die Insel dort, wo der Erdboden seine Entstehungsgeschichte preisgibt, vor allem am Morsumkliff und am Roten Kliff bei Kampen. Sylt ist – wie auch Föhr und Amrum – Rest einer alten Landoberfläche, Teil des heutigen schleswig-holsteinischen Festlands. Es wurde abgetrennt und zur Insel nach Ende der letzten Eiszeit vor rund 10 000 Jahren und Beginn eines wärmeren Klimas. Überdies trat nach der letzten Eiszeit eine Landsenkung ein, die als Corbula-Transgression bezeichnet wird (etwa 5500 bis 4000 v. Chr.). Zur Insel wurde Sylt wahrscheinlich um 5000 v. Chr. Natürlich war sein Umfang da-

mals viel größer. Seither haben die Naturkräfte, insbesondere das Meer, die Inselgestalt beständig verkleinert. Wie man sich Sylt um 1240 vorstellen kann, hat der Husumer Kartograph Johannes Mejer (1608 – 1674) mit einer Karte rekonstruiert. Die Insel hatte damals noch ein Vielfaches ihrer heutigen Größe. Ob Mejers Karte den Zustand in der Mitte des 13. Jahrhunderts zutreffend wiedergibt, bleibt ungewiß. Die Umrisse der Insel im Jahr 1651 hat Mejer an Ort und Stelle gemessen. Mindestens dreimal ist sein Aufenthalt in List nachweisbar. Diese Karte von Mejer zeigt den tatsächlichen Umfang der Insel im 17. Jahrhundert. Sturmfluten haben die Gestalt von Sylt immer wieder verändert. Immer wieder müssen neue Karten gezeichnet werden.

Friedrich von Esmarch

Als beratender Arzt der preußischen Armee erwarb Friedrich von Esmarch (1823 – 1908) sich große Verdienste um die Kriegschirurgie. Im Volksmund hieß er Fiete Isbüdel, weil er Eispackungen bei Entzündungen und in der Wundbehandlung einführte. Der „Esmarchsche Handgriff" sollte das Ersticken in der Narkose verhindern. Der Chirurg war mit Matthias Bleicken (1822 – 1883), Landrat in Tondern, befreundet. Während ihrer Studentenzeit trafen sie sich auf Sylt. Esmarch lernte den Vater seines Freundes, Jens Bleicken (1783 – 1859), in Keitum kennen. In seinen Jugenderinnerungen (Heide 1938) hat Esmarch sein Sylter Erlebnis erzählt:

„Längere Zeit weilten wir in dem Hause des gastlichen Kapitäns Bleicken, des Austernkönigs, wie er genannt wurde, weil er im Auftrage der Regierung den hier recht einträglichen Austernfang zu leiten und zu beaufsichtigen hatte. Aus dieser Staatsfischerei erhielten fast alle Beamte des Landes ihr Deputat. Der zumeist reichlich verbleibende Rest ging nach England und Kopenhagen zum Verkauf. Eine ganz besondere Freude bereitete uns Kapitän Bleicken dadurch, daß er uns eines Tages mit auf den Austernfang nahm. Auf einer Yacht ging es hinaus ins Wattenmeer. Große Drahtnetze wurden ausgeworfen, welche am Meeresgrunde schleppten und die dort liegenden Austern einrafften, die dann an Bord des Schiffes gebracht wurden. Bleickens zwei reizende Töchter, die uns auf dem sehr interessanten Fang begleiteten, öffneten mit geschäftigen und geschickten Händen während der Fahrt für uns die ungewohnten Leckerbissen, die wir in beträchtlichen Mengen verspeisten. Gewürzt wurde diese Mahlzeit, die ich besser je in keinem Austernkeller bekommen habe, durch den vom alten Bleicken auf der letzten Reise von Madeira mitgebrachten und jetzt bereitwilligst zum Besten gegebenen Madeirawein. Der jugendliche Appetit, verschärft durch den Aufenthalt in der frischen Seeluft, die von reizenden Damenhänden servierten Leckerbissen, die kein König frischer erhalten konnte, und der köstliche Wein, alles wirkte zusammen, um uns das Mahl zu würzen."

Exlibris

Exlibris (lat. aus den Büchern) ist ein Bucheignerzeichen, auch Bibliothekszeichen und Buchzettel genannt. Es sind Blätter mit Illustrationen und Namen zum Einkleben in ein Buch, zumeist auf die Innenseiten von Bucheinbänden, um den Band vor Diebstahl zu schützen

Exlibris von Poul Skadhauge 1914

oder den saumseligen Entleiher an die Rückgabe zu ermahnen. Es gibt einige Exlibris mit Sylter Motiven, entworfen zum Beispiel von Dieter Röttger, Ellen Beck, Rudolf Warnecke, Helmut Seehausen, Helene Varges, Johann Holtz. Der Graphiker und Schriftkünstler Johann Holtz (1875 – 1944) hat das Kampener Quermarkenfeuer für ein Bücherzeichen verwendet. Holtz hat die Insel besucht. Mit seinem Freund Wilhelm Lobsien erlebte er 1914 Ferientage in Kampen, wo er vom Kriegsausbruch überrascht wurde. Während seines Aufenthalts sah er in den Kampener Dünen das Quermarkenfeuer Rote Kliff, den kleinen Bruder des Leuchtturms Rote Kliff. Das Quermarkenfeuer ist 1912/13 gebaut und diente zur Orientierung der Schiffe bei der Einfahrt ins Lister Tief. Es ist seit 1976 nicht mehr in Betrieb. Holtz hat den achteckigen Turm aus Klinkern mit Kuppeldach inmitten einer Dünengruppe dargestellt. Das Exlibris ist für den Flensburger Hautarzt Dr. Carl Paasch (1871 – 1948) angefertigt, der sich 1912 in Kampen ein Ferienhaus baute.

Johann Ernst Fabri

Johann Ernst Fabri war um 1800 Professor in Erlangen, Mitglied der Hallischen naturforschenden Gesellschaft und der gelehrten Gesellschaft zu Frankfurt an der Oder. Er verfaßte einen „Kurzen Abriß der Geographie“ (9. Auflage Halle 1804) und das „Geographische Lesebuch zum Nutzen und Vergnügen“ (Bd. I Halle 1782), in dem eine frühe Charakteristik der Insel enthalten ist:
„Die Insel Sylt liegt auf der Westseite von Schleswig, zwischen den Inseln Foeren und Roem. Seit 100 Jahren hat sie viel von ihrer vorigen Gestalt, auch von ihrem vorigen Umfange durch das Anspülen der See verlohren, ohnerachtet sie gegen das Meer durch Sandhaufen, die man Sanddünen nennt, beschützt wird, welche bisweilen zu einem großen Berge anwachsen.

Die ganze Insel hat keinen Baum, außer wenigen Gartenbäumen, welche dennoch sehr mit Brettern verwahrt seyn müssen, wenn sie erhalten werden sollen.

Die Feurung der Einwohner, wenn sie das Vermögen nicht haben, Torf oder Holz von dem festen Lande kommen zu lassen, ist an der Sonne getrockneter Kuhmist. Seevögel sind zu tausenden. Einer Art Enten machen die Einwohner selbst die Nester zurechte, um dadurch viel tausend Eyer zu erhalten.

Die Einwohner sind stark, gutherzig, einfältig und vortreffliche Seeleute. Sobald die Schiffahrt mit dem Frühlinge anfängt, sobald gehn alle Mannsleute, die nur dienen können, zur See. Ein paar alte Männer, die Prediger, etliche Wiegenkinder und ein Landvogt bleiben allein von Mannspersonen da.

Die Weiber pflügen, ernten, fahren die auf der Insel ankommenden Fremden und besorgen die ganze Haushaltung, so daß der Mann nach vollendeten Seereisen mit der größten Ruhe und Bequemlichkeit hinter dem warmen Ofen seine Winterzeit vergnügt zubringen kann. Eine Weibesperson auf der Insel Sylt arbeitet in einem Tage soviel als in manchen andern Gegenden 2 Tagelöhner: und wenn sie 4 – 5 Stunden die härteste Arbeit verrichtet haben, so ist ihre Abwechslung und Ruhe der Tanz."

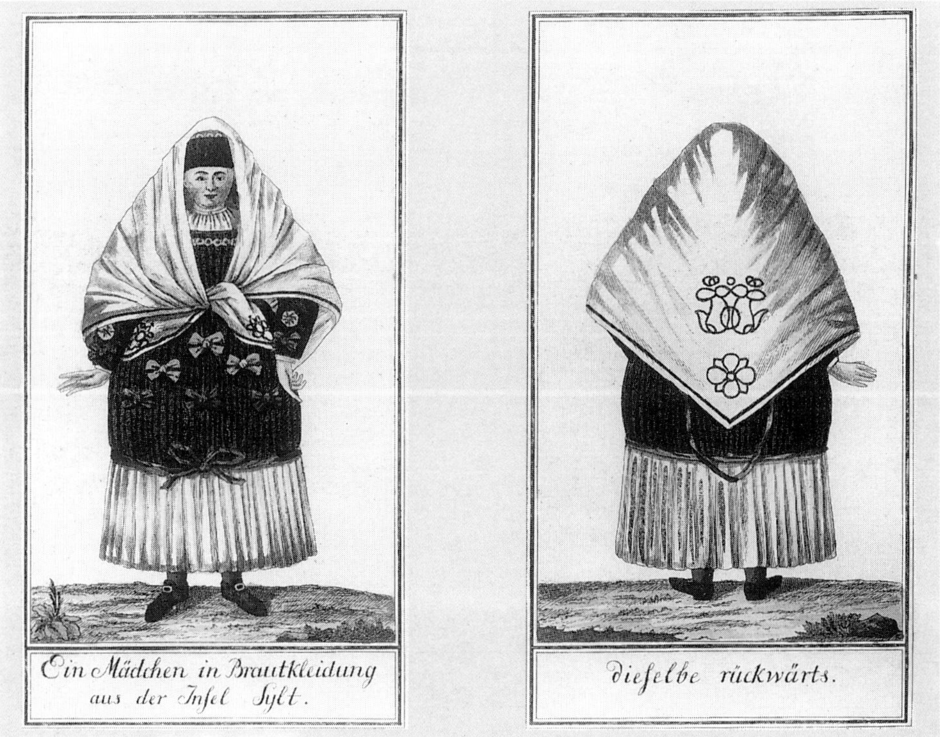

Aus Fabris Lesebuch: Sylter Trachtenbild 1783 nach Capieux

Hans Fallada

Der Schriftsteller Hans Fallada (1893 – 1947) hieß eigentlich Rudolf Ditzen und war der Sohn eines Richters beim Reichsgericht. Aber er kam auf die schiefe Bahn und saß im Gefängnis. Zu Beginn der zwanziger Jahre schrieb er zwei Romane, die Rowohlt verlegte: „Der junge Goedeschall" (1920) und „Anton und Gerda" (1923). Danach wartete der Verleger vergeblich auf neue Arbeiten von Fallada. Doch der war wiederum straffällig geworden, hatte Rauschgift kennengelernt und nahm Morphium. Er arbeitete als Adressenschreiber in Hamburg. In der kleinen norddeutschen Stadt Neumünster wurde er Inseratensammler bei der Lokalzeitung. Fallada war tief gesunken. Im August 1929 war er als Anzeigenwerber, begleitet von seiner Frau Anna, in Kampen tätig. Mitten im Dorf Kampen, nahe dem Gasthof zum Roten Kliff, lief ihm der Verleger Ernst Rowohlt über den Weg. Rowohlt holte ihn nach Berlin, und Falladas Aufstieg zum Weltruhm begann. Seine Bücher „Bauern, Bonzen und Bomben" (1931) und „Kleiner Mann – was nun?" (1932) wurden Welterfolge. Seine Wiederentdeckung auf der Dorfstraße in Kampen hat Hans Fallada in seinem Buch „Heute bei uns zu Haus" (1943) dankbar dargestellt.

Dorf Kampen nahe dem Gasthof zum Roten Kliff (rechtes Gebäude)

C. C. Feddersen

Zu kaum einem der zahlreichen Maler, die sich auf Sylt niederließen oder zu Gast waren, haben die Bewohner der Insel Sylt ein so persönliches Verhältnis gehabt wie zu C. C. Feddersen, 1876 in Tondern geboren, 1936 in Keitum gestorben. Der hochgewachsene, kauzige Mann galt als ein Sylter Original. Er pflegte seine Schulden mit Bildern zu bezahlen. Seine Vorliebe für Alkohol schadete seiner Gesundheit. Sie gab ihm jedoch bisweilen schöpferischen Schwung. Mit Fleiß zeichnete er vor der Natur seine hauptsächlichen Motive: den Keitumer Kirchenweg mit der St.-Severin-Kirche, das Elternhaus von Uwe Jens Lornsen, die Westerländer Dorfkirche, die Keitumer Bucht und den Munkmarscher Hafen. Zumeist bevorzugte der Maler Kohlezeichnungen. Zu einem Ölbild entschloß er sich nur dann, wenn seine Frau eine Reise nach Kopenhagen plante und mehr Geld benötigte. Auf Sylt ist der Künstler noch heute populär unter dem Namen C. C. Feddersen. Kaum jemand wüßte jedoch seine Vornamen Carl Christian zu nennen.

Selbstbildnis des Malers Carl Christian Feddersen (1876 – 1936), etwa 1930

Fidus

Der Jugendstilmaler Hugo Höppener (1868 – 1948) war der Sohn eines Konditors in Lübeck. Sein Lehrer Karl Wilhelm Diefenbach nannte ihn Fidus, den Getreuen. Fidus verband eine Freundschaft mit Magnus Weidemann, dem Maler in Keitum. Sie bestand 28 Jahre, von 1920 bis zum Tod von Fidus 1948. Die beiden Malerfreunde haben sich gegenseitig besucht. 1928 vereinbarten sie ein Treffen auf Sylt, als anläßlich des 60. Geburtstags die erste Gesamtausstellung der Werke von Fidus im Altonaer Museum gezeigt wurde. Weidemann, der vom Leiter dieses Museums, Otto Lehmann, mit der Anfertigung von großen Wandgemälden typischer schleswig-holsteinischer Landschaftsformen für die geologische Abteilung in Altona beauftragt war, half bei der Vorbereitung der Ausstellung und sprach zur Eröffnung. Von Altona aus reiste Fidus auf die Insel Sylt, war Gast in Keitum und trug am 16. November 1928 ins Gästebuch des Hauses Weidemann ein, was ihn auf Sylt am meisten beeindruckte: Wellen und Wogen. Wegen des unfreundlichen Novemberwetters kam der sehenswerte Garten von Magnus Weidemann nicht zur Geltung. In Westerlands Friedrichstraße saßen die Freunde im Café Orth, wo Fidus zum Scherz Schüttelreime zusammenfügte, zum Beispiel diese:

Es macht der Fidus seine Witze,
als ob er hier beim Weine sitze.

Magnus wird verfiduselt,
Fidus wird magnificiert.

Welche Ähnlichkeit besteht zwischen
Fidus, Magnus und einem Spargel?
Die Köpfe sind das Beste.

Es gibt in diesem Westerland
doch wirklich manche Lästerwand.

Martin Richard Flor

Martin Richard Flor, geboren 1699 in Morsum, verstorben 1759 in Tondern, war Pastor in Morsum von 1728 bis 1740. Er arbeitete an einer Beschreibung der Insel Sylt, die 1762 Johann Friedrich Camerer in seiner Sammlung „Vermischte historisch-politische Nachrichten in Briefen von einigen merkwürdigen Gegenden der Herzogthümer Schleßwig und Hollstein“ veröffentlichte, ohne den Autor zu nennen. Schon der Chronist C. P. Hansen wußte jedoch, daß Flor der Verfasser ist. Flor hat für seine Beschreibung die Aufzeichnungen von Hans Kielholt, Muchel Madis und Jacob Cruppius verwendet. Indessen ist Flors Beschreibung umfangreicher als die Angaben von Kielholt und Madis. Sie enthält auch botanische und zoologische Einzelheiten. Vor C. P. Hansen ist Martin Richard Flor der bedeutendste Chronist der Insel Sylt.

Fossilien

Fossilien, früher Petrefakten genannt, sind Versteinerungen oder Überreste von Organismen tierischer und pflanzlicher Art, die in Gesteine eingebettet die einstige organische Gestalt oder Teile davon zeigen. Daß Versteinerungen entstehen, setzt erhaltungsfähige Reste von

Organismen voraus, also Hartteile. Sie werden nur dann versteinert, wenn ein entstehendes Gestein sie umgibt. Ohne Gesteinsbildung zerfallen sie allmählich an der Erdoberfläche. Nur in Gebieten der Ablagerung von Gesteinen können Reste von Organismen auftreten. Die Gesteinsablagerungen kommen zumeist im Meer zustande. Auch die auf Sylt gefundenen Fossilien bildeten sich vorwiegend im Meer.

Sylt ist seit mehr als 150 Jahren das Ziel von Geologen und Paläontologen. Keine andere Nordseeinsel weist eine vergleichbare Vielzahl der versteinerten Überreste von Tieren und Pflanzen der Erdgeschichte auf. Bisher sind mehr als 700 Arten bekannt. Der Fossilienreichtum der Insel Sylt entstand in weit auseinander liegenden Epochen der Erdgeschichte. Die jüngsten Versteinerungen findet man im obermiozänen Glimmerton und Limonitsandstein des Morsumkliffs (das Obermiozän ist eine erdgeschichtliche Stufe im Tertiär). Aus dem damaligen Meer sind über 100 Schnecken- und Muschelarten, 50 verschiedene Fische, Haie, Wale, Rochen, Krebse sowie ein Seehund nachgewiesen worden. Diese Tiere lebten hier vor 3 bis 8 Millionen Jahren. Rund um die Insel herum findet man verkieselte Steinkerne von Seeigeln und Brachiopoden, die muschelartig aussehen, aber voneinander abweichend gestaltete Schalen besitzen. Diese Meerestiere lebten vor etwa 80 Millionen Jahren im Kreidemeer der heutigen südlichen Ostsee. Ihr Transport auf die Insel Sylt geschah vor ungefähr 200 000 Jahren durch die Gletscher der Saale-Kaltzeit.

Zahlreiche Fossilien sind durch frühe Vereisungen aus dem heutigen Gebiet der östlichen und nördlichen Ostsee mit dem schwimmenden Eis vor rund 1,8 Millionen Jahren nach Sylt gekommen. Die Tiere lebten bereits vor 450 Millionen Jahren in einem warmen Flachmeer in großer Zahl. Insbesondere waren für Schwämme und Korallen die Lebensbedingungen günstig, so daß ein großer Artenreichtum entstand. Trilobiten oder Dreilappkrebse, Brachiopoden oder Armkiemer, Seelilien, Seegurken, Schnecken, Muscheln und die ersten Seeigel belebten das Meer. Der Meeresboden verkieselte im Lauf von vielen Jahren zu lavendelblauem Hornstein und bewahrte viele Fossilien verkieselt aus dieser Zeit. Da der Kaolinsand von Sylt nicht durch spätere Gletscher wieder aufgearbeitet wurde, lassen sich die Lebensgemeinschaften des finnisch-baltischen Meeres nur noch aus den ordovizischen Geschieben des Sylter Kaolinsands erkennen (das Ordovizium ist eine erdgeschichtliche Stufe des Erdaltertums vor 500 Millionen Jahren). Diese Erkenntnis führte im letzen Jahrzehnt zur Entdeckung von zahlreichen, bisher unbekannten Meerestieren.

Standorte Sylter Fossilien sind in Kampen (Kaamp-Hüs), Keitum (Heimatmuseum), Klappholttal (Volkshochschule), Wenningstedt (Kurmittelhaus) und Westerland (Alte Post) zu besichtigen. Die größten Privatsammlungen auf der Insel sind zusammengetragen von Martin Lange in Westerland (artenreichste und umfangreichste Fossiliensammlung aus Sylter Kiesgruben) und Arnold Schmidt in Morsum (brillanteste Fossiliensammlung aus dem Morsumkliff). Unser gegenwärtiges Wissen um die fossilen Zeugen der Sylter Erdgeschichte umfaßt das Handbuch „Fossilien von Sylt" in drei Teilen (1985, 1987, 1990), das Ulrich von Hacht herausgegeben hat. Das Werk behandelt rund 80 Prozent aller entstandenen Arten und stellt eine wissenschaftliche Abrundung des Fachgebiets fast bis zur Vollständigkeit dar.

Hans Nikolai Frenssen

In der Reihe der alten Grabsteine, die im Nordteil des Keitumer Friedhofs aufgestellt sind, steht die Platte für den Landvogt Hans Nikolai Frenssen. Er war der Nachfolger von Uwe Jens Lornsen in der Sylter Landvogtei in Tinnum und hat das Amt nur 18 Monate innegehabt. Als er 1833 im Alter von nur 35 Jahren starb, hieß es, er sei freiwillig aus dem Leben geschieden. Seines Vaters Bruder war ein Urgroßvater des Dichters Gustav Frenssen, dessen Erzählung „Der Landvogt von Sylt" (Berlin 1943) sich mit dem Leben seines Verwandten beschäftigt.
Hans Nikolai Frenssen wurde zu Lornsens Nachfolger in der Sylter Landvogtei am 10. Dezember 1831 ernannt. Bevor er nach Tinnum kam, war er als Beamter bereits im Staatsdienst tätig gewesen. Als Sohn eines Kaufmanns 1798 in Flensburg geboren, hatte er 1816 die Lateinschule seiner Geburtsstadt verlassen und von 1816 bis 1821 die Rechte an den Universitäten in Kiel und Heidelberg studiert. Im Jahr 1821 war er juristischer Kandidat im Schleswigschen Gottorp. Nach dem Examen war er zwei Jahre lang Untergerichtsadvokat in Flensburg und wurde 1823 Sekretär am Gottorper Obergericht in Schleswig.
Vor der Übernahme der Sylter Landvogtei war Frenssen nicht wie Lornsen bei der Schleswig-Holstein-Lauenburgischen Kanzlei, dem höchsten Regierungskollegium für die Herzogtümer, in Kopenhagen tätig, sondern er bekleidete den Posten eines Kanzleisekretärs am Schleswigschen Obergericht acht Jahre lang bis zu seiner Bestallung als Landvogt von Sylt.
Seine Bewerbung als Landvogt begründete Frenssen mit der Feststellung, seine geringen Einnahmen als Kanzleisekretär reichten zu seinem Unterhalt nicht aus. Da er kein Privatvermögen besitze, sei eine Beförderung zu einem einträglicheren Posten sehr zu wünschen. Die Voraussetzung für das Amt in Tinnum war Frenssens rechtskundige Ausbildung; denn seit der Einbeziehung Sylts in den absolutistischen dänischen Gesamtstaat im Jahre 1721 sollten nur juristisch vorgebildete königliche Landvögte ernannt werden.
Als Landvogt war Frenssen auf Sylt allgemein beliebt, wie C. P. Hansen in seiner „Chronik der friesischen Uthlande" 1877 berichtet. Während seiner kurzen Amtszeit hat Frenssen an den Vorarbeiten für den Entwurf einer neuen Sylter Kommunalverfassung beratend teilgenommen. Die Bestrebungen der Landesgevollmächtigten zur Modernisierung der Sylter Landschaftsverfassung, insbesondere einer gerechteren Steuerregelung, hat er mit Umsicht und Takt unterstützt. Das rücksichtsvolle Verhalten des Landvogts wird dazu beigetragen haben, ihm das Wohlwollen der Bevölkerung zu sichern.
Frenssen führte als Junggeselle in Tinnum anscheinend ein großzügiges, gastfreundliches Haus. Ob der vermutete

Freitod des Landvogts in Verbindung mit seinen hinterlassenen Schulden steht, läßt sich heute nicht mehr sicher ermitteln. Aus einer bisher nicht ausgewerteten Akte im Schleswig-Holsteinischen Landesarchiv in Schleswig ist jedoch zu entnehmen, daß Frenssen 69 Gläubiger zurückließ, die ihre Forderungen nicht mehr mit vollem Erfolg eintreiben konnten. Unter den Rückständen sind Schuldscheine, Wechsel, Rechnungen für Wein und Rum, Möbel, Schneidersachen und Gärtnerarbeiten. Außerdem verraten die Archivpapiere, daß Frenssen als Kassierer der Sportelkasse beim Schleswigschen Obergericht Sporteln (Gebühren) erhoben und nicht abgeliefert hatte. Da der Landvogt infolgedessen mit dem Vorwurf der Unterschlagung rechnen mußte, erhält das Gerücht über seinen Freitod jetzt eine neue Bedeutung.

Das Schicksal Hans Nikolai Frenssens, seines Großoheims, hat Gustav Frenssen in der Erzählung „Der Landvogt von Sylt" 1943 dichterisch gestaltet. Von einem Freitod berichtet die Erzählung allerdings nichts, sondern von einer Ansteckung, die zu einer todbringenden Krankheit geführt habe. Der Dichter meint, der Landvogt Frenssen sei „so etwas wie ein Halbbruder Lornsens gewesen". Auch Uwe Jens Lornsen, von Schwermut bedrückt und unter einer angeblich unheilbaren Krankheit leidend, wählte 1838 am Genfer See den Freitod.

Mangelnder Lebensmut kennzeichnet gleichermaßen das Lebensende dieser beiden Sylter Landvögte. Indessen ist Lornsen im Gegensatz zu Frenssen eine geschichtlich hervorragende Persönlichkeit, die das politische Leben in Schleswig-Holstein stark angeregt hat. Trotz seiner kurzen Amtszeit (10 Tage) in Tinnum spielt Lornsen in der Geschichte der Sylter Landvogtei eine vielbeachtete Rolle. Über dem Gedächtnis seines „Halbbruders" Hans Nikolai Frenssen mag nach den Worten des Dichters Gustav Frenssen „der Dünensand der Zeit wehen. Denn er war einer unter uns allen, besonders nur durch die Stärke seines Irrens und die Härte seines Schicksals".

Friedhof

Nicht nur als Ruhestätte, auch als ein aufgeschlagenes Geschichtsbuch ist der Friedhof zu betrachten. Die Grabsteine gehören zur Geschichtsschreibung. Sie erzählen manches historische Kapitel und Einzelschicksal. Auf Sylt bieten mehrere Friedhöfe dafür anschauliche Beispiele. Die beiden ältesten Gräberfelder liegen in den Kirchengemeinden Morsum und Keitum. Eine restaurierte Sammlung großer Grabplatten von alten Sylter Geschlechtern ist an der Nordseite des Keitumer Friedhofs zu sehen. Die älteste Gedenktafel ist 1685 für den Landvogt Peter Taken aufgestellt. Der Text auf dem Grabstein für Uwe Peters schließt mit den Worten:

Mein Schiff stößt an kein Strand
Ich bin nun angekommen
Und ins Himmels Vaterland
Als Bürger aufgenommen.

Südlich der St.-Severin-Kirche liegen über einem alten Pestgrab Grabsteine aus dem 19. Jahrhundert. Der jüngste Friedhof ist 1961 in Wenningstedt hinter

Grabstein von Uwe Peters in Keitum

der Friesenkapelle für die frühere Gemeinde der Norddörfer eingeweiht worden. Der alte Dorffriedhof nahe der St.-Niels-Kirche in Westerland wurde seit etwa 1635 benutzt. Auf dem zweiten Gräberfeld von Westerland, 1907 angelegt, ist noch die Grabplatte für Lorenz Petersen Hahn (1668 – 1747), den erfolgreichen Kommandeur aus der Zeit der Grönlandfahrt, vorhanden. Einer seiner Nachkommen hat den Namen Hahn entfernt und den Namen Prott in die Platte einmeißeln lassen. Der kleinste Friedhof in Westerland ist die Heimatstätte für Heimatlose, 1854 geschaffen, um die Strandleichen zu bestatten. 1855 beerdigte man den ersten, 1905 den 53. Ertrunkenen. 1907 mußte der Friedhof geschlossen werden. In List ist das älteste Gräberfeld am Fuß der Ostdüne 1938 beseitigt worden, als dort das Offiziersheim der Marine errichtet wurde. Seither ruhen die Verstorbenen in List inmitten der Dünen, die einst das alte Dorf unter sich begruben.

Literatur: Hugo Krohn, Alte Seemannsgrabsteine auf Sylt. Nordfriesisches Jahrbuch 1972
Gerd Dannenberg, Die alten Grabsteine an der Kirche St. Severin in Keitum. Westerland 1989

Friedrichstraße (und Strandstraße)

Friedrichstraße und Strandstraße sind heute wohl die bekanntesten und am meisten begangenen Wege in Westerland. Welcher Kurgast kennt sie nicht? Hier sind die meisten Geschäfte zu finden, hier promenieren Jung und Alt gern in der verkehrsfreien Fußgängerzone. Ist eine von den beiden Straßen beliebter? Für den Einkaufsbummel bieten sie gleichermaßen abwechslungsreiche Kaufangebote. Dennoch hatten sie in der Geschichte des Badeorts zeitweise eine unterschiedliche Bedeutung.
Die Friedrichstraße war bis 1888 der Hauptweg. Die meisten Badegäste mußten damals diesen Weg benutzen. Sie fuhren von Munkmarsch auf der Chaussee mit Pferdefuhrwerken nach Westerland. Die Munkmarscher Chaussee endete in Südhedig nahe der St.-Niels-Kirche. Von dort führte der kürzeste Zuweg über die heutige Friedrichstraße, zum Strand und zu den Hotels. In jener Zeit gab es sechs Hotels in der Fried-

richstraße, nur zwei Hotels an der Strandstraße. Aber ab 1888 übernahm die Strandstraße die Rolle des Hauptweges, nachdem die Ostbahn von Munkmarsch nach Westerland und der Ostbahnhof (östlich neben dem heutigen Rathaus) gebaut waren. Denn nun war die Strandstraße die unmittelbare Verbindung zwischen der Ankunfsstelle der Fremden und dem Strand. An der Strandstraße entstanden die meisten Einrichtungen des Bades und der Gemeinde.

Wer heute durch die neuzeitlich gepflasterte Friedrich- und Strandstraße geht, denkt wohl nicht an frühere Tage, als dort nur sandige Wege entlangführten. Um 1900 waren hier lediglich die Gehsteige gepflastert. Erst 1934 sind beide Straßen asphaltiert worden. Elektrische Straßen- und Hausbeleuchtung gab es schon 1893. Die Anlage eines Fernsprechnetzes begann 1897.

Friedrich- und Strandstraße sind erst mit dem Ausbau des Badeorts in Neu-Westerland entstanden. Der neue Ortsteil bildete sich zwischen dem alten Dorfkern nahe der St.-Niels-Kirche und dem westlichen Dünengürtel. Das erste Haus in Neu-Westerland war das Strandhotel. Es wurde 1859 an der heutigen Kreuzung Friedrich- und Maybachstraße eröffnet, wo jetzt das Kaufhaus H. B. Jensen steht. Dieses Geschäft besteht seit 1855 und hatte zuerst in der Stadumstraße von Alt-Westerland seine Verkaufsräume. 1906/07 ist das Geschäftshaus in die Friedrichstraße umgezogen. Seine alte Fassade mit Treppengiebeln und Eckturm hat fast 70 Jahre lang das Ortsbild geprägt, bis dieses Einkaufszentrum von 1969 bis 1972 neu gestaltet wurde.

Am westlichen Ende der Friedrichstraße ist 1903 im Jugendstil das Hotel Miramar von Otto Busse, Inhaber eines Restaurants in der Prinzenstraße von Berlin, gebaut worden. Als Vorbild für Namen, Baustil und Lage am Meer diente das Lustschloß Miramar (Seeblick) an der Küste von Istrien. Im Juli 1903 zogen die ersten Gäste ins Miramar ein. Die Führung des Hotels mit 60 Zimmern für etwa 80 Personen (heute 130) übergab Otto Busse seinen Söhnen Georg und Richard. Nach dem Tod seines Bruders war Georg Busse alleiniger Inhaber des Hauses. Er war auch Maler und Photograph und hat sich besonders mit der Photomontage befaßt. Seine Photos erschienen zur Kaiserzeit in den Illustrierten. Zu seinen bekanntesten, auf Sylt hergestellten Photomontagen gehört das Bild des Familienbads von 1907, der 1902 eingeführten revolutionären Neuheit im damaligen Badebetrieb. Er hat auch gern Scherzbilder zum 1. April angefertigt, zum Beispiel montierte er das Bild eines Seiltänzers mit Schirm in eine Ansicht der Berliner Friedrichstraße.

In seinem Hotel empfing Georg Busse bekannte Gäste. Das in Leder eingebundene alte Gästebuch enthält folgende Namen: Richard Strauß (1911), Alexander Moissi (1911), Albert Bassermann (1911), Gustav Stresemann (1913), Asta Nielsen (1914), Hermann Graf Keyserling (1919), Hans Albers (1920), Paul Wegener (1922), Hermann Ullstein (1923), Lotte Lehmann (1929), Harry Piel (1934). 1934 hatte sich Hitler angemeldet. Man hatte aus diesem Anlaß neues Porzellan angeschafft. Aber der Besuch wurde wegen des Röhm-Putsches abgesagt.

Ähnlich berühmte Gäste haben in der Strandstraße im Hotel Stadt Hamburg gewohnt. Es ist bereits 1869 gegründet worden. 1901 konnte man dort für 10 Mark eine Woche lang wohnen. Im westlichen Teil der Strandstraße, wo heute ein Neubau mit dem Geschäft des Kamelhaarhauses Salzmann steht, gab es ein bei den Badegästen beliebtes Café, die Konditorei Wiedermann. Um 1896 hatte Otto Wiedermann seinen Betrieb unter dem Namen Wiedermanns Wiener Café eröffnet. Für die Wahl des Eigenschaftsworts bestand gar kein Grund, denn Otto Wiedermann hatte keine Beziehung zu Wien. Wahrscheinlich veranlaßte ihn nur die damalige Mode dazu. Er stammte aus Thüringen, war der Sohn eines Hotelbesitzers und hatte seine Frau, Klara Wünschmann aus Westerland, in Weimar kennengelernt. Als das jungvermählte Paar aus Westerland abfahren wollte, um in der thüringischen Heimat des Mannes ein Geschäft aufzubauen, waren das Wattenmeer vereist und der Schiffsverkehr wochenlang unterbrochen. Bevor das Meer wieder auftaute, hatte Otto Wiedermann ein gerade zum Kauf angebotenes Haus mit Kaffeegarten in der Strandstraße gekauft und beschlossen, sich auf Sylt niederzulassen.

Schon bald nach der Gründung seines Cafés kam Otto Wiedermann auf den Gedanken, ein Gebäck nach eigenem Rezept herzustellen, das die Badegäste mit der Insel identifizieren sollten. So entstanden die Friesenkuchen, später Friesenkekse genannt. Sie fanden sogleich Anklang. Konditoren mußten zusätzlich eingestellt werden, auch ein paar Packerinnen. Eine Zeitlang rief eine hübsche Verkäuferin in Friesentracht am Bahnhof der Inselbahn in Westerland den Reisenden zu: „Friesenkeks für unterwegs!“ Noch heute sind Friesenkekse ein beliebtes Gebäck auf Sylt. Viele halten sie für eine uralte Spezialität der Sylter und wissen nicht, daß sie ein Kaffeehausbesitzer aus Weimar um 1900 erfunden hat.

In der Strandstraße, nahe dem Übergang zum Strand, hatte lange vor dem ersten Weltkrieg Modje Köhler einen Schokoladenladen. Modje ist sylterfriesisch und heißt Großmutter. Modje Köhler war jedoch eine alleinstehende Frau ohne eigene Familie. Sie war klein, hatte dunkle Augen, bräunliche Haut und eine Hakennase. Ihr Schokoladengeschäft konnte sie kaum ernähren. Das Entstehen von Warenhäusern, die den Einzelhandel bedrängten, betrachtete sie besorgt. Weitsichtig ahnte die alte Frau etwas von den aufkommenden Konflikten zwischen Kleinhändler und Warenhaus. Ihre Befürchtungen äußerte sie freimütig in ihrem Laden zwischen Nougatstangen, Marzipan und Johannisbrot gegenüber den fremden und einheimischen Kunden und deutete an, sie werde ihre Sorgen auch seiner Majestät, dem geliebten Kaiser mitteilen. Tatsächlich bestand eine Verbindung zwischen ihr und dem Kaiserhaus. Die Wände ihres Schokoladengeschäfts waren mit Photographien Kaiser Wilhelms II. und seiner Familie tapeziert. Das Glanzstück ihrer Ausstellung war ein Telegramm von Wilhelm II.

Westerland zählte 1892 fast 300 Häuser, von denen etwa 80 in den Jahren von 1890 bis 1892 gebaut waren. Die Einwohnerzahl war von rund 400 zur Gründungszeit des Bades 1855 auf 1400 gestiegen. Gerade ging man daran, die verkehrsreichsten Wege zu befestigen und die Fußsteige mit Klinkersteinen zu belegen. Die wenigen Petroleumlampen, die dem Spätheimkehrer den Weg beleuchteten, wurden 1893 unter der Leitung des Gemeindevorstehers Johann Möller durch elektrische Beleuchtung ersetzt. An heißen Sommertagen fuhr ein Sprengwagen auf den sandigen Straßen durch den Ort.

Friesische Sprache

Ein Ausdruck der Kultur der Inselfriesen ist die Sprache. Lebendig ist das Friesische, das kein deutscher Dialekt, sondern eine eigene westgermanische Sprache ist, nur bei einem kleinen Teil der Bevölkerung. Insgesamt verstehen Nordfriesisch, einschließlich der Dialekte auf dem nordfriesischen Festland, etwa 8000 – 10 000 Menschen. Schwerpunkte des friesischen Sprachgebrauchs sind der westliche Teil von Föhr, die Ostdörfer von Sylt und die Norddörfer von Amrum. Von den 20 000 Einwohnern der Insel Sylt sprechen etwa 2000 Söl'ring. Die Ansiedlung und Einheirat Fremder sowie die Abhängigkeit vom Tourismus sind die Hauptursachen für das Schwinden der sprachlichen Widerstandskraft der Inselfriesen. Gleichwohl fehlt es nicht an Versuchen, das Friesische wie eine vom Aussterben bedrohte Vogelart auf den drei Geestinseln künstlich am Leben zu halten. Auf den beiden Marschinseln wird seit längerer Zeit nicht mehr friesisch gesprochen. Allgemeine Umgangssprache ist das Friesische hier nur bis zur Sturmflut von 1634 gewesen. Nach der dann einsetzenden Einwanderung von Niederländern auf Nordstrand und niederdeutsch sprechenden Siedlern auf Pellworm ist die friesische Sprache verdrängt worden. Schon Ende des 18. Jahrhunderts waren ihre Reste dort getilgt. Heute ist Plattdeutsch die Umgangssprache auf Nordstrand und Pellworm. Aber das Hochdeutsche drängt sich in den Vordergrund, bei den Kindern in der Schule sowie durch das Fernsehen und den Verkehr mit den Sommergästen.

Max Frisch

Der Schweizer Dichter und Architekt Max Frisch, 1911 in Zürich geboren, 1991 verstorben, eingeladen nach Kampen von seinem Verleger Peter Suhrkamp, erlebte die Insel Sylt im Juli und August 1949. In seinem „Tagebuch 1946 – 1949“ hat er feinsinnig Beobachtetes und Erlebtes beschrieben, auch die Tage im Haus Suhrkamp mit Blick auf Wattenmeer, dänische Küste, Wolken, Heidelandschaft: „Was ich an Menschenwerk sehe: sechs Häuser, weit ins Weite verstreut, jedes einsam, geduckt unter einer Kapuze aus mausgrauem Schilf. Ganz in der Ferne sieht man den Hindenburgdamm.“ Auf seinen Wanderwegen nach List, zur Vogelkoje Kampen, zu den Wanderdünen und zum Roten Kliff erschloß sich dem Schriftsteller die Inselnatur: „Auf dem Kliff bläst ein Wind wie im Gebirge. Man muß sich, um atmen zu können, auf die andere Seite drehen. Die Strandkörbe sind leer. Eine Brandung, wie ich sie noch nie gesehen habe.“ Ähnlich wie sein Gastgeber sah Max Frisch die vielen Gesichter von Sylt: „Dieselbe Insel, bei Nebel und Regen ganz ins Spukhafte verdämmert, hat plötzlich etwas Antikisches. Eine Luft wie Gold: die Ferne ist fern, aber klar und genau, ungespenstisch, heiter und endlich. Das alles gibt es auch im Norden, die blaue Finsternis des Meeres, das Lichterlohe, daß wir nicht wissen, wohin mit dem Dank für unser Dasein.“

Valeska Gert mit ihrem Freund, dem Schauspieler Aribert Wäscher, am Kampener Strand

Valeska Gert

Carus, der Arzt, sezierte den Schädel von Rumohr, Verfasser des berühmten Buches „Geist der Kochkunst“, und entdeckte Anomalien des Gehirns. Professor Vogt, der Gehirnchirurg, schob Valeska Gert in einem Berliner Lokal einen Zettel hin, den die Tänzerin, Schauspielerin, Kabarettistin unterschreiben sollte. Er wollte nach ihrem Tod ihr Gehirn sezieren. Valeska Gert unterschrieb nicht.

Von Anomalien ist ihr Leben gekennzeichnet, von Ungewöhnlichem, Exzentrischem, Auffälligem, Besonderem, aber zugleich auch von Phantasiereichem, Kraftvollem, Lebenskräftigem, Faszinierendem. Sie war eine Zangengeburt und redete davon wie von einem merkwürdigen und absurden Schicksal. Eine Zangengeburt: Man sieht den Arzt

stehen und das helle Metall in irgendeinem Zimmer schimmern, den Mann gebeugt über ein Bett, Stille im Raum, ein Wimmern und Klagen, vielleicht ein Schrei. Valeska Gert hatte es nicht vergessen. Sie griff sich oft an den Kopf, fühlte die Zangen an den Schläfen und starrte in die Welt.
Eine Zangengeburt. Ihr erster Biograph, Fred Hildenbrandt, Feuilletonchef beim Berliner Tageblatt, hat sie überliefert. 1928 schrieb er das Buch „Die Tänzerin Valeska Gert“: „Eine Zangengeburt, das ist etwas, davon kommt der Mensch nicht mehr los, das ist ihm unsichtbar aufgebrannt wie ein Zeichen, und unter diesem Zeichen muß er wandern in der Welt und sich schleppen. Und in allem Furioso, in allen blitzenden Einfällen, in aller Hingabe an ihr Temperament, lauert dieses gynäkologische Wort: Zangengeburt. Sie glaubt, daß, wer auf solche künstliche Weise zur Welt gekommen ist, sich nicht aalglatt in ihr zurechtfinden könne, sondern eckig und unbeholfen vor sich hingehen müßte.“
Ihr Weg war nicht aalglatt, eher eckig. Das Konventionelle galt für sie nicht. Sie lebte nach eigenem Gesetz, und das war bestimmt aus ihrer Vitalität, aus ihrem Einfallsreichtum, aus ihrer Energie: Gertrud Valesca Samosch, 1892 in Berlin als Tochter eines Herstellers von Kunstblumen und Schmuckfedern geboren. Es zeigte sich schon äußerlich: Als Mädchen fing sie zum Entsetzen der Lehrerinnen und Mitschülerinnen an, sich kalkweiß zu pudern und die Lippen purpur-knallrot anzumalen. „Ich hatte einen großen Instinkt für die Mode und trug immer schon eine Zeitlang vorher das, was später modern wurde, und dadurch wirkte ich natürlich noch auffallender.“ An ihre ausgefallene Kleidung werden sich viele Sylt-Besucher noch erinnern. Sie trug zumeist rotes oder schwarzes Kunstlederzeug, wenn sie durch Kampen schlenderte, bei Manne Pahl saß oder im Kamp-Hüs Zeitungen las.
Das Ausgefallene und Übertriebene mochte sie. Sie hatte eine Sucht nach dem Extremen. Da sie alles exzentrisch erlebte, tanzte sie auch exzentrisch. Auf der Übertreibung beruhten ihre Tänze. Im Grotesktanz karikierte sie Lebensvorgänge durch oft bis zum äußersten gesteigerte Bewegungen. Der Rausch des Einfalls beherrschte sie als Tänzerin, Schauspielerin, Künstlerin. Diesem Rausch hat sie ihr Leben lang nachgegeben. Der Rausch erfaßte sie. Sie tanzte und war eine Besessene. Sie tanzte ihre Einfälle, eine Verbindung von Tanz und Schauspiel. „Hinter ihren Tänzen dämmern die dunkelsten Winkel der Zeit und des Lebens“ (Fred Hildenbrandt). „Das Unerhörte im Tanz“ – so sagte sie selbst – „das will ich auch. Aber was ist das? Das Unerhörte ist Geburt, Liebe und Tod. Niemand hat es bisher gewagt, es wahr und ungeschminkt darzustellen. Ich will es tun.“
Sie war ein Weltstar in den zwanziger Jahren. Als Jüdin hatte sie in Deutschland während der Hitlerzeit keine Möglichkeit mehr zu Auftritten. Im Exil in New York und Cape Cod blieb sie ohne den in Europa gewohnten Erfolg und sehnte sich nach der erfrischenden Meeresbrise in Kampen. Erst 1951 hatte hier ihr „Ziegenstall“ Premiere, das Kabarettlokal, das sie 26 Jahre lang führte. Die Wände waren vollgeschrieben mit Autogrammen und Getränkenamen. Dazwischen war notiert: „Die Gäste sind wie

Ziegen, sie werden gemolken und mekkern."
Valeska Gert war auch ein Erzähltalent. Sie konnte treffsicher die Feder führen. Sie nahm kein Blatt vor den Mund. Ihr Leben hat sie viermal beschrieben:
Mein Weg 1931
Die Bettlerbar von New York 1950
Ich bin eine Hexe 1968
Katze von Kampen 1973.
Über das Schreibtalent Valeska Gert sagte Siegfried Jacobsohn von der „Weltbühne": „Bravo! Wer so zu schreiben versteht, braucht nicht mal tanzen zu können."
„Ich bin eine Hexe", bekannte Valeska Gert. Hexen können sich bekanntlich in Tiere verwandeln. Wir müssen damit rechnen, daß Valeska Gert sich in das Tier verwandelt, das sie so sehr liebte, in eine Katze. Dann kann sie schrill lachen über das, was hier zu ihrem Porträt geschrieben ist, und sie kann erfreut sein, daß sie ihren Wunsch erfüllt sieht: „Ich will leben, auch wenn ich tot bin." In jedem Fall wird sie kichern wie damals, als am 11. Januar 1975 die Süddeutsche Zeitung unter der Überschrift „Der Stich der Tarantel" begeistert ihren 75. Geburtstag feierte. Die Gefeierte war zu diesem Zeitpunkt bereits 83 Jahre alt. Die gratulierende Zeitung hatte sich um 8 Jahre vertan. Die Jubilarin wurde 86. Aber Elfen, Gespenster und Hexen haben kein Alter. Auch Valeska Gert nicht.

Reinhard Goering

Der Arzt und Dichter Reinhard Goering (1887 - 1936), einflußreicher Dramatiker des Expressionismus, bekannt durch sein Revolutionsdrama „Seeschlacht" (1917), kam im Jahr 1920 auf die Insel Sylt. Er wohnte in Klappholttal und schaffte im Freideutschen Lager dadurch Unruhe, daß er mit der Geste eines Heiligen die Theorie einer universellen Promiskuität (unterschiedsloser sexueller Verkehr ohne dauernde Bindung) lehrte. Er fand jedoch keine Anhänger.

Grabhügel

Mehr als 600 Grabhügel soll es im Jahr 1770 auf Sylt gegeben haben. Die meisten wurden aus wirtschaftlichen Gründen, beispielsweise zum Wall- und Wegebau, und wegen Mangels an geschichtlichem Interesse abgetragen. Etwa 200 Grabhügel nannte der Sylter Lehrer und Heimatforscher Christian Peter Hansen 1845, und der Chronist Jens Booysen notierte 1828: „Auf den Heiden und selbst zwischen den Ackerländereien finden sich sehr viele, teils größere, teils kleinere heidnische Grabhügel, und ich habe deren im ganzen Herzogtum nirgends so viele gesehen." Zwei große Grabkammern aus Findlingen sind zwischen Kampen und Braderup aufgerichtet worden. Man nannte sie Prunkenberge. Darin sollen nach der Sage ein berühmter Krieger und seine Frau begraben worden sein. Die Toten in diesen und anderen Hünengräbern

Grabhügel der Steinzeit in Keitum

erhielten reiche Grabbeigaben. Wer am meisten Ansehen hatte, kam ins größte Grab mit den wertvollsten Beigaben. Die Unterirdischen bewachten die Schätze, damit sie nicht gestohlen werden konnten. Bröns, der König der Sylter Riesen, wurde im mächstigsten Grabhügel der Insel beigesetzt, im Brönshoog auf der Kampener Heide neben dem Leuchtturm. Er fiel mit seinen Kämpen in der Schlacht gegen die Zwerge. König Bröns wurde auf seinen vergoldeten Wagen gesetzt und so bestattet. Eines Tages wollten Sylter Schatzgräber den Wagen herausholen. Als sie den Brönshoog ausgruben, erhob sich eine unsichtbare Hand und gab ihnen gewaltige Ohrfeigen. Da beschuldigten sie sich gegenseitig und erschlugen sich im Streit.

An der Grenze der Keitumer Geest und Marsch ist im Klöwenhoog der Seeheld Klöw mit seinem goldenen Drachenschiff begraben. In den Öwenhoog, zwei Kilometer davon entfernt, wurde der goldene Anker seines Schiffes gelegt. Die goldene Ankerkette verband beide Hügel miteinander über die feuchte Marsch. Habgierige Schatzgräber machten sich auch hier zu schaffen, um das Schiff zu heben. Schon berührten sie mit ihren Spaten die Masten. Da befürchteten die Zwerge den Verlust des von ihnen bewachten Reichtums. Aber sie wußten sich zu helfen. Sie ließen eines ihrer Männlein auf einer lahmen Gans um den Klöwenhoog reiten. „Was ist das doch für ein Teufelsspuk!" riefen vor Schreck die Schatzgräber und jagten hinter dem Spuk her. Nun zogen die Zwerge das Schiff in die Tiefe.

Es ist nie wieder gesehen worden.

Wolfgang von Gronau

Nachdem List in den zwanziger Jahren Verkehrs- und Seefliegerschule geworden war, startete dort 1930 Wolfgang von Gronau mit einem Dornier Wal zum Flug nach New York. Er fühlte sich als Pionier, der einen Beitrag zu einem künftigen, regelmäßigen Weltflugverkehr leisten wollte. Als seine Absicht, mit dem Flugboot nach Amerika zu fliegen, bekannt wurde, drohte ihm ein Flugverbot. Aber nach seiner Rückkehr wurde Gronau auch von offizieller Seite gefeiert. Der Reichsverkehrsminister überreichte ihm ein Exemplar von Kleists Drama „Der Prinz von Homburg", eine Anspielung auf die Tat des preußischen Prinzen, der gegen den Befehl eine Schlacht begonnen und gewonnen hatte. 1932 startete Gronau in List zu einer erfolgreichen Weltumrundung. Nach dem Krieg lebte Gronau im oberbayerischen Frasdorf. Er starb 1977 im Alter von 84 Jahren und wurde in List, dessen Ehrenbürger er war, beigesetzt („Dieses List ist ein Stück meines Lebens"). Ein Denkmal am Lister Hafen erinnert an die kühnen Taten des Pioniers der Lüfte.

Klaus Groth

Der Verfasser der plattdeutschen Gedichtsammlung „Quickborn" (1852), Klaus Groth (1819 – 1899), hat die Insel Sylt vor allem im Herbst geschätzt. Dem sommerlichen Badebetrieb wich er aus. Mehrmals kam er in den Jahren 1891 bis 1897 im September von Kiel aus nach Westerland. Er wohnte in der Maybachstraße in einem Haus, das erhalten ist und dessen inselfriesischer Name Itüüs (daheim) am Giebel zu lesen ist. 1897 besuchte der holsteinische Dichter das nördlichste Inseldorf List. Dort kehrte er mehrmals auf dem Hof des Bauern Peter Friede ein.

Grünkohl

Der Grünkohl steht heute auf der Speisenkarte auch der feinsten Restaurants auf Sylt. Besonders zur Feier des Biikebrennens am 21. Februar gehört ein Grünkohlessen mit Kochwurst, Schweinebacke und Kassler Braten zur Tradition. Das Grünkohlessen ist jedoch erst in neuerer Zeit in Mode gekommen. Früher galt eine Mahlzeit mit Kohl als karg. Pidder Lüng und die Seinen saßen in Hörnum bei einem einfachen Mahl, als Henning Pogwisch, im 15. Jahrhundert Amtmann in Tondern, nach Sylt fuhr, um die säumigen Steuerzahler zu den Abgaben zu zwingen. Auf dem Tisch dampfte kein Braten, nur der Grünkohl. Bekanntlich kam es so weit, daß der Hörnumer Fischer den Beamten in der Kohlschüssel ersticken ließ. Die balladeske Szene mit der kargen Mahlzeit kennzeichnet die frühere Armut der Sylter. Freilich ist fraglich, was daran wahr und was erfunden ist. Wir besitzen keine historischen Belege dafür, daß Pidder Lüng gelebt hat. Wohl aber ist der Amtmann von Tondern, Henning Pogwisch, eine geschichtliche Person. Sein Amt wurde ihm 1470 übertragen, bereits 1479 wegen seines tyrannischen Regimes vom König von Dänemark wieder genommen. Die von Detlev von Liliencron in

seiner Ballade besungene Begegnung zwischen dem Sylter Fischer und dem Amtmann ist daher, wenn sie überhaupt zustandegekommen ist, jedenfalls mit Sicherheit nicht tödlich für einen der beiden ausgegangen.
Liliencrons Ballade „Pidder Lüng“ hat einen unserer Zeitgenossen veranlaßt, die Bedeutung des Grünkohls zu untersuchen. Das Ergebnis ist in der Zeitschrift „Ästhetik und Kommunikation“, Heft Dezember 1977, nachzulesen: die Bedeutung des Grünkohls verändere sich im Verlauf der Situation. Zuerst sei er eine normale Mittagsmahlzeit, dann jedoch eine Waffe im Klassenkampf, ein Indiz der harten Lebensweise der Fischer auf Sylt und der Unrechtmäßigkeit des Steueranspruchs des Amtmanns. In der Verwendung des Grünkohls als Waffe zeige sich zugleich der in ihrem Alltagsleben selbst begründete Freiheitsanspruch der Fischer gegenüber der parasitären Herrschaft des Feudalherrn. Eine kuriose Auslegung.

Feldwache auf Sylt 1916, Federzeichnung

Wenzel Hablik

Während des Ersten Weltkrieges besuchte der sudetendeutsche Künstler Wenzel Hablik (1881 - 1934) die Insel Sylt und fertigte dort Porträts von Soldaten sowie Skizzen vom militärischen Inselleben an. Der Maler kam von Itzehoe auf die Insel. Die kleine holsteinische Stadt war ihm seit 1908 zur zweiten Heimat geworden. Hier arbeitete er mit der Handweberin Elisabeth Lindemann zusammen, die er 1917 heiratete. Eine Erinnerungsmappe aus dem Kriegsjahr 1916 auf Sylt gab Hablik im September 1923 unter dem Titel „3. Landsturm-

Infanterie-Bataillon, 3. Kompanie auf Sylt am Knust 1915, 1916" heraus. Die Mappe, gedruckt bei Gustav Petermann in Hamburg, enthält 23 reproduzierte Federzeichnungen mit realistischen Szenen des Soldatenlebens. Die Blätter vermitteln ein eindrucksvolles Bild vom Alltag der Sylter Militärwache. Einige Bilder zeigen die urwüchsige Landschaft der nordfriesischen Insel.

Auf die Sammelmappe hat die Sylter Zeitung nach dem Tod des Künstlers hingewiesen: „Der verstorbene Itzehoer Künstler W. A. Hablik gehörte 1915 – 1916 zur Inselbesatzung, die damals in erster Linie vom 3. Landsturm-Infanterie-Bataillon Rendsburg gestellt wurde. Mancher Schleswig-Holsteiner hat bei der Inselbesatzung die Leiden und Freuden der Kriegszeit kennengelernt, die bei der Inselwache noch besonders geprägt waren. 'In dankbarer Erinnerung an frohe und ernste Stunden auf Sylt', so lautet die Kennzeichnung, die W. A. Hablik im März 1916 seiner Sammelmappe gab, die sauber treffende Zeichnungen aus dem Leben und Treiben der Inselwache wiedergibt. Es ist die 3. Kompanie des Bataillons, die uns in diesen Zeichnungen entgegentritt. Führer und einzelne Kameraden sind nach dem Urteil ehemaliger Kompanieangehöriger mit geradezu erstaunlicher Ähnlichkeit gezeichnet. Dann gibt es in feinen Strichen Bilder aus dem Tageslauf: Die 3. Kompanie in Gruppenkolonne – Feldwache – Das Lager – Der Garten usw. Für die Insellandschaft besonders typische Bilder hat der Künstler mit großem Geschick entworfen wie: Abend in der Kantine – Kartoffelschälen – Eingang der Baracke 'Zum blauen Butt' – Die 3. Kompanie beim Bosseln – Fischen im Watt – Holzklauen. Die Sammelmappe hat als ein Stück Heimatgeschichte im Westerländer Museum, das auch eine bescheidene Abteilung 'Erinnerung an den Weltkrieg' zeigt, einen würdigen Platz gefunden. Die charakteristischen Zeichnungen aber sind mit schlichten Rahmen versehen worden und erzählen so den Besuchern in lebendiger Sprache von der Sylter Inselwache."

Die in diesem Zeitungsartikel genannte Behauptung, Hablik sei während des Ersten Weltkrieges im Militärdienst der Sylter Inselwache gewesen, findet sich in zahlreichen Aufsätzen und Büchern über den Künstler wieder, gleichfalls in den Katalogen zu den Ausstellungen anläßlich des 100. Geburtstages von Hablik im Jahr 1981. Auch in seiner Darstellung „Wenzel Hablik 1881 – 1934 in Selbstzeugnissen und Beispielen seines Schaffens" (Münsterdorf 1981) nimmt Wolfgang Reschke diese Version auf: „Danach wechselt er zu einer Landsturmeinheit über, die 1915 und 1916 auf Sylt Wache hält. Die hier entstandenen Skizzen von Soldaten und militärischen Ereignissen faßt er 1923 zu einer Erinnerungsmappe für seine Kameraden zusammen."

Tatsächlich ist Wenzel Hablik jedoch nicht Soldat der Sylter Inselwache gewesen. Den Nachweis, daß Hablik keineswegs als Soldat auf die Insel eingezogen wurde, hat erstmals Axel Feuß geführt, der eine Dissertation über den Künstler an der Hamburger Universität anfertigte und einen Forschungsbericht über Wenzel Hablik in der Zeitschrift „Nordelbingen" veröffentlichte. Habliks Plan, das Leben der Sylter Inselwache während des Ersten Weltkrieges kennenzulernen, ist aus der Freundschaft mit dem

Meldorfer Gymnasialprofessor Dr. Karl Heinrich Frese entstanden. Frese gehörte als Leutnant zum Landsturmbataillon Rendsburg auf Sylt. Er bemühte sich, dem Maler die Erlaubnis zum Besuch der Insel zu beschaffen. Sylt war im Ersten Weltkrieg Festungsgebiet und durfte ohne Erlaubnis nicht betreten werden. Frese entwarf für Hablik einen Brief an den Kommandeur des Bataillons, der ihm den Zugang zur Insel ermöglichen sollte:

„Euer Hochwohlgeboren,
gestatte ich mir ganz ergebenst eine Bitte vorzutragen. Ich beabsichtige, bei der Kommandantur der Insel Sylt ein Gesuch um die Erlaubnis zum Betreten der Insel einzureichen. Ich bin Maler und Radierer, bin (34) Jahre alt und wohne seit (1908) in Itzehoe. Nach Ausbruch des Krieges habe ich immer wieder versucht, als Kriegsfreiwilliger anzukommen. Wegen eines körperlichen Fehlers wurde ich immer wieder zurückgewiesen. Ich möchte nun gerne auch an meinem Teile mithelfen in diesem Krieg. Ich würde, wenn mir der Aufenthalt auf der Insel Sylt gestattet würde, Zeichnungen aus dem Soldatenleben machen, die produziert werden könnten und so für die Soldaten Erinnerungsblätter von künstlerischem Wert bilden könnten. Da Euer Hwgb. durch Herrn Leutnant Frese einiges von meinen Sachen kennengelernt haben, darf ich vielleicht hoffen, daß Ew. mein Gesuch bei der Kommandantur befürworten werden."
(Brief von Karl Heinrich Frese an Wenzel Hablik, Ellenbogen 23. Januar 1916).
Daß es schwierig war, die Erlaubnis zu erhalten, zeigt der Brief von Wenzel Hablik, den er in Itzehoe am 14. Februar 1916 an K. H. Frese schrieb:

„Lieber Herr Dr.!
Aha, das ist eine ewige Schwierigkeitsmacherei. Also eine Bescheinigung, daß ich nicht spionageverdächtig bin, kann ich als „Ausländer", so lautet der polizeiliche Ausdruck auch für Österreicher, grundsätzlich nicht erhalten, da solche an Ausländer grundsätzlich nicht ausgegeben werden. Es muß von der Kommandantur auf Sylt hierorts angefragt werden, dann gibt man Auskunft."
Aus weiteren Briefen jener Tage und Wochen ist zu entnehmen, daß Hablik schließlich doch die erforderlichen Bescheinigungen, auch ein Gesundheitszeugnis erhielt und die Kompanie von Leutnant Frese besuchen durfte. Er kam im März 1916 nach Sylt und wohnte in der Stube von Frese. Das Lager war auf dem Ellenbogen, dem Nordteil der Insel, errichtet. Es war eines von 11 Küstenschutzquartieren, die im Laufe des Krieges entlang der 40 km langen Sylter Westküste aufgebaut worden sind. Einige der Sylter Skizzen, die Hablik im März und Mai 1916 schuf, lassen erkennen, wie stark die elementare Meernatur und die urtümliche Landschaft den Künstler angezogen haben. Zur bildlichen Darstellung hat die Insel Sylt Hablik bereits 1907 angeregt. Damals hatte ihn der Herausgeber der Zeitschrift „Kunstwart", Ferdinand Avenarius, als Gast der Kunstwart-Stiftung nach Kampen eingeladen. Die Nordsee wurde ihm ein Urerlebnis. In Kampen hat ihn der Anblick der „vom Sturm gepeitschten, ungeheuren Wogen" tief beeindruckt. Nach Sylt ist der Künstler häufig zurückgekehrt. Mit seiner Frau und seinen beiden Töchtern kam er oft nach Kampen und wohnte mehrmals im Haus von Clara Tiedemann.

Die Sylter Skizzenmappe, die Wenzel Hablik als Zivilist in der militärischen Festung Sylt während des Kriegsjahres 1916 zusammenstellte, ist heute eine antiquarische Rarität.

Meinert B. Hagendefeldt

Meinert Bernhard Hagendefeldt hat mit seiner 1902 veröffentlichten Arbeit über „Die Vogelwelt der Insel Sylt" eine avifaunistische Gesamtschau gegeben. Er war naturkundlich ein Laie. Bis heute hat die Ornithologie als Scientia amabilis neben nur wenigen professionellen Vertretern eine große Anhängerschaft, die sich aus Amateur- und Hobby-Ornithologen zusammensetzt. Gleichwohl wird von diesen Liebhabern oft ernsthafte und wissenschaftliche Arbeit geleistet. Das gilt auch für Meinert B. Hagendefeldt, der in Tinnum 1866 geboren wurde und in Westerland 1914 im Alter von 48 Jahren starb. Er war Kaufmann und betrieb gemeinsam mit seinem Bruder Theodor in Westerland einen Kohlenhandel. In jener Zeit war es üblich, Vögel zu schießen, um möglichst viele Arten als Präparate in die Sammlung aufnehmen zu können. Hinweise auf Abschüsse finden sich oft in den Berichten von Hagendefeldt. Alle seine Berichte lassen erkennen, daß er sorgfältig die feldornithologischen Angaben machte und sein Wissen auf einer intensiven Beschäftigung mit Einzelfragen der Vogelkunde wie Lebensweise, Eigenarten, Zugverhalten beruhte. Hagendefeldt hat die ornithologische Literatur mit zahlreichen Aufsätzen bereichert. Rund 20 Beiträge, Mitteilungen, Notizen von ihm sind in Fachzeitschriften in den Jahren 1901 bis 1914 abgedruckt. Seine Hauptarbeit über „Die Vogelwelt der Insel Sylt" kam 1902 in der Ornithologischen Monatsschrift heraus. Hierin ist das Ergebnis seiner jahrzehntelangen Tätigkeit als Vogelbeobachter zusammengefaßt. 44 Brutvögel und 169 Zugvögel, insgesamt 213 Arten sind von ihm benannt. Bis 1914 erhöhte sich die Zahl der von ihm registrierten Arten auf 240. In den letzten Jahren ist die Erforschung der Vogelwelt auf Sylt intensiviert worden. Insgesamt sind 320 Arten bis 1988 nachgewiesen, darunter 90 Brutvogelarten. Eine zusammenfassende Übersicht fehlt jedoch bisher.

Dirk Meinerts Hahn

Zu den berühmtesten Syltern der Vergangenheit gehört Dirk Meinerts Hahn. Sein Leben als Seemann zeichnet sich durch einige gute Taten aus. Ein Ort der Erde trägt seinen Namen: Hahndorf nannten preußische Auswanderer ihre Siedlung in Australien zum Dank dafür, daß Kapitän Hahn ihnen nach glücklicher Landung Ackerland besorgt hatte. 1804 wurde Dirk Meinerts Hahn in Westerland als Sohn eines Kapitäns geboren. Der Ort war damals ein unbekanntes Dorf der Bauern und Seeleute. Hahns Schulkamerad, der spätere Lehrer und Chronist C. P. Hansen, erinnerte sich an seinen Westerländer Mitschüler: „Er war ein lebhafter, viel schwatzender und lachender Knabe, der beste Tänzer und Schlittschuhläufer unter uns." Der

Dirk Meinerts Hahn

junge Hahn wäre gern Pastor geworden. Aber der Vater schickte ihn zur See. Mit 16 Jahren machte er die erste Fahrt unter Kapitän Peter Broder Decker von Hamburg nach Barcelona. Sie dauerte fünf Monate. Mit 18 Jahren bestand Hahn das Steuermannsexamen. Als er sich neun Jahre später, mit 27 Jahren, entschloß, seine Verlobte Hedwig J. Nicolaisen aus Westerland zu heiraten, war er ein weitgereister, welterfahrener Mann.
1835 hatte Dirk Meinerts Hahn einen seltsamen Traum, der ihn veranlaßte, sich beim Reeder Dede im dänischen Altona um die Stelle eines Obersteuermanns an Bord des Schiffes Zebra zu melden. Er wurde angenommen. Schon auf der ersten Reise mit der Zebra 1836 geschah, war er im Traum vorhergesehen hatte. Der Kapitän Steltring, ein untüchtiger Rohling, wurde zwei Wochen nach der Ankunft in Havanna vom Gelbfieber befallen und starb. Der Obersteuermann führte die Zebra heil nach Hamburg zurück. Sein Reeder bestellte ihn zum neuen Kapitän des Schiffes. Nun begannen jene Reisen von Hahn, die ihn berühmt machten. Zu seiner bekanntesten Fahrt auf der Zebra ließ Hahn 1838 die Segel setzen. Er brachte 199 Auswanderer, die Preußen ihres Glaubens wegen verlassen hatten, von Hamburg nach Australien. Rund um Afrikas Südkap führte der Weg. Mehr als vier Monate war die Zebra unterwegs. Zwölf Auswanderer starben. Am 28. Dezember 1838 warf Kapitän Hahn Anker in Südaustraliens Holdfast Bay. Er hatte sich an die Verantwortung für seine Passagiere so gewöhnt, daß er ihnen fruchtbares Land verschaffte. Die Siedler nannten ihre neue Heimstatt Hahndorf. Es liegt etwa 30 Kilometer von der Stadt Adelaide entfernt und ist heute eine blühende Gemeinde von rund 1000 Einwohnern. Noch jetzt steht dort ein Lehmhaus der ersten Siedler. In vielen Familien wird auch deutsch gesprochen. Deutsche Inschriften zieren die Grabplatten auf dem Friedhof. Deutsche Gerichte sind in der Speisenkarte von Capt. Hahns Weinstube angeboten. Im Mittelpunkt des Orts steht ein Stein mit der Aufschrift: Zum Gedenken an Dirk Meinerts Hahn.
Kapitän Hahn segelte noch zwölf Jahre über die Ozeane. 1851 zog er sich zu seiner Familie zurück, um, wie sein Schulfreund C. P. Hansen berichtete, „von den Zinsen seiner Kapitalien zu leben“. Doch nur drei Jahre in seinem Ruhesitz in Westerlands Stadumstraße waren ihm beschieden. 1854 starb seine Frau Hed-

wig. Dirk Meinerts Hahn hat ihren Verlust nie überwunden. Er suchte Trost im Wein: „Er starb am Säuferwahnsinn, den 4. August 1860, in einem Alter von 56 Jahren, 6 Monaten und 6 Tagen. Sein Leichnam ruht jetzt in Frieden an der Seite seiner teuren Hedwig auf dem kleinen heimatlichen Gottesacker" (C. P. Hansen). Die restaurierten Grabsteine des Ehepaares stehen heute auf der Ostseite der alten Dorfkirche in Westerland.

Hallig

„Ich sehe es kommen, es wird Mode werden, nach den Halligen zu reisen, um romantische Episoden dort zu erleben." Diese richtige Vorhersage gab 1851 Theodor Mügge in seinem Roman „Der Vogt von Sylt". Zu den frühen Schilderungen der Halligwelt gehört Theodor Storms Novelle „Eine Halligfahrt" (1871), entstanden nach einem Ausflug zur Hallig Süderoog im Jahr 1869. Auch das lyrische Werk des Dichters enthält manche Stimmungsbilder der Halligen. Storm nannte diese Inseln „schwimmende Träume". Als „Inseln der Träume" erscheinen die Halligen auch in dem Roman „Der Halligpastor" von Wilhelm Lobsien. In diesem 1914 erschienenen Buch beschreibt der Verfasser insbesondere die Hallig Hooge: „Dort draußen, wo das ganze Volk noch unberührt geblieben war, wo die laute Welt mit all ihren Versuchungen und Verführungen noch zu keinem gesprochen hatte."
Die breite Öffentlichkeit wurde auf die Halligen aufmerksam, als Eugen Träger sich vor der Jahrhundertwende für den Schutz und die Erhaltung der Inseln einsetzte (Eugen Träger, Die Rettung der Halligen, 1892). Er begründete Vorschläge für die Uferbefestigung und regte den Bau von Verbindungsdämmen an. Sein Kampf um die Rettung der Halligen war erfolgreich. Im Jahr 1896 begannen die ersten staatlichen Küstenschutzarbeiten auf den Inseln. Mit Ausnahme der Kriegsjahre wurden sie bis auf den heutigen Tag fortgesetzt.
Die Halligen (englisch halluk = Hügel, Erhebungen), jene zehn kleinen Marscheninseln vor der schleswig-holsteinischen Westküste, sind im Gegensatz zu Sylt, Föhr, Amrum keine Reste des einstigen Festlands. Sie sind erst nach der großen Sturmflut von 1362 durch Schlickablagerungen über dem alten Kulturland entstanden. Die Hallig Nordstrandischmoor, ehemals als Hochmoor zu Altnordstrand gehörig, ist nach dem Untergang der Insel Altnordstrand im Jahr 1634 zustandegekommen. Erdgeschichtlich betrachtet, sind die Halligen also junge Gebilde.

Jap Peter Hansen

Jap Peter Hansen (1767 – 1855), Vater des Chronisten C. P. Hansen, fuhr 15 Jahre lang als Matrose und Steuermann zur See. Als er eingeladen wurde, den Dienst eines Lehrers und Küsters in Westerland zu übernehmen, hielt er sich gerade in Genua auf. Dort wurde ihm gleichzeitig die Führung eines Handelsschiffs angeboten. Noch unschlüssig, was zu wählen ist, ließ er nach Seemannsart ein Ordal entscheiden. Er warf sein Seemannsmesser: „Mark bop, dann werd ik Captein. Mark önder, dann werd ik Schulmeester.“ Das Messer fiel so, daß er Lehrer und Küster wurde, in Westerland ab 1800 und ab 1820 in Keitum. Jap Köster wurde er dort genannt.

In Westerland übernahm Jap Peter Hansen auch die Leitung der Navigationsschule. Er mehrte den Ruf dieser Anstalt und bildete tüchtige Seeleute aus. In dieser Tätigkeit verfaßte er einige mathematische und astronomische Lehrbücher, erfand Hilfsgeräte für die Navigation und errechnete einen hundertjährigen Kalender. 1815 erhielt er für seine Erfindung einer verbesserten Kornwaage den Danebrogsorden. Der Schleswig-Holsteinische Patriotische Verein von 1845 verlieh ihm eine Medaille.

Noch als Seemann unterwegs, schrieb Jap Peter Hansen für seine Landsleute eine Komödie, nach städtischem Vorbild, aber nicht auf hochdeutsch, sondern in sylterfriesischer Sprache: Di Gidshals of di Söl'ring Pid'ersdei (Der Geizhals oder der Sylter Petritag), 1809 erstmals gedruckt. Dieses Schauspiel ist das älteste, größere Sprachdenkmal in Sylterfriesisch. Jap Peter Hansen führte hiermit das Söl'ring in die Literatur ein und gab erste Regeln für die Rechtschreibung in dieser eigenständigen Sprache der Sylter.

Die Komödie spielt am Sylter Hauptfeiertag, am 22. Februar. Am Vorabend wird das Biikefeuer entzündet. Der 21. Februar ist lange Zeit der Tag des Abschieds der Sylter Seefahrer, die sich nun wieder zur Abreise rüsten, nachdem die Elbe eisfrei gemeldet ist. Für die Seeschiffahrt gilt damals der 22. Februar als der frühest mögliche Beginn. Der Seemann und Autor Jap Peter Hansen schildert in seinem „Gidshals“, wie der wohlhabende, aber geizige Bauer Pider Madsen in Keitum mit seinem Geiz die Familie tyrannisiert. Er hält scharfe Kontrolle über die Wirtschaftsführung. Seinen beiden Kindern gibt er kein Geld zum Petritag. Aber mit List wird ihm doch Geld entlockt. Sein Geiz wird ihm deutlich vor Augen geführt, so daß er sich besinnt. Zum Schluß feiert die ganze Familie einträchtig den Festtag. Es ist eine lebhafte Komödie. Markante Charaktere sind dargestellt. Insgesamt ist sie eine eigenständige und ungewöhnliche Idee des Sylter Seemanns. Als Lektüre hat das Stück auf der Insel Anklang gefunden. Es wurde jedoch erst 20 Jahre nach dem Tod Jap Kösters aufgeführt (1875).

Christian Peter Hansen

Ein eisiger Südwestwind fegte am 4. Januar 1978 über den Friedhof von Keitum. Fröstelnd hatte sich dort eine Gruppe von Syltern an den Grabstätten von Christian Peter Hansen und Jap Peter Hansen versammelt. Man war einer Einladung des Kirchenvorstands gefolgt, um sich darüber einig zu werden, ob wegen des geplanten Nebengebäudes der Kirchengemeinde die Gräber der Familie Hansen aufgehoben und die Grabsteine als Gedenkstätte an anderer Stelle wieder errichtet werden sollten. Die durchkühlten Teilnehmer der Versammlung, anschließend ins Pastorat eingeladen und von einem Rumgrog belebt, empfahlen, die Gräber in der Südostecke des Friedhofs zu belassen und den Neubau daneben zu stellen. Die Ehrfurcht vor dem Alten und Überlieferten setzte sich durch. Man beschloß, die Ruhestätten dieser für die Geschichte und Kultur Nordfrieslands bedeutenden Männer zu bewahren. Auch der Granitblock mit der schlichten Inschrift „C. P. Hansen 1803 – 1879" verblieb unverändert an derselben Stelle. Er erinnert seit rund 100 Jahren an das Schaffen eines Mannes, der als nordfriesischer Chronist und Schriftsteller ein vielseitiges und umfangreiches Material zur Geschichte, Volkskunde und Sagenwelt der Nordfriesischen Inseln, insbesondere Sylts, zusammengetragen hat.

Christian Peter Hansen stammt aus einer Familie von Seefahrern und Lehrern. Vater, Großvater und Urgroßvater fuhren zur See, bevor sie wieder an Land gingen und Schulmeister wurden. Ihre Bildung verdankten sie ihrer eigenen Initiative. Die Ausbildungsstätten jener Zeit waren kaum entwickelt. C. P. Hansens Urgroßvater, Hans Carstens, gehörte dem Geschlecht der Brorken an, das im 17. Jahrhundert aus der Wiedingharde, vom gegenüberliegenden Festland, nach Sylt eingewandert ist. Sein Großvater, der Sohn von Hans Carstens, hieß Peter Hansen (1734 – 1818). Der Name erklärt sich aus einer seltsamen Sitte auf Sylt, der patronymischen Namensgebung: Alle Kinder erhielten den Vornamen des Vaters als Nachnamen. Diese Regelung wurde erst vom dänischen König Christian VII. mit einer Verordnung vom 8. November 1771 unter dem reformfreudigen Minister Struensee im Herzogtum Schleswig abgeschafft.

In der Familie Hansen war das Talent zum Schreiben verbreitet. Sowohl C. P. Hansens Vater Jap Peter als auch sein Onkel Hans Peter traten als Autoren hervor. Jap Peter Hansen verfaßte mehrere mathematische Bücher und dichtete das Schauspiel „Der Geizhals auf der Insel Sylt" (Flensburg 1809). Es ist das erste Buch in sylterfriesischer Sprache. Hans Peter Hansen erzählte anschaulich und lebendig die Lebensgeschichte seines Vaters Peter Hansen (Sonderburg 1832). Von seinem Onkel, dem Schreib- und Rechenmeister Hans Peter Hansen in Sonderburg auf Alsen, wurde C. P. Hansen von 1818 bis 1820 unterrichtet. Dort war er von 1827 bis 1829 Lehrgehilfe, nachdem er von 1824 bis 1827 das Lehrerseminar in Tondern besucht hatte. Sein Vorbild in der Pädagogik waren C. G. Salzmann und allgemein der Pietismus, der alle „weltlichen Ausschweifungen" verwarf und das persönliche Verantwortungsbewußtsein des einzelnen stärkte. Am 29. September 1829 ist C. P. Hansen als Nachfolger seines Vaters in Keitum zum Organisten, Küster und Schullehrer ernannt worden. 30 Jahre lang hat er bis zu seiner Pensionierung 1860 gewirkt. Er begründete einen Sylter Lehrerverein (1838) und eine Schülerbibliothek.

In seinen Mußestunden widmete sich C. P. Hansen der Heimatkunde. 1834 begann er die Arbeit an seinem Hauptwerk „Chronik der friesischen Uthlande" (1856). Anregungen zur Beschäftigung mit der Heimatkunde erhielt er von Uwe Jens Lornsen, Landschaftsarzt Wülfke, Superintendent Callisen in Schleswig, Professor Falck in Kiel und Oluf Braren auf Föhr. Die erste Biographie Lornsens gab C. P. Hansen 1839 unter der Verfasserbezeichnung U. L. N. (Uwe Lornsens Nachbar) heraus.

Photographie 1868 von Paul Ebe Nickelsen

Quellen für seine heimatgeschichtlichen Arbeiten fand er in privaten und öffentlichen Archiven auf Sylt. 1840 kaufte er die hinterlassenen Papiere seines Onkels Th. J. Deutscher, Tinnum, die zumeist aus der Gottorper Zeit stammten.

C. P. Hansen war ein begeisterter Sammler von Versteinerungen, Schaltieren und Altertümern. Seine Heimatinsel erforschte er nach allen Richtungen. Hammer und Skizzenblock waren seine Begleiter. Mit dem Hammer befreite er Versteinerungen aus der Hülle. Seine Sammlungen bildeten den Grundstock für das heutige Heimatmuseum in Keitum. Er sammelte am Morsumkliff auch für die Kieler Universität. Dem Museum für vorgeschichtliche Altertümer in Kiel stellte er mehrere Fundberichte, Karten und ein Verzeichnis seiner Funde der Vorgeschichte und Ethnologie zur Verfügung. Als er an der Volksversammlung der Nordfriesen 1844 in Bredstedt teilnahm, stellte C. P. Hansen fest: „Sie befriedigte mich insofern nicht, als ich bemerken mußte, wie wenig im allgemeinen meine friesischen Landsleute mit der eigenen heimatlichen und vaterländischen Geschichte bekannt waren."

Um seinen Landsleuten die Kenntnis der Heimat näherzubringen, schrieb er seine Arbeit „Die Insel Sylt in geschichtlicher und statistischer Hinsicht" (1845) sowie weitere Werke. Er sah sich in der Rolle eines Volksschriftstellers und Volkslehrers. Insgesamt veröffentlichte er 15 Bücher außer zahlreichen Aufsätzen in Jahrbüchern, Zeitungen und Zeitschriften. Zwei seiner Schriften sind in sylterfriesischer Sprache verfaßt. Er schrieb auch die Sagen und Erzählungen seiner Heimatinsel auf und stellte für Müllenhoffs Sammelband „Sagen, Märchen und Lieder der Herzogthümer Schleswig, Holstein und Lauenburg" rund 60 Beiträge zur Verfügung. Später hat man ihm vorgeworfen, er habe die Sylter Sagen nicht in der ursprünglichen Form, sondern mit eigenen Zusätzen wiedergegeben.

Einige seiner Schriften illustrierte C. P. Hansen selbst. Seine Zeichnungen und Aquarelle stellten erstmals die Eigenarten der nordfriesischen Inselwelt, insbesondere Sylts dar. Als Maler war C. P. Hansen Romantiker. Seit Gründung des Seebads Westerland (1855) dienten seine Zeichnungen Hamburger Lithographen, vor allem Wilhelm Heuer, als Vorlagen. Sie wurden in großer Auflage verbreitet und werden heute im Antiquariatshandel hoch bezahlt.

C. P. Hansen ist der bedeutendste nordfriesische Chronist des 19. Jahrhunderts. Mit Christian Jensen, O. Nerong und H. Philippsen gehört er zu den Klassikern der nordfriesischen Heimatforschung. Er war ein umfassend gebildeter Autodidakt, der auch in der Gelehrtenwelt anerkannt war und auf Sylt als Cicerone eine Rolle spielte. Es hieß damals „Wer Sylt kennt, der kennt auch den wackeren C. P. Hansen". Nach dem treffenden Urteil von Julius Rodenberg hat C. P. Hansen eine Literatur über Sylt eigentlich erst geschaffen. Gleichzeitig hat er reichhaltiges Material zur Geschichte, Volkskunde und Kulturgeschichte des ganzen Nordfrieslands zusammengetragen. Seine lebendig und klar geschriebenen Darstellungen haben hauptsächlich den Charakter einer Chronik. Im Stil eines pragmatischen Historiographen sind sie nicht verfaßt, wie bereits 1857 H. Biernatzki in seiner Besprechung der „Chronik der friesischen Uthlande" kritisch angemerkt hat (Göttingsche gelehrte Anzeigen, Bd. I/1857).

Als C. P. Hansen seine Bücher schrieb, hatten wirtschaftliche, soziale und geistige Wandlungen in Nordfriesland bereits begonnen. Liberale Ideen waren als Folge der Aufklärung und des Absolutismus entstanden. Mit zunehmendem Badeverkehr begannen die Spuren des alten Sylts immer mehr zu verblassen. Es ist das Verdienst von C. P. Hansen, das Überlieferte im Sinn einer umfassenden Heimatkunde aufgezeichnet zu haben. Ohne ihn wäre unser geschichtliches Wissen von den Besonderheiten Sylts und den Nordfriesischen Inseln geringer. Indem er sich als Schriftsteller und Zeichner betätigte, hat er zur Werbung für den Badeverkehr beigetragen, der dann in der zweiten Hälfte des 19. Jahrhunderts die Eigenarten der Kultur der Inselbewohner immer mehr verdrängte.

Wie weit C. P. Hansen seine Umwelt erforscht hat, bewiesen auch seine naturwissenschaftlichen Sammlungen. Er ging nicht nur von einem Fachgebiet aus, sondern er versuchte mit Erfolg, seine Lebenswelt als Ganzheit zu erfassen. Er hat sogar die später von Wegener formulierte Kontinentaldrifttheorie bereits angedeutet und sprach von der „atlantischen Spalte". Intensiv beschäftigte er sich mit den Kulturresten der im Wattenmeer untergegangenen friesischen Uthlande. Er schilderte erstmalig die Dünenlandschaft der Westküste und ihre Entstehung. Die Erdgeschichte des Morsumkliffs führte er irrtümlich auf vulkanische Kräfte zurück. Um Marschland zu gewinnen, schlug er 1856 den Bau eines Damms zwischen Sylt und dem Festland vor. 71 Jahre später (1927) ist dieser Plan mit dem Hindenburgdamm aus verkehrspolitischen Gründen verwirklicht worden.

1879 verstarb Christian Peter Hansen im Alter von 76 Jahren in Keitum. Seit 1960 wird auf Sylt alljährlich an ihn erinnert mit der Verleihung des C.-P.-Hansen-Preises für Verdienste um friesisches Volkstum, Sprache, Geschichte und Brauchtum. Seine Bücher sind heute als antiquarische Raritäten hochgeschätzt. Ein Teil seiner Schriften wurde unverändert nachgedruckt.

Harde

In König Waldemars Erdbuch (1231) waren die Uthlande entsprechend der natürlichen geographischen Grenzziehung in 13 Harden eingeteilt. Sylt (Sild) war eine der Harden und gehörte zum dänischen Staat bis 1864. Die Hardeneinteilung hatte ursprünglich militärische Bedeutung und wurde später als Abgrenzung der Verwaltungs- und Steuerbezirke übernommen.

Hans Hartig

Der pommersche Maler Hans Hartig (1873 – 1936), der dem Niddener Künstlerkreis angehörte, besuchte Sylt im Jahr 1911. Er wohnte monatelang in Keitum und war am Watt, an der Westküste und in den Inseldörfern auf Motivsuche. Als er schon abreisen wollte, erlebte er die schwere Sturmflut mit, die am 6. und 7. November 1911 fast alle hölzernen Strandanlagen in Westerland vernichtete. Hartig hat das Naturereignis in zahlreichen Studien festgehalten. Seine Gemälde „Sturmwarnung“ und „Der sechste November“ zeigte er 1912 einem begeisterten Publikum in der Großen Berliner Kunstausstellung.

Walter Hasenclever

Sein revolutionärer „Sohn“ (1913), das Drama, das den Aufstand der Jugend gegen die Väter des Wilhelminismus darstellt, hat ihn als expressionistischen Dramatiker bekannt gemacht: Walter Hasenclever, 1890 in Aachen geboren, 1940 in Les Milles durch Selbstmord gestorben. Er hat die Insel Sylt als Sommerfrische vor und nach dem Ersten Weltkrieg besucht. Er kam auch außerhalb der Hauptsaison, zum Beispiel im März 1920. Damals fuhr er von Sylt aus nach Kiel und erlebte dort eine Straßenschlacht: Kapp, der Mitbegründer der rechtsradikalen Deutschen Vaterlandspartei, versuchte, die Macht an sich zu reißen. Kapps Pläne scheiterten. Hasenclever hat in seinem Roman „Irrtum und Leidenschaft“ die Erfahrungen jener Tage beschrieben.

Gerhart Hauptmann

„Und wo haben denn Sie, Herr Doktor, gesteckt, seitdem wir Sie auf der Brücke in Munkmarsch zuletzt mit dem Taschentuch winken sahen?“ Diese Frage wird in dem Lustspiel „Die Jungfern vom Bischofsberg“ gestellt. Der Dichter Gerhart Hauptmann hat es 1907 veröffentlicht. 1906 verbrachte er einige Tage auf Sylt, nachdem er sich von der Schauspielerin Ida Orloff innerlich gelöst hatte. Auch 1908 hat Hauptmann die Insel besucht (23. September bis 10. Oktober). Er trank Brüderschaft mit dem späteren Außenminister Walther Rathenau in Westerland. Er lernte den Theologen Adolf von Harnack kennen, empfing dessen Buch „Das Wesen des Christentums“ und gab dafür sein Glashüttenmärchen „Und Pippa tanzt“. Während seines zweitägigen Besuchs im Sommer 1915 stieg er durch die Täler und Sandberge der Lister Dünen. Auf einem Gipfel sagte er: „Es ist hier wie auf den Gletschern eines Hochgebirges!

Aber diese Einheit von Schneebergen und weitem Meer schafft einen Anblick von solch erhabenem Geiste, daß mir ist, als habe ich in der Natur nie Ähnliches gesehen." In List kam er ins Gespräch mit der Bauerntochter Inken Diedrichsen. Von ihrem herben Scharm und ihrer natürlichen Klugheit war der Dichter beeindruckt. Das Bild von Inken Diedrichsen, die später den Arzt Erwin von Hattingberg heiratete, blieb ihm im Gedächtnis. Der Eindruck dieses Besuchs auf Gerhart Hauptmann war so groß, daß er der wichtigsten Frauenfigur seines Dramas „Vor Sonnenuntergang" (1932), der Gärtnerstochter Inken Peters, den Vornamen und Charakterzüge jener jungen Friesin aus List gab.

Heckenrose

Die auf Sylt während des ganzen Sommers rot und weiß blühende Heckenrose wird auch Kamtschatka-Rose (Rosa rugosa Thunberg) genannt. Sie wurde um 1850 nach Europa, um 1920 nach Sylt eingeführt.

Asta Heiberg

Asta Heiberg (1817 - 1904), geborene von Baudissin, in Greifswald gebürtige Schriftstellerin, besuchte 1876 Westerland und hat ihre Eindrücke in ihren damals vielgelesenen „Erinnerungen aus meinem Leben" (Berlin 1897) wiedergegeben. Darin stellte sie dar, wie der Zustrom der Fremden und der wachsende Badebetrieb den wirtschaftlichen Aufschwung für die Insel brachten. Gleichzeitig machte sich jedoch auch ein nachteiliger Einfluß bemerkbar: „Ältere Bewohner, verständige Männer klagten mir, daß die Insel moralisch mehr verliert als das Meer ihr raubt. Es herrschte Sittlichkeit, Genügsamkeit, Fleiß und Gehorsam auf dem kleinen Eiland, und jetzt schwindet gar die Nationaltracht. Sie wird verdrängt von der Mode und der Sucht, es den fremden Gästen gleich zu tun. Geld macht nicht glücklich, aber Genügsamkeit macht reich, sagt das Sprichwort, und das bewährt sich überall. Die Kultur bringt geistige und körperliche Genüsse, aber sie bringt auch Immorabilität, Verweichlichung und Entartung; das haben die Kinder der sandigen Erde auch erfahren. Möge das kleine Sylt, von jeher die Stätte der Sittenreinheit, der Zufriedenheit und des Genügens, nach dem Übergang, in dem es begriffen ist, wachsen in allem was schön und gut ist."

Heimatstätte für Heimatlose

Die Heimatstätte für Heimatlose, der Heimatlosenfriedhof in Westerland, ist 1854 auf Anregung des Strandvogts Wulf Hansen Decker angelegt worden. 1855 beerdigte man die erste, 1905 die 53. Strandleiche. Der Strandvogt Decker hat ein Protokoll über die unbekannten, am Strand angetriebenen Toten geführt. 1907 mußte der Friedhof geschlossen werden. Die Begräbnisstätte ist an der Käpt'n-Christiansen-Straße erhalten. Den Gedenkstein stiftete 1888 Carmen Sylva, die Königin von Rumänien. Den Text schrieb Rudolph Kögel, Oberhofprediger in Berlin.

Anton Heimreich

Anton Heimreich gehört zu den frühen Chronisten in Nordfriesland. Seine „Nordfresische Chronik“ ist eine umfassende Darstellung der Nordfriesen, ihres Landes und ihrer Geschichte. Sie gilt noch heute, mehr als 300 Jahre nach ihrer ersten Herausgabe (1666) als eine

Titelblatt der Nordfriesischen Chronik von 1668

historische Hauptquelle jener Zeit. Seine Chronik stellte Heimreich (1626–1685) auf Nordstrandischmoor zusammen. Auf dieser kleinen Hallig war er Pastor. Zu seinen Lebzeiten ist das Werk zweimal erschienen. Die Erstausgabe von 1666 ist ein kleinformatiges Duodezbändchen (Buchformat 16 cm). Harro Jessen vom Westerhof im Christian-Albrechts-Koog, damals in München ansässig, ließ sie 1926 mit einem Subskribentenverzeichnis originalgetreu und bibliophil in einer Auflage von 350 Exemplaren nachdrucken. Die zweite Ausgabe von 1668 ist ein stattlicher Quartband (Buchformat 25 bis 35 cm) mit einem prächtigen Titelkupfer, das ein Porträt des Verfassers, eine Darstellung der heidnischen Gottheiten Phoseta und Woeda sowie Ortsansichten von Tondern, Husum, Tönning, Bredstedt und Garding zeigt. Dieser Band ist umfangreicher als die Erstausgabe und neu gegliedert.

Nach dem Erscheinen der zweiten Ausgabe war Heimreich weiterhin bemüht, sein Werk zu vervollständigen und zu erweitern. Eine gedruckte Neubearbeitung hat er jedoch nicht mehr erlebt. Aber seine handschriftlichen Ergänzungen blieben erhalten. Eine Fortsetzung der Chronik schrieb auch sein Sohn Heinrich. Diese Zusätze waren lange Zeit unbekannt und wurden erst Jahrzehnte später von Ernst Joachim von Westphalen, Hofkanzler oder Leiter der obersten Verwaltungsbehörde für den herzoglich gottorpischen Anteil von Holstein und zugleich Kanzler der Universität Kiel, verwendet, indem er sie in seine Sammlung von unveröffentlichten Quellen zur Geschichte Schleswig-Holsteins und Mecklenburgs aufnahm. Sie sind in den Jahren 1739 bis 1745 unter dem Titel „Monumenta inedita Germanicarum praecipue Cimbricarum et Megapolensium“ in Leipzig veröffentlicht.

Mit der Auswahlausgabe von Westphalen sind Heimreichs Aufzeichnungen insbesondere in der Gelehrtenwelt bekannt geworden. Den vollständigen Text der zweiten Ausgabe der „Nordfresischen Chronik“ sowie eine reiche Auswahl der Zusätze brachte Nikolaus

Falck, Professor der Rechte an der Universität Kiel, 1819 in zwei Oktavbänden (Buchformat 18 bis 25,5 cm) heraus. Die Ergänzungen hat er einer Handschrift entnommen, die schon damals in der Kieler Universitätsbibliothek aufbewahrt wurde.
Mit der dritten Ausgabe von Heimreichs Chronik wollte Falck das Geschichtsbewußtsein in Nordfriesland beleben und zur staatsbürgerlichen Erziehung beitragen. Er regte die gründliche Vertiefung in Volkstum, Sprache und Geschichte an und gründete eine „Gesellschaft zur Aufklärung der friesischen Geschichte". Das Interesse für die eigene Geschichte war in Nordfriesland, neben Dithmarschen die schleswig-holsteinische Landschaft mit der freiheitlichsten Geschichtsüberlieferung, zu jener Zeit bereits geweckt. Zu den Mitgliedern der friesischen Geschichtsgesellschaft gehörte der Keitumer Uwe Jens Lornsen, Anhänger der schleswig-holsteinischen Bewegung. Falck hat gleichfalls eine Zeitlang auf Sylt gelebt, wo er von einem Pastor erzogen wurde, nachdem er 1784 nahe der nordfriesischen Sprachgrenze in Emmerleff (Amt Tondern) geboren war.
Alle drei Ausgaben der Chronik der Nordfriesen von Anton Heimreich sind inzwischen so selten geworden, daß man sie antiquarisch lange vergebens suchen wird. Ihre Bedeutung liegt vor allem im Quellenwert des aus zeitgenössischen Nachrichten und Dokumenten gewonnenen Materials, das heute verloren ist. Zwar vertraute der Chronist zum Teil zu sehr den ungenauen Angaben zeitgenössischer Überlieferung und den Spekulationen früherer Historiker. Gleichwohl ist Heimreichs kritisch zu lesendes, ausführliches und aufschlußreiches Werk für jeden, der sich mit nordfriesischer Geschichte beschäftigt, unentbehrlich.

Hindenburgdamm

Am 1. Juni 1927 wurde der Tag der Einweihung des Hindenburgdamms und der Eröffnung der Reichsbahnstrecke durch das Wattenmeer von Klanxbüll nach Westerland festlich begangen. Wenn man heute davon spricht, erinnern sich ältere Sylter und Augenzeugen vor allem an den Besuch des greisen Reichspräsidenten, den großen Festzug und die Fahrt, die Hindenburg in einem offenen Wagen mit dem damaligen Westerländer Bürgermeister Kapp über die Kurpromenade unternahm. Um 10.09 Uhr jenes Tages traf der Eröffnungszug in Klanxbüll ein und erreichte um 11.10 Uhr programmgemäß Westerland, wo Hindenburg und die anderen Gäste begrüßt wurden. Zum Frühstück im Kurhaus hatte der Präsident der Reichsbahndirektion Altona 259 Teilnehmer eingeladen. In der gedruckten Einladung ist verzeichnet: „Bitte dunkler Anzug. Der Herr Reichspräsident trägt schwarzen Rock und runden Hut." Nach dem reichhaltigen Frühstück mit Salm-Majonaise und Holsteiner Masthuhn begann der historische Festzug mit 36 Sylter Gruppen. Er war von der Stadt Westerland und allen Landgemeinden der Inseln gemeinsam veranstaltet und zeigte Figuren aus der Sylter Geschichte. Der Zug gestaltete sich zu einem Volksfest ähnlich dem Münchner Oktober-

fest. Fröhlich zog man durch die Straßen und betrachtete die Kostümierten, die Szenen aus der Sylter Vergangenheit und Sage wachriefen, darunter Zwergenkönig Fin, den Meergott Ekke Nekkepenn und Frau Rhan, den Seeräuber Pidder Lüng, Wallensteinische Dragoner von 1628, Walfänger, den Landvogt und Nationalhelden Uwe Jens Lornsen, Vorkommnisse aus dem Dänenkrieg, Darstellungen des Badelebens und schließlich Dammbauarbeiter der Belegschaft in Nösse. Die Gruppen dieses Festzuges hatte der Schauspieler Fritz Lehmann zusammengestellt und einstudiert, der Bruder der in jenen Jahren berühmten Sängerin Lotte Lehmann. „Voll Idealismus arbeitete er Tage und Nächte an den Plänen dazu," berichtete ein Teilnehmer, „nur der Wettergott meinte es nicht gut und ließ Ströme Wasser vom Himmel regnen, das dämpfte merklich die Festlaune, und unser guter Fritz fluchte fürchterlich." Als Regisseur des Festzugs erhielt Lehmann viel Beifall für seine Einfälle zur Darstellung der Sylter Geschichte und Sage. Auch Thomas Hübbe, Journalist in Hamburg und Sohn des letzten Landvogts der Insel, schrieb anerkennend an ihn: „Denken Sie bloß sich selber aus dem ganzen Betriebe weg: was bleibt dann von der Feier übrig? Doch nicht viel mehr als der Anblick dieses fabelhaften Hindenburg-Kopfes, aus Stein gemeißelt. Gewiß, das allein lohnte schon; aber das war kein Werk der Sylter Bewohner."
Nach dem Sieger der Schlacht von Tannenberg ist der neue Weg nach Sylt benannt. Der Dammbau, als technische Leistung bewundert, wurde als Zyklopenwerk bezeichnet. Weniger respektvoll äußerte sich Ernst Penzoldt über die Namensgebung. Er meinte, man habe den Damm nach Hindenburg benannt, „um einem dringenden Bedürfnis abzuhelfen". Der Damm, heute die wichtigste Verkehrsverbindung nach Sylt

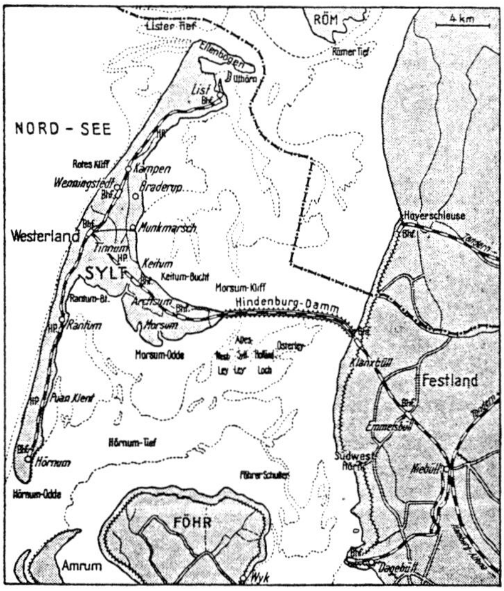

Hindenburgdamm

und für den Fremdenverkehr von wesentlicher Bedeutung, wurde zur Zeit seiner Entstehung unterschiedlich beurteilt. Ein Teil der Sylter Friesen hat ihn nicht gutgeheißen. Vor allem gab es im Ostteil der Insel, besonders in Morsum, einen Sturm der Entrüstung über das Bauvorhaben. Der Damm werde die jahrhundertealte Kultur der Sylter vernichten, die insulare Eigenart werde verlorengehen, prophezeiten seine konservativen Gegner. Dieses Stück Zeitgeschichte und die damalige Stimmung auf Sylt hat die Schriftstellerin Margarete Boie in ihrem Roman „Dammbau" (1930) wahrheitsgetreu festgehalten. Boie war von 1919 bis 1928 auf der Insel ansässig und hat die Jahre des Dammbaus miterlebt. Über ihren Roman schrieb Börries von Münchhausen: „Im Mittelpunkt des Romans steht ein gewaltiges technisches Werk, der Hindenburgdamm zwischen Festland und der Insel Sylt. Es handelt sich innerlich darum: Ist ein solches technisches Riesenwerk, das die Lebensbedingungen einer ganzen Landschaft völlig verändert, ein Segen oder ein Fluch? Der eigentliche Held des Buches ist Pastor Eschels aus Morsum, und er steht genau zwischen diesen beiden Polen: Er glaubt, daß der Damm ein Fluch und Untergang sein wird für die friesische Kultur des Dorfes, ja der Insel – aber er glaubt gleichzeitig doch an den Segen des Fortschritts, der Aufrüttelung seiner Landsleute."

Die Zurückhaltung und das Mißtrauen, das die Sylter allem Neuen und auch dem Dammbau gegenüber zeigten, ist sicherlich durch die Insellage und die Abgeschiedenheit bedingt. Man hatte sich daran gewöhnt, unter sich zu sein. Heute haben die Entwicklung der Technik, die politischen Verhältnisse und der Massentourismus die frühere Einstellung der Inselbewohner gewandelt.

Sylt mit dem Festland durch einen Damm zu verbinden, ist bereits im vorigen Jahrhundert mehrmals vorgeschlagen worden. Der bekannte Chronist C. P. Hansen hat zuerst 1856 diesen Plan vorgebracht. Dazu veranlaßten ihn seine Beobachtungen, daß an der Ostseite von Sylt die Watten jährlich höher wurden und in der Bucht zwischen Morsum und Keitum und ebenso auf dem gegenüberliegenden Festland Anwachsländereien entstanden waren. Als Ende der 60er Jahre des 19. Jahrhunderts das Romöer Hafenprojekt und der Dammbau Röm – Festland besprochen wurden, wies Hansen erneut auf die Festdämmung von Sylt hin und schlug vor, die Tondernsche Zweigbahn nach Westen zu verlängern und sie von Rickelsbüll oder Uphusum auf einem Damm über das hohe, nur durch eine seichte Tiefe, die Westerley, unterbrochene Watt bis an das Morsumkliff und schließlich von dort bis nach Munkmarsch weiterzuführen. 1876 wiederholte der Geologe Ludwig Meyn den Vorschlag des Dammbaus und meinte: „Wäre die Insel Sylt durch einen Damm landfest gemacht, dann wäre nicht allein der größte Schritt zur Wiedergewinnung des einst verlorenen ganzen Nordfriesland in gesicherter Form getan, dann würde der Zustrom der Reisenden nach dem unübertroffenen, ausgedehnten Badestrand der Insel ein außerordentlicher, stets steigender sein, der vielleicht ebensosehr als der Anwachs die materielle Wohlfahrt der Landschaft fördern könnte."

Nach dem Tod von Hansen (1879) und Meyn (1878) ist an den Plan des Dammbaus in der Provinzpresse oft erinnert worden. Auf der Insel setzte sich der Badearzt Marcus dafür ein, auf dem Festland empfahl der Vorsteher des Bahnhofs Niebüll, Abraham, das Vorhaben zu verwirklichen. 1910 befürwortete das Landratsamt Tondern, aufgefordert von der Regierung in Schleswig, den Bau einer Eisenbahn nach Sylt. Mit der Bearbeitung des Entwurfs beauftragte das Ministerium der öffentlichen Arbeiten die Eisenbahndirektion Altona. Weitere Planungsarbeiten wurden dem Wasserbauamt Husum übertragen. Dieses Amt untersuchte in einer Denkschrift vom

26. Juli 1911 den voraussichtlichen Einfluß des Damms auf die Landgewinnung. Nachdem die Mittel für den Bahnbau mit dem Eisenbahnanleihegesetz vom 28. Mai 1913 vom Preußischen Landtag genehmigt worden waren, sind die Entwürfe für den Dammbau neubearbeitet worden. Am 8. Januar 1914 stellte das Wasserbauamt Husum den „Entwurf betr. Bau eines hochwasserfreien Dammes vom Festland nach der Insel Sylt" fertig, der die Grundlage für die Bauausführung bildete. Die Gesamtkosten der 11 km langen Dammstrecke sind auf rund 4,6 Millionen Mark geschätzt worden, einschließlich der Entschädigungen für die Austernfischer, die Sylter Kleinbahn und die Hamburg-Amerika-Linie.

Mit den Vorbereitungen zum Dammbau wurde im Sommer 1914 begonnen. Allerdings betrafen sie lediglich die Bestellung der Geräte. Wegen des Krieges verzögerte sich ihre Lieferung, so daß der Dammbau zurückgestellt werden mußte. Nach Kriegsende konnten die Arbeiten angesichts der schlechten Wirtschaftslage zunächst nicht aufgenommen werden. Erst als 1920 nach der Abtretung Nordschleswigs der wichtigste Verkehrsweg nach Sylt über den dänischen Hafen Hoyerschleuse erschwert war, ist aus nationalpolitischen Gründen im April 1922 beschlossen worden, den geplanten Damm zu errichten. Im Frühjahr 1923 begann der eigentliche Dammbau. Zuvor waren der Seedeich des neuen Wiedingharder Koogs und die Bahnstrecke Niebüll – Seedeich 1921/22 fertiggestellt.

Der Dammbau begann 1923 auf der Festlandseite. Eimerbagger schöpften Wattboden, der in Rohrleitungen zwischen Buschdämme gespült wurde. Diese waren jedoch den Angriffen des Wattenmeeres nicht gewachsen und wurden von der Sturmflut im August 1923 stark beschädigt. Deshalb ist im zweiten Baujahr 1924 Kleiboden verwendet worden, der mit Kippwagen in den Damm befördert wurde. Gleichzeitig wurde am südlichen Dammfuß eine eiserne Spundwand, teilweise bis 12 m tief, eingerammt, um die Strömung abzudämmen. Die Spundwand ist mit Steinen befestigt worden, die auf dem Wasserweg von Husum herbeigeschafft wurden. Nachdem im Frühjahr 1925 die Arbeiten auch von der Inselseite aus begonnen hatten, gelang es am 15. September 1925, die Spundwand zu schließen. Ab Oktober desselben Jahres konnte Sylt mit der auf dem Spundwanddamm verlegten Feldbahn erreicht werden. 1926 wurden Eimerbagger an der Südseite des Damms eingesetzt. Die von ihnen geförderten Sandmassen sind in Rohrleitungen zwischen die nördlichen Buschdämme und den südlichen Spundwanddamm gespült worden. Der obere Teil des Bauwerks ist mit festem Boden ausgerüstet. Die Böschung wurde mit Basaltsäulen aus Linz am Rhein gepflastert. Die Krone des durchschnittlich 7,5 m hohen Dammes bildet Geröll aus Schottersteinen, auf die die Geleise der Eisenbahn gelegt sind. 25 Millionen Mark hat der Damm einschließlich der Bahnstrecke gekostet.

Welche Wirkung hat der Hindenburgdamm in den rund 65 Jahren seines Bestehens auf Verkehr und Landgewinn gehabt? Für die 6000 Einwohner der Insel (heute 30 000) und die 30 000 Kurgäste im Jahr (heute 500 000) stellt der Damm eine bessere und zuverlässige

Hindenburgdamm

Verkehrsverbindung dar. Allerdings erreichte der Fremdenverkehr vor dem Zweiten Weltkrieg noch nicht den erhofften großen Aufschwung. In den Jahren nach der Dammeröffnung ist die Zahl der Kurgäste nicht wesentlich gestiegen. Ab 1929 verschlechterte sich die wirtschaftliche Lage, so daß die Sylter Wirtschaft schwierige Jahre zu bestehen hatte. Der Damm brachte sogar zusätzliche Kosten, denn von den Syltern wurde der Dammzuschlag gefordert, eine Abgabe im Personen- und Frachtverkehr, die die Bau- und Unterhaltungskosten sowie Tilgung und Verzinsung für den Hindenburgdamm aufbringen sollte. Gegen diese Maßnahme wurde vielerorts protestiert. Zum Beispiel schrieb die Geographische Wochenschrift 1933 (Heft 42): „Es ist meines Wissens sonst bei der Reichsbahn nirgends üblich, den Fahrpreis abhängig zu machen von den Baukosten der zu durchfahrenden Strecken; es müßten ja dann viele Tieflandstrekken billiger, Gebirgsstrecken aber teurer sein als Durchschnittssatz; und für jeden größeren Tunnel müßte Zuschlag gezahlt werden." Zu Zugeständnissen waren erst die Nationalsozialisten bereit, als sie ab 15. September 1933 den ständigen Einwohnern der Insel für Fahrten zu den Behörden nach Niebüll und Leck den Dammzuschlag erließen. Ab 1. Mai 1938 wurde der Zuschlag um 20 Prozent gesenkt und zu Beginn 1940 ganz abgeschafft.

Seit der Einweihung des Hindenburgdamms hat sich der Fremdenverkehr vervielfacht. Damals fuhren 5 Züge täglich nach Westerland, heute sind es fast 100 an jedem Tag während der Hauptsaison. Die Mehrzahl der Gäste reist mit der Bahn nach Sylt. 1990 hat die Bundesbahn 443 465 Autos von Niebüll aus über den Damm befördert. Um die Leistungsfähigkeit der Strecke zu erhöhen, sind Doppelgleise 1970 von der Mitte des Damms bis Morsum und 1971/72 von Klanxbüll bis zur Mitte des Damms gelegt worden. Daß sich der Verkehr auf dem Hindenburgdamm so stark ausweiten würde, hat 1927 keiner der Teilnehmer der Eröffnungsfahrt vorhersehen können. Darauf hat Hartmuth Merleker hingewiesen: „Auf der Rückfahrt wurde eine Menge gefachsimpelt. Unter uns waren viele, die damals schon ein Auto besaßen. Aber keiner wäre auf den Gedanken gekommen, daß der Dammbau dazu führen könnte, daß es in Westerland einmal Parkplatzschwierigkeiten geben würde. Niemand wäre auf den Gedanken gekommen, daß von Westerland aus einmal Züge bis über Hamburg hinaus führen würden. Alle hielten damals den Dammbau für eine Vorortsverkehrsangelegenheit. Unseren aus Berlin herangeführten Sonderzug hielten wir für eine einmalige, an den Eröffnungstag gebundene Erscheinung. Wie sehr wir uns geirrt hatten, wurde allerdings im ganzen Umfang erst nach 1945 offenbar, als die Frequenz der den Hindenburgdamm überquerenden Züge, nicht zuletzt durch den Autozugverkehr, sprunghaft anstieg."

Haben sich ebenfalls die Erwartungen erfüllt, die man an die Landgewinnung als Dammbaufolge stellte? Marschland ist zwar nicht in dem von Ludwig Meyn 1876 erwarteten Umfang gewonnen worden, aber schon in unmittelbarer Nähe des Damms sind Ablagerungen zu erkennen. Die dabei festgestellten Werte sind nach Wohlenberg „rund zehnmal so hoch wie an Stationen des übrigen Festlandes".

Frühzeitig ist auch die Frage diskutiert worden, ob und wie der Dammbau die Wasserstände an der Ostseite der Insel beeinflußt. In einem Gutachten vom 10. Februar 1915 wird erwartet, daß infolge des Wasserstaus die Sturmfluten „an der Südseite des Damms bei Sylt in der Nähe von Westerland 30 bis 40 cm" höher auflaufen. Ein anderes Gutachten vom 15. August 1916 sagt voraus, der Wasserstand werde bei Sturmfluten an der Südseite ungefähr 0,60 bis 0,70 m höher als bisher steigen. Diese Gutachten hatte die Stadt Westerland veranlaßt, um den Wunsch nach einem Deich an der Südküste des Ostteils der Insel besser begründen zu können. Nach der Fertigstellung des Hindenburgdamms wurden die Stimmen immer lauter, die den Deichbau forderten. Auch Thomas Hübbe setzte sich 1929 dafür ein. Aber erst 1936 sind die Dörfer im Osten der Insel mit dem Bau des Nössedeichs vor Sturmfluten geschützt worden. Die Erhöhung des Wasserspiegelanstiegs, die auch jetzt noch von den Syltern auf die Errichtung des Hindenburgdamms zurückgeführt wird, ist nach neuen Forschungsergebnissen nur auf wenige Zentimeter zu veranschlagen. Die Ursachen dafür liegen nach dem heutigen Stand der Küstenforschung im globalen Meeresspiegelanstieg.

Seine bisher größte Bewährungsprobe bestand der Hindenburgdamm während der Sturmflut am 3. Januar 1976. Das Wasser unterspülte die Gleise, so daß der Zugverkehr fast 14 Tage lang ein-

geschränkt werden mußte. Teile der Basaltdecke und Böschung wurden stark beschädigt. Zur Beseitigung der Flutschäden sind 2,6 Millionen DM aufgewendet worden. Für eine bessere Sicherung gegen künftige Sturmfluten sind 1,4 Millionen DM vorgesehen.
Zur Feier des 50. Geburtstages des Dammes 1977 ist ein Jubiläumszug nach Westerland gefahren. Eisenbahnfreunde hatten aus diesem Anlaß gewünscht, daß eine qualmende Dampflokomotive eingesetzt wird. Es sind jedoch keine schwarzen Rauchwolken an diesem Tag über dem Damm aufgestiegen. Erst 1988 kam wieder eine Dampflokomotive über den Damm. Sie stammte aus dem Verkehrsmuseum Nürnberg und zog den Museumszug „Schimmelreiter" nach Westerland. Die Bundesbahn setzt hier seit 1972 nur noch Diesellokomotiven ein.

Hoboken

In Kampen gibt es den Hobokenweg. Er ist nach Anthony van Hoboken benannt. Der Holländer, 1887 in Rotterdam geboren, 1983 in Zürich verstorben, war viele Jahre Sommergast in Kampen, wo er für seine Frau Mirl, die Schwester der Dichterin Ina Seidel, ein Haus am Watt bauen ließ. Dort war Carl Zuckmayer zur Jahreswende 1932/33 eingeladen und dichtete „unterm Dunst hobokenscher Weinschläuche" einen hintergründigen Silvesterspruch auf das Jahr 1933. 1935 heiratete Mirl, geschiedene van Hoboken, den Verleger Peter Suhrkamp. Das Kampener Ferienhaus blieb in ihrem Besitz. Hoboken widmete sich der Katalogisierung musikalischer Erstdrucke, insbesonderer jener von Joseph Haydn. Das kompositorische Werk von Haydn, dessen Lied „Gott erhalte Franz, den Kaiser" zur Melodie für „Deutschland, Deutschland über alles" wurde, ist nach der Abkürzung Hob. systematisch verzeichnet. Diese Kurzform steht für „J. Haydn, Thematisch-biographisches Werk-Verzeichnis", das der Musiksammler und Biograph Hoboken nach jahrelanger Forschertätigkeit verfaßt hat.

Edmund Hoehne

Die Einwohner der Insel Sylt waren jahrhundertelang Untertanen des dänischen Königs. In der ersten Hälfte des vorigen Jahrhunderts begannen sie, die Herrschaft der Dänen als unerträgliches Joch zu empfinden. Nachdem sie 1866 preußisch geworden waren, sahen sie zu spät den Unterschied zwischen der alten dänischen und der neuen preußischen Herrschaft auf Sylt. Sie waren vom dänischen Regen in die preußische Traufe gekommen. Nun war ihr Begehren nach größerer Unabhängigkeit gar nicht mehr zu erfüllen. Der angebliche Wunsch einiger Sylter nach einem Freistaat Sylt, losgelöst von Deutschland, konnte nur noch geträumt werden. Den Wunschtraum einer unabhängigen Republik Sylt hat der Schriftsteller Edmund Hoehne in seiner Phantasie erlebt: Atlantis, Traum und Alptraum in Westerland bis 1972 (in jenem Jahr verbot die Landesregierung das Projekt des Hochbaus), wurde in seinem phantastischen Roman schon vor 65 Jahren beschrieben und weitergeträumt: Hochhäuser, erbaut von einem amerikanischen Ingenieur, ein Monte Carlo des Nordens, ein Freistaat unter einem souveränen Herzog. Edmund Hoehne erfand 1926 diese Utopie unter dem Titel „Der Herzog von Sylt".

Mira Hopfengärtner

Vielen Lesern der Sylter Rundschau, ehemals von Erich Buchsteiner herausgegeben, hat Mira Hopfengärtner mit ihren Plaudereien seit den fünfziger Jahren Vergnügen bereitet. Als Tochter des Malers Georg Busse 1903 in Berlin geboren, kam sie schon drei Wochen nach ihrer Geburt nach Westerland, wo ihr Großvater Otto Busse das Hotel Miramar erbaut hatte. Sie wurde als Schauspielerin in Flensburg ausgebildet, hatte mehrere Engagements, heiratete den Zahnarzt Hermann Hopfengärtner und kehrte später nach Westerland zurück, wo sie 1985 verstarb. Ein Teil ihrer Feuilletons ist als Buch unter dem Titel „Nach Jahr und Tag" (Schleswig 1982) erschienen. Ihre kleinen Geschichten sind eine Wiederbegegnung mit dem Sylter Zeitgeschehen und haben die Zeitläufte überdauert. Ein Beispiel für die Plauderkunst von Mira Hopfengärtner aus dem Jahr 1953:

„Wind auf Urlaub

Diese Windstille! Man traut seinen Ohren kaum. Aber es ist offensichtlich: er ist auf längeren Urlaub gegangen, der Wind. Er hatte ja auch wackere Arbeit geleistet, im Sommer, als er die Gäste wegfegte.

Er ist hier zu Hause, ist der Ureinwohner Sylts, regiert hier und überlebt alle. Er ist ein gestrenger Herr. Wer hier zuzieht, hat mit ihm zu rechnen. Er ist sehr häuslich, deshalb freut man sich, wenn er mal ausgeht.

Balsam für die windzerzausten Nerven ist die stille Luft. Die Fenster stehen nachts offen, ohne daß sie einen wachrattern und ohne daß die Gardine wie ein Geist durch's Zimmer weht. Die Kirchturmuhr läßt sich hören, der Rauch vom Warmbadehaus kann, wie er will, nach oben steigen. Nur die Wäsche weint von der Leine. Ihr fehlt das lustige Windspiel.

Man könnte ein Hütchen tragen mit Schleier oder mit „Tüllbesteck" à la Margret Rose, wenn man eins hätte. Sogar eine Frisur könnte man sich zulegen.

Abends ist Bummel auf der Friedrichstraße von 5 – 6. Es ist ein ganz anderes Leben."

Hörnum

Der Fischer Knud Wögens von Föhr wollte sich 1816 in Hörnum ansiedeln und bat den dänischen König um Genehmigung. Der Landesherr lehnte jedoch das Gesuch ab, nachdem der Strandinspektor Broder Hansen Decker ein Gutachten vorgelegt hatte: „Es gibt auf Hörnum keinen Fleck, auf dem eine Wohnung errichtet werden kann." Ebenso ungünstig sei Hörnum für die Fischerei: „Man denke sich die zulässige Anwesenheit eines nicht in Pflicht genommenen Individuums, das in der Welt nichts als Luft, Sand und Wasser zu seiner Subsistenz hat, in der Mitte des sich auf den Viertenteil einer Quadratmeile an Umfang erstreckenden Hörnums; es gehört mehr Enthaltsamkeit dazu um reine Hände zu halten, als Knud Wögens besitzt."

Von einem Wohnort Hörnum war noch lange nicht die Rede. Erst ab 1901 spielte es als Hafenplatz für die Salondampfer der Hamburg-Amerikalinie eine Rolle. Zu Beginn des Jahrhunderts ist die Südspitze der Insel vom Fremdenverkehr belebt worden. In jenen Jahren sind dort erbaut worden: Landungsbrücke (1901), Bahnhof der Südbahn (1903), zwei Blockhäuser (1905), Wasserturm in Form einer Ruine (1906), Leuchtturm (1907). Der erste Zug der Inselbahn fuhr am 27. Juni 1901 nach Hörnum. 21 Einwohner zählte der Ort am Ende des Ersten Weltkriegs. Kurz vor dem Zweiten Weltkrieg entdeckte die Wehrmacht den Platz und erbaute dort ihre Anlagen. In den fünfziger Jahren begann mit der Kersig-Siedlung auf der Westseite des Dorfs nahe am Meer der Zustrom der Neubürger. 1987 wurden in Hörnum 922 Einwohner gezählt, 1455 mit Zweitwohnungsbesitzern.

Hörnumer Marine-Kaserne

Die alte Hörnumer Marine-Kaserne, in der das Ausbildungszentrum für das Sanitätswesen des Heeres untergebracht ist, erhielt am 28. Oktober 1982 den Namen Pidder-Lüng-Kaserne. Ein Oberstarzt erklärte bei der Einweihung, daß die Soldaten „im Geiste Pidder Lüngs ihre Pflicht tun werden". Diese Begründung ist unverständlich. Will man wirklich einen Mann wie Pidder Lüng, dessen Name heute in den Fahndungslisten für Terroristen stehen würde, den deutschen Soldaten als Leitbild hinstellen? Daß es zu dieser Namensgebung kam, ist nur mit tiefstem Unverständnis für friesische Geschichte und Mentalität zu erklären.

Inselbahn

„Zur Erinnerung an die Sylter Inselbahn 1888 – 1970" – steht auf dem Schild an der Wagenachse als Denkmal vor dem Bundesbahnhof in Westerland. Heute ist die ehemalige Trasse der Inselbahn überwiegend Rad- und Wanderweg. Der letzte Zug war am 29. Dezember 1970 eingesetzt, mit Girlanden geschmückte Triebwagen. Die erste Inselbahn dampfte 1888 von Munkmarsch nach Westerland. 82 Jahre liegen dazwischen: von der Erschließung der Insel durch die Kleinbahn bis zur Eroberung durch die Autos.

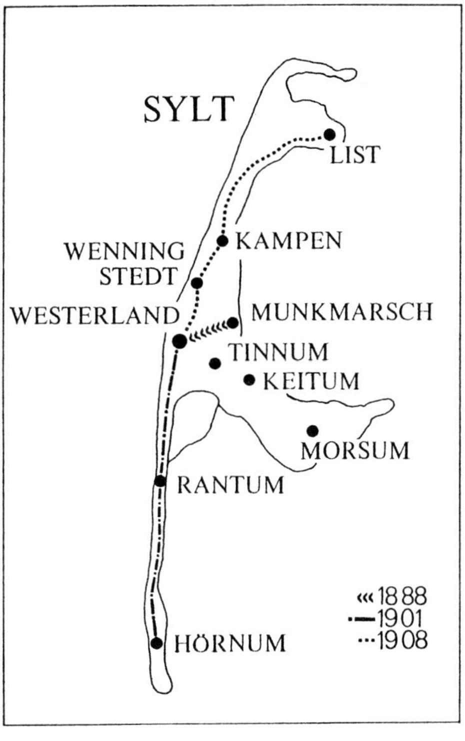

Die drei Strecken der Sylter Inselbahn waren insgesamt 36,2 Kilometer lang. Als sie gelegt wurden, gab es noch keine Straßenverbindung zwischen Hörnum und List.

Inselwinter

Sylt im Winter? Viele halten die Insel dann für ungastlich. Soll man sie bekehren und ihnen erklären, wie stark die winterlichen Reize sind? Die Wintermonate sind an der Nordsee milde, weil der Golfstrom sich bis hierher auswirkt. Die Temperaturen liegen deshalb durchschnittlich um etwa 5 Grad höher als auf dem Festland. Freilich bläst zumeist ein harter Wind. Er massiert die Haut, regt den Blutkreislauf an und erzeugt ein Gefühl der Wärme und Lebensfreude. „Der Wind ist unsere Sonne", meinte euphemistisch ein Mediziner. Der Winter bringt auch den Vorteil mit sich, daß der Wirbel der Saison nicht in Bewegung ist. Aber Geschäfte, deren Fenster außerhalb der Hauptkurzeit mit Brettern vernagelt sind, gibt es nicht mehr. Heute wird Sylt während des ganzen Jahres von Gästen aufgesucht. Viele folgen der Empfehlung: „Ein Winterurlaub ersetzt zwei Sommerurlaube" und genießen die Landschaft mit hohem Himmel, weiten Stränden, kraftvoller Nordseebrandung, pittoresken Dünen und Heiden. Das Freizeitverhalten hat sich gewandelt. Anstelle eines ausgedehnten Sommerurlaubs entschließen sich jetzt viele für mehrere Kurzaufenthalte, die auf alle Jahreszeiten verteilt sind, auch auf den Winter.

Siegfried Jacobsohn

„Es ist natürlich Quatsch, daß Du nicht ebenso gut wie ich halbe Jahre lang am Strand liegen könntest. Du könntest es viel besser, weil auf Dir viel weniger lastet. Aber leider lastet auf Dir viel mehr: Deine schwärzliche Gemütsart, Du Dyskolos und Misepeter." So steht es in einem Brief, den im August 1923 Siegfried Jacobsohn (1881 – 1926) aus Kampen an Kurt Tucholsky schrieb. In seinem 1920 gekauften Reetdachhaus (Lüerhof) stellte der Herausgeber, Chefredakteur und Autor die ziegelroten Hefte der „Weltbühne", Wochenschrift für Politik, Kunst, Wirtschaft, zusammen und ermahnte seinen Mitarbeiter, die Beiträge rechtzeitig einzusenden. Jacobsohn genoß den Sommer in Kampen, während der aufs Blatt verpflichtete Tucholsky in derselben Zeit Anschriften und Lebengefährtinnen wechselte und mit seinen Artikeln auf sich warten ließ. Zahlreiche Briefe hat Jacobsohn an den säumigen Tucholsky gerichtet: „Bist untreu, August, oder tot? Wie lange wirst Du säumen?" In den Briefen, die 1989 publiziert wurden, geht es nicht nur um die streitbaren Themen der Zeitschrift. Es ist auch die Rede von Klatsch und Tratsch und den Prominenten, die sich auf Sylt, dem Sommerdomizil Jacobsohns, tummelten.

In der „Schaubühne", der Theaterzeitschrift, die Siegfried Jacobsohn 1905 gegründet hatte und aus der 1918 die „Weltbühne" hervorging, beschrieb er seine Eindrücke der letzten Friedens- und der ersten Kriegstage 1914 auf Sylt. Diese Aufzeichnungen erschienen als Buch unter dem Titel „Die ersten Tage" (Konstanz 1916): „Bringt die (vom Krieg begeisterten Berliner hierher zwischen unsere fünfzehn Bauernhäuser (in Kampen), und sie werden verstummen."

Gustav Jenner (1865 - 1920)

Gustav Jenner

Gustav Jenner (1865 - 1920), Sohn des Badearztes Otto Jenner, wurde in Keitum geboren. Im Elternhaus erteilte ein Musiklehrer dem Jungen Unterricht. Nachdem die Familie die Insel verlassen hatte, wurde sein musikalisches Talent in Kiel während der Gymnasialzeit gefördert. Gustav Jenner lernte Klaus Groth kennen, der ihn an Johannes Brahms empfahl. In Wien war Jenner Schüler des Komponisten. Dort wirkte er als Chorleiter und schrieb selbst Lieder und Chormusik. Seinem Lehrer widmete er 1905 seine einzige Buchveröffentlichung „Johannes Brahms als Mensch, Lehrer und Künstler“. 1894 erhielt Gustav Jenner die Stelle des akademischen Musikdirektors an der Universität Marburg. Bis zu seinem Lebensende wirkte er in dieser Stadt. Er komponierte außer Liedern, Chören, Klavierwerken auch Kammermusik, eine Oper und ein Symphonie-Fragment. In der Kirche seines Geburtsorts Keitum waren zwei seiner Choralvorspiele erstmals 1984 zu hören.

Otto Jenner

Der Arzt Otto Jenner, 1828 in Plön geboren, 1884 in Lübeck durch Selbstmord gestorben, war seit 1858 in Westerland tätig. Seine Rivalität mit dem offiziellen Landschaftsarzt Simon Levin (1855 bis 1860 im Amt) verdeutlicht die polemische Auseinandersetzung zwischen den deutschen und dänischen Interessen auf Sylt. Der Chronist C. P. Hansen meinte, mit der Wahl des dänischen Juden Levin hätten sich die Kommunalvertreter gegen den Willen der Bevölkerung entschieden. Jenner unterhielt bald eine gut besuchte Privatpraxis und wurde nach seiner Heirat mit der Keitumerin Anna Bleicken von den Syltern unterstützt. Er gehörte 1864 zu den sieben Sylter Gefangenen, die von den Dänen als Verräter 2 Monate lang auf dem Kopenhagener Kastell inhaftiert wurden. Jenner hat schon 1859 als Badearzt das Nacktbaden empfohlen. 1871 verließ er die Insel und setzte 1884 im Gerichtssaal des Lübecker Schwurgerichts seinem Leben ein Ende. Er war für schuldig befunden, „ein Verbrechen gegen die Sittlichkeit“ begangen zu haben. Der genaue Tatbestand ist nicht überliefert.

Jöölboom

Der Weihnachtsbaum heißt inselfriesisch Jöölboom. Als weihnachtlicher Tannenbaum setzte er sich erst Ende des vergangenen Jahrhunderts auf der baumarmen Insel Sylt durch. Zuvor begnügte man sich mit einem etwa 60 cm hohen Holzgestell, das mit Zweigen der Rauschebeere und des Efeu bedeckt sowie mit Früchten und Figuren behängt auf den Tisch gestellt wurde. Die schmückenden Figuren des Jöölboom symbolisieren verschiedene Eigenschaften: der Hahn steht für Wachsamkeit, der Hund für Treue, das Pferd für Kraft, Ausdauer und Schnelligkeit. Am Stamm des Jöölboom essen Adam und Eva vom Baum der Erkenntnis. Den kleinen Gestellen „liegt doch ein sehr tiefer und weitreichender Sinn zugrunde. Aus der Verwendung von Pflanze und Tier spricht die Naturverbundenheit des nordischen Menschen. Die Darstellung des Baumes weist uns in ihrem Ursprung auf den Ur-Weltenbaum, auf den Lebensbaum hin" (Henry Koehn).

Jordsand

Jordsand ist eine kleine, unbewohnte Hallig, zwischen dem Nordteil von Sylt und dem dänischen Festland bei Hoyerschleuse gelegen, östlich von List. In Danckwerths Landesbeschreibung von 1652 heißt sie Jordum. Als 1907 der „Verein Jordsand zur Begründung von Vogelfreistätten an den deutschen Küsten" (heute „zum Schutze der Seevögel") begründet wurde, ist der Name der Hallig gewählt worden, weil der Kauf dieser Insel als erstes Schutzgebiet in Aussicht genommen war. Der Verein entschloß sich jedoch 1909 zum Erwerb der Hallig Norderoog. Der damalige Spendenaufruf rief eine Woge der Begeisterung hervor. Auch der Dichter Detlev von Liliencron setzte sich dafür ein. Der Verein behielt bis heute seinen Namen Jordsand. Auf Sylt betreut er die Schutzgebiete Rantum-Becken und Eidum Vogelkoje. Die Insel Jordsand gehört seit 1920 zu Dänemark. Sie ist vor allem Brutplatz für Möwen.

Jugendbewegung

Die Jugendbewegung hatte auf Sylt einen Treffpunkt im Freideutschen Jugendlager Klappholttal in den Jahren von 1919 bis zu ihrer Auflösung 1933. Sie war eine geistige und kulturelle Erneuerungsbewegung vor und nach dem Ersten Weltkrieg, entstanden aus einer Wandervogelgruppe am Gymnasium in Steglitz 1896 (heute Stadtteil von Berlin). Sie wurde von Schülern und Studenten gebildet, die dem Bürgertum, später auch dem Arbeiterstand angehörten und sich gegen die erstarrten Gesellschaftsformen der Wilhelminischen Zeit wandten. Auf Wanderfahrten, Heimabenden und Lagertreffen suchten sie ihr Erlebnis der Naturverbundenheit, Einfachheit und Lebensreform auf allen Gebieten (Vegetarier, Abstinenzler, Körperkultur, Naturheilbewegung). Altes Volksgut (Lieder, Laienspiel, Volkstanz) wurde neu entdeckt. Auch die Kleidung (Schillerkragen) ist im Sinne der Gesundheit und Natürlichkeit reformiert worden. Der Naturismus (Freikörperkultur) fand weite Anhängerschaft in jugendbewegten Kreisen, auch auf Sylt.

Jugendstil

Der Jugendstil, der in der Kunst und dem Kunstgewerbe in den Jahren 1890 bis 1910 ausgedrückt ist, hat die Bindung an historische Bezüge beseitigt und neue Ideen vermittelt, insbesondere Ornamente, die Naturformen im eigenwilligen Linienspiel abstrakt umbildeten. Dafür ist ein Beispiel auf Sylt das Hotel Miramar in Westerland, erbaut 1903. Die Fassade zeigt dekorative, nach Pflanzenformen geschaffene Verzierungen. Der Architekt war Carl Christiansen. 1990 ist das Gebäude durch Aufsatz eines weiteren Stockwerks verändert worden. Das von Ferdinand Avenarius 1902/03 errichtete Haus Uhlenkamp in Kampen (Architekt Ludwig Voigt) wies gleichfalls Jugendstilformen auf, beispielsweise Fenster und Türgriffe. Ein Jugendstil-Türgriff dieses 1968 abgerissenen Gebäudes ist im Ferdinand-Avenarius-Institut in der Volkshochschule Klappholttal erhalten.

Kampen

Der Literaturkritiker Marcel Reich-Ranicki, Gast in Kampen während der Badesaison 1972, gab auf die Frage, was ihm an der Insel gefalle, eine lakonische Antwort: Er sagte: „Nichts!“ Sylt sei zwar eine originelle Landschaft, vor allem die Dünen, eine Art Mondlandschaft, aber sie sei nicht jedermanns Geschmack. Auf Sylt sei es wie auf einem Schiff, das zu einer Kreuzfahrt ausgelaufen sei: Man sei beengt und bald am Ende. Dagegen löste dieselbe Frage, an den Schriftsteller Kurt Lothar Tank gerichtet, Lobesworte aus. Ihn rege die Insel zum Schreiben an, stellte Tank fest. In Kampen habe er sein Tagebuch „Sylter Sommer“ (Hamburg 1972) angelegt. Er sprach von „Zaubereiland“ und „Traumlandschaft“, in der man aufschreibe, was man sieht, und träume, was man nicht sieht.
Daß die nordfriesische Insel viele Schriftsteller angeregt hat, läßt sich mit vielen Beispielen nachweisen. Eine besondere Rolle in der Sylter Literaturgeschichte spielt der Badeort Kampen, von den Literaten mehr bewundert als gescholten. Er hat zwar auch grimmige Kritiker gefunden, aber sie sind von der Schar seiner Bewunderer in den Schatten gestellt. Natürlich sind die literarischen Zeugnisse über Kampen im Zusammenhang mit der Entstehungsgeschichte des Nordseebads zu sehen. Erst verhältnismäßig spät hat sich Kampen von einem unbekannten Friesendorf zu einem weltbekannten Kurort entwikkelt. Meer und Heide entsprachen nicht zu allen Zeiten dem Landschaftsideal. Für die Klassiker und Romantiker gab es die Nordsee und die Heidelandschaft dichterisch nicht. Als „öde, dürre Strecke“ bezeichnete Karl Philipp Moritz die Heide in seinem autobiographischen Roman „Anton Reiser“ (4 Bände, 1785 – 1790). Auch Klopstock (1724 – 1803), der lange Zeit in Hamburg wohnte, hat weder die Nordsee noch die Heide besungen. Noch in der Mitte des vorigen Jahrhunderts charakterisierten einige Schriftsteller die Nord-

see wie Karl Philipp Moritz die Heide. Das romantische Landschaftsgefühl kommt beispielsweise in dem Reisebericht „Schleswig-Holstein meerumschlungen" (Stuttgart 1865) von Adelbert Baudissin zum Ausdruck. Darin sind die Sylter Dünen als „tote, starre, öde und über alle Beschreibung trostlose Kette von schneeweißen Sandbergen" bezeichnet.

Als Baudissin seine Schilderung der nordfriesischen Dünen veröffentlichte, gab es schon Darstellungen Sylts, in denen die Naturerscheinungen mit ästhetischem Behagen betrachtet werden. Die Schönheit der Nordseelandschaft beschrieb erstmals Heinrich Heine in seinem Zyklus „Die Nordsee" (1825/1926). Zu den besten Schilderungen des frühen Sylter Badelebens gehört das Tagebuch „Stilleben auf Sylt" (geschrieben 1859, zuerst gedruckt 1861) von Julius Rodenberg. Es hat wesentlich dazu beigetragen, Sylt als Ferienziel bekannter zu machen. Daß die Insel in der zweiten Hälfte des vorigen Jahrhunderts ins Gespräch kam, ist einigen Schriftstellern mit zu verdanken. Der Zustrom der Badegäste nach Sylt verstärkte sich erst mit dem Ausbau der Verkehrsnetze, insbesondere dem Bau der Eisenbahn von Hamburg nach Husum und Flensburg im Jahr 1854, und dem Wachstum der Städte im vorigen Jahrhundert. Dabei spielte die Gründerzeit eine wichtige Rolle, jene Zeit wirtschaftlicher Hochblüte in der Wilhelminischen Ära nach dem Sieg von 1871. Die damals ins Deutsche Reich einfließenden Geldsummen waren Anlaß zu vielen neuen Geschäftsgründungen.

Die ersten Sylter Gäste reisten 1854 ins Westerländer Bad, das von Wulf Manne Decker und anderen Einheimischen begründet wurde, die der Altonaer Arzt Gustav Ross in der Werbung unterstützte (fälschlich ist nur Ross als Begründer des Bades Westerland bezeichnet worden). Viele Badegäste lernten bei einem Ausflug zum Nordteil der Insel das Dorf Kampen kennen. Man rühmte seine schmucken Friesenhäuser und seine Lage zwischen Wattenmeer und offener See. „Das Dorf liegt auf der Haide und hat nur steiniges und mageres Ackerland … Es wird jetzt durch den Bau eines 210 Fuß hohen Leuchtturms noch bedeutungsvoller für die Schiffer, welche die Lister Tiefe suchen," schrieb 1854 Johannes von Schröder (Topographie des Herzogthums Schleswig, 2. Aufl. Oldenburg 1854). Das 1855 errichtete Rote-Kliff-Feuer zog die Aufmerksamkeit Wilhelm Raabes auf sich, wie in seiner Sylter Erzählung „Deutscher Mondschein" (1873) nachzulesen ist: „In der Ferne nordwärts blinzelte das wechselnde Licht des Leuchtturms von Kampen wie das Auge eines Spötters, der seine Umgebung auf irgend etwas außergewöhnlich Drolliges aufmerksam macht. Die Schafe auf der Heide, über deren Tüder, das heißt Haltestricke, wir stolperten, standen auf, sahen uns verwundert an und staunend nach."

Damals bestand Kampen aus zwei Dutzend Häusern mit kaum hundert Einwohnern, unverändert seit mehr als hundert Jahren. Heute zählt der Ort etwa 450 Häuser. Von den rund 1700 Einwohnern sind mehr als die Hälfte Zweitwohnungsbesitzer. Wie kam es zu dieser Aufwärtsentwicklung?

Am Beginn der Entdeckungsgeschichte des Bades Kampen ist der Name eines Literaten zu nennen: Ferdinand Avenarius. Dieser tüchtige Sachse und nicht wiederentdeckte begabte Publizist kam 1877 als zwanzigjähriger zur Kräftigung seiner Gesundheit nach Sylt. Er baute sich 1903 in Kampen das Haus Uhlenkamp im Jugendstil. In diesem eigenartigen Gebäude trafen sich jahrelang die Publizisten der von Avenarius begründeten Zeitschrift „Der Kunstwart" und viele Mitglieder des Dürerbunds, einer Vereinigung mit dem Ziel ethischer und künstlerischer Entwicklung der maßgebenden Schichten vor dem Ersten Weltkrieg. Indem Avenarius Freunde und Bekannte nach Kampen einlud (besonders in den Jahren 1903 bis 1923), förderte er den Aufstieg des Friesendorfs zu einem der beliebtesten Kurorte an der Nordseeküste. Der Entdecker Kampens als Nordseebad, wie behauptet wurde, ist er jedoch nicht; denn schon 1856 kamen die ersten Badegäste nach Kampen, und 1894 entstand das Kampener Kurhaus. Schon damals war die Nordseebad Kampen GmbH., eine private Gesellschaft von auswärtigen Spekulanten, tätig, die, angeregt von der Entwicklung des Dorfes Westerland zu einem mondänen Seebad, im Jahr 1890 die Nordwestheide von Kampen erwarb, um das Gebiet zwischen Inselbahnstrecke, Kurhausstraße und Kliffende zu bebauen. Aber die Gemeinde war weitsichtig und stellte sich gegen die Bauabsichten. Erst 1948 konnte sie die Heidefläche kaufen und unter Landschaftsschutz stellen lassen. Als Vorkämpfer für den Naturschutz hatte Avenarius bereits 1913 im „Kunstwart" unter der Überschrift „Schutz für Sylt!" geschrieben: „Sobald man das Dorf Kampen auf Sylt durchschritten hat, breitet sich die Welt vor einem aus, herrlich wie am ersten Tag: Heide, dann ein schmaler Binnen-Dünenstreif, der in edel ruhiger Linie die Heide umsäumt, und über ihm das Meer rechts, Meer links, dazwischen aber über schön geschweifter Bucht, wie ein fernes Hochgebirg, das größte Dünengebiet Deutschlands, die Halbinsel List. Vom alten Dorf Kampen nach Westen zu macht sich das Bad breit, aber nach Osten zu ist's nicht minder schön: noch bis zur Marsch Heide, und aus ihr die träumenden Mäler uralter Zeit, die höchstgelegenen Hünengräber der Insel. Ich hörte einmal, als ich von England nach Dänemark fuhr, einen Engländer davon erzählen: so Schönes gibt's an der ganzen Nordsee nicht wieder. Noch ist es. Aber ein einziges Haus außerhalb der Ortschaft in die Heide oder gar in diese Binnendünen gesetzt, und eine Form ist zwischen die große Linie geworfen, ein Maßstab ist gegeben, der die Größe herunterdrückt, die Größe und Weite ist zerstört und die einsame Ursprünglichkeit ist dahin . . ."

Als Avenarius sein Haus Uhlenkamp bezog, war Kampen ein einfaches Bauerndorf mit wenigen Friesenhäusern. Nur wenige Kurgäste besuchten den Ort und badeten am Fuß des Roten Kliffs. Über das damalige Badeleben und die Entwicklung des Nordseebads Kampen hat Ernst von Salomon mehrere feuilletonistische Schilderungen (in der inzwischen eingegangenen Zeitschrift „Quo vadimus", Jahrgang 1971) veröffentlicht: „Noch sonnten sich anfangs die Badenden nach Männlein und Weiblein getrennt in verschiedenen Kuhlen, aber um der Ästhetik willen frei zu sein, das lockte im Kampf gegen die Gebote der Moral. Kampen wurde ein Künstlerdorf und blieb es über den Ersten Weltkrieg hinaus. Den Schriftstellern und Malern folgten die Verleger und Kunstmäzene, den Schauspielern die Intendanten, den Prominenten die Anfänger, den Künstlern das die Künste liebende Publikum. Einige Häuser kamen hinzu, wer glaubte, er könne nur in dieser unerhörten Landschaft schaffen, blieb, und der Maler Feddersen, durch Badegäste belämmert, schlug an sein Haus in Verachtung ein Plakat 'Morgen frische Aquarelle'. Kampen wurde ein Begriff, ein Geheimtip für originellen Ferienaufenthalt nach dem Ersten Weltkrieg."

Ein Bild der Kampener Badegesellschaft in den zwanziger Jahren hat Hermann von Wedderkop, bis 1931 Herausgeber der amüsanten Zeitschrift „Der Querschnitt", in seinem Roman „Adieu Berlin" (Berlin 1927) entworfen. Dieses Buch, im 7. Jahrgang (1927) des „Querschnitts" von Walter Cohen besprochen, ist seither vergessen. Es enthält einige zeitkritische, zutreffende Charakteristiken und schildert das Kampener Sommerdomizil von Siegfried Jacobsohn, dem Herausgeber der „Schaubühne" (später der „Weltbühne"). Jacobsohn verkehrte im Kampener Haus Kliffende, wo Clara Tiedemann in den zwanziger Jahren berühmte Gäste empfing. In ihrem Erinnerungsbuch „Kampener Skizzen" (1966, Nachdruck 1973) ist darüber gesagt: „Siegfried Jacobsohn erwarb eines der ältesten Bauernhäuser in Kampen. Als der Krieg ausbrach, entstand eine kleine Schrift 'Der letzten Tage', in welcher er das Eintreffen der ersten Nachrichten beschreibt und seinen Abschied von der Insel. Er liebte die Insel. Seine 'Weltbühne' bearbeitete er von dort aus. Jeden Tag ging seine Post von Munkmarsch ab, jeden Tag brachte das Schiff ihm neue Arbeit. 'Und wann kommen Sie an den Strand?' fragte mein Mann, als er ihm zum erstenmal begegnete. 'Jeden Tag, lieber Tiedemann, immer für eine Stunde. Zuweilen sind's auch zwei.' – 'Und dafür nehmen Sie all die Mühe auf sich?' – 'Noch vieles mehr würde ich auf mich nehmen. Denken Sie doch nur die Ruhe, in der man hier arbeiten kann, diese Luft, das Meer, lernen Sie die Insel kennen, und Sie werden dasselbe tun.'"

Im August 1927 kam Thomas Mann nach Kampen und empfand dort „eine Art erfrischender Melancholie". An den Kölner Literaturhistoriker Ernst Bertram schrieb er auf einer Ansichtskarte, es sei „ein schöner, erregender, ja aufwühlender Aufenthalt". Nach München zurückgekehrt, teilte er wiederum Bertram mit: „Wir sind nun schon 14 Tage wieder hier, verblassen allmählich wieder, bewahren aber Kampen und seinem Meer dankbare Erinnerung und werden gewiß nächstes Jahr wieder hingehen. Das Meer ist herrlich dort, ich habe noch immer den weichen Donner der Brandung im Ohr." Spuren eines früheren Aufenthalts auf der Insel finden sich bereits in Thomas Manns Roman „Der Zauberberg" (1924).

Über die literarische und künstlerische Welt Kampens vor dem Zweiten Weltkrieg hat die Tänzerin Valeska Gert Aufzeichnungen veröffentlicht. In ihrer Autobiographie „Katze von Kampen" (1973), die Werner Höfer einleitete, erzählt sie von einem Kampen, das noch arm und klein war: „Nur ein paar Häuschen standen dicht auf kräftig duftendem Heidekraut. Kaum ein Garten, kaum ein Strauch, kaum ein Baum. Erst später pflanzten Neu-Kampener Tan-

nen, Silberpappeln und Heckenrosen an. Heidekraut duftete kräftig bis in die kleinen Zimmer hinein. Sie kosteten 1 bis 2 Mark." Valeska Gert erinnert sich auch daran, wie die ersten Nazis nach Kampen kamen. „Hermann Göring schritt, steif wie eine Statue über den Strand. Die Menschen sahen ihn neugierig und kalt an. In Kampen gab es keine Nazis. Man sah Görings Gesicht an, wie unangenehm es ihm war. Der immer ängstliche Wäscher sagte: 'Komm, wir lassen unseren Strandkorb woanders hinstellen. Vielleicht schießt jemand auf Göring, zielt falsch und trifft mich.'"
Nach dem Krieg erlebte Kampen keine neue literarische Blütezeit, aber, wie Kurt Lothar Tank in seinem „Sylter Lesebuch" (1973) feststellt, „so etwas wie eine kleine Nachblüte der zwanziger Jahre". Wieder trafen sich hier viele Literaten. In diesem Friesendorf begann für Ernst Penzoldt die Menschengeschichte, wie er in seiner gedankenreichen Plauderei „Die Insel" behauptet (1949 im Band „Causerien"). Hier habe der Schöpfer alles gefunden, „was er dazu bedurfte: Sand und Lehm für die Gestalt, Wind genug für den Atem, die Sprache und die Seele, Feuchte genug für Tränen, Bläue genug für die Augen, Steine für das Herz in der Brust. Die Hügel und die Hänge der Dünen enthalten Formen für Millionen von Geschöpfen. Und das Meer ist voller Gedanken ..." Penzoldt war 1948 zusammen mit Tank von Peter Suhrkamp nach Kampen eingeladen. Zuvor hatten im Hause Suhrkamp Kurt Heinrich Hansen, der Joyce-Übersetzer und -Interpret, und der Erzähler Heinrich Schirmbeck gewohnt. Auch Albrecht Goes und Max Frisch waren einer Einladung dorthin gefolgt. Frisch hat hier sein „Tagebuch 1946 – 1949" weitergeführt. Den Reichtum der Eindrücke, Begegnungen, Gespräche und Stimmungen des Sylter Sommers 1948 hat Kurt Lothar Tank in seinem Tagebuch festgehalten, das erst 1972 erschien. Der von Sylt begeisterte Autor notierte: „Anfang und Ende der Literatur, die uns vergönnte knappe Zeitlichkeit, sie sind aufgehoben und bewahrend ins Unbegrenzte erweitert, solange Kampen ein Synonym bleibt für Wind, Sand und Meer."

Karlchen

Karl Rosenzweig (1921 – 1986), bekannt als Barkeeper Karlchen, stellt ein Stück von Sylt dar. Er wird als beliebter Kenner und Virtuose seines Fachs, als Philosoph des leisen klugen Worts, Gesprächsanreger und sogar Künstler beschrieben. Er konnte nicht nur vorzügliche Cocktails mixen und Whiskey (156 Sorten) servieren. Als ungewöhnlicher Mann hinter dem Tresen seiner Bar Gogärtchen in Kampen (im Winter in Bonn) vermittelte er eine besondere Atmosphäre, als wäre man privat bei ihm zuhause eingeladen. Zur Popularität der Nordseeinsel hat er auf seine Weise viel beigetragen. Er besaß ein erstaunlich gutes Gedächtnis für Physiognomien und Namen. Sein Zeichentalent kam in zahlreichen Skizzen zum Ausdruck, die mit ausgefallener Phantasie Figuren, zumeist Frauenköpfe, geschmückt mit Pflanzen- und Tierformen, zeigen. Karlchen stammt aus Schleswig-Holstein. Er wurde in dem Westküstenstädtchen Tönning geboren, wo sein Vater Schornsteinfeger war. 1928 zog die Familie nach Sylt, wo Vater Rosenzweig Bezirksschornsteinfegermeister wurde. Nach dem Krieg arbeitete Karlchen in Westerlands Trocadero, der einst berühmten Nachtbar, in der Stars wie Teddy Staufer und Barnabas von Gezy aufgetreten sind. Die dortige Bar war mit Blattgold ausgekleidet. Karlchen hat geschildert, eine Ziege habe mit ihrer Milch für die Ernährung in seiner Jugend gesorgt, und wahrscheinlich habe dieses Getränk seinen Geschmack nachhaltig beeinflußt: „Die Milch hat mich zu dem gemacht, was ich heute bin.“ Später hat er dann Kuhmilch getrunken. Deutschlands berühmtester Barkeeper war ein Milchtrinker.

Zeichnung von Magnus Weidemann 1927

Keitum

Der bedeutendste Ort auf Sylt im vorigen Jahrhundert war nicht Westerland, sondern Keitum, am Geestufer auf der Ost- und Wattseite der Insel gelegen, mit hingewürfelten Reetdachhäusern und breitem Wegenetz, oft mit einem Flaggenmast im Garten als Zeichen für den ehemaligen Seemannsberuf der Bewohner (1827: 658, heute rund 2000). Sogar ein kleiner Hafen ist 1822 am Nordende von Keitum angelegt worden, den die Austernflotte und die Schiffe der Heringsfischer benutzten, bis er 1868 versandet war. Seit 1884 wurde Keitum als zentraler Ort immer mehr von Westerland überflügelt. Zu Beginn der neunziger Jahre des vergangenen Jahrhunderts besaß Keitum nicht mehr die Eigenschaften eines Hauptorts. Damals ist sogar die Apotheke von Keitum nach

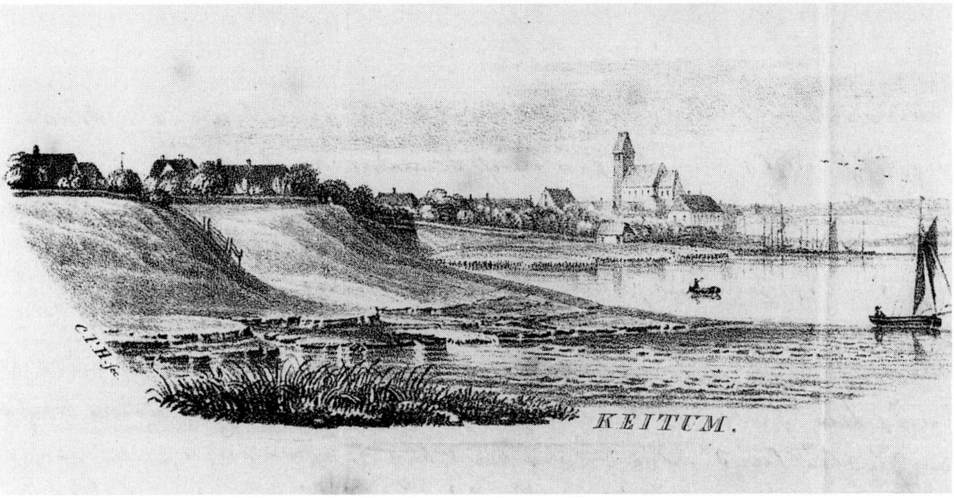

Ansicht von Keitum (Briefkopf von 1853) nach einer Zeichnung von Christian Peter Hansen

Westerland verlegt worden. Da Keitum nicht der Zentralort blieb und sich nicht zur Stadt entwickelte, ist das Dorfbild im wesentlichen bis heute erhalten. 1943 rühmte Peter Suhrkamp das „geschlossene Dorf unter Eichen, Ulmen, Eschen, Platanen und Erlen, mit Weißdorn und Haselnußhecken an planlos verlaufenden Wegen, in Grasgärten große Obstbäume, Maispflanzen und hohe Sonnenblumen an den Rändern von Gemüsebeeten. Der Ostrand des Dorfes Keitum liegt übers Wattenmeer gehoben, das hier in einer stillen Bucht mit einem breiten Gürtel von hohem Schilfdikkicht auf den Sand stößt. Die alten Häuser stehen um eines Gartens Länge vom Rande zurück, dichte Dornenhecken schließen die Gärten hart über dem Rand der Höhe ab. Nördlich des Dorfes steigt das Bodenbecken noch höher, die Dorfbäume und Gartenbüsche bleiben zurück, und auf der äußersten Höhe steht, wie ein ausfahrendes Schiff, hoch hinaufgehoben und mit einem steilen Giebeldach des breiten Turmes gegen das Inselinnere und die offene Nordsee, die Kirche."

Alfred Kerr

Alfred Kerr (1867 – 1948), damals einer der einflußreichsten Literaturkritiker in Berlin, sagte nach einer Wanderung über die Insel Sylt vor dem Ersten Weltkrieg in Kampen: „Immer das gleiche Gefühl: kein Mensch, aber zwei Meere." In seinem Werk „Die Welt im Licht" (1920) singt Kerr ein Loblied auf die Insel: „Nirgends fühlt sich der Mensch so wohl wie auf einer schmalen Insel mit Dünen-Hochtälern und Möwennistungen zwischen zwei Meeren, mit Salzluft und braunviolettem Heidepelz, mit geduckten Friesenhäusern, von Steinwällen umhegt, mit einem gelben Mond darüber, einem einsamen Leuchtturm und stillen, feinen nordwestdeutschen Menschen, – unbäuerischen Bauern. Ich merke das in jeder Jahreszeit wieder."

Hans Kielholt

Die historischen Quellen, aus denen wir Genaueres über das Inselleben erfahren, fließen verhältnismäßig spät. Die erste Chronik von Sylt liegt uns aus der ersten Hälfte des 15. Jahrhunderts vor. Ihr Verfasser, Hans Kielholt, war Pastorensohn. Sein Vater hatte wahrscheinlich das Amt des Pastors der Kirche von Alt-Rantum oder Eidum inne. Die Chronik wurde etwa 1450 niederdeutsch geschrieben, also in der damaligen Amts- und Schriftsprache abgefaßt und erschien gedruckt zuerst in Heimreichs „Nordfriesischer Chronik", die Nikolaus Falck 1819 in dritter Auflage herausgab. Kielholts Bericht ist von Sagen und Legenden durchwoben, aber dennoch enthält er aufschlußreiche Einzelheiten aus der Frühzeit der Sylter Geschichte. Beispielsweise ist darin über Sturmfluten, Landüberschwemmung und Landverlust zu lesen. Es wird berichtet, daß man damals noch mit dem Pferdewagen übers Watt nach Hoyer fahren konnte, weil zwischen Festland und Insel mehr Land vorhanden war. Wir erkennen daraus, daß die Sylter Friesen sich schon früh mit der Bedrohung ihres Insellebens durch das Meer auseinandersetzen mußten. Aus Furcht vor Sturmfluten bauten sie deshalb ihre Häuser in weitem Abstand zur Nordsee. Ihre Abneigung gegen den Hausbau in unmittelbarer Nähe der Küste gaben die Westerländer erst 400 Jahre später auf: in der zweiten Hälfte des 19. Jahrhunderts bauten sie aus Spekulation dicht am Meer, als der Badebetrieb reger wurde. Wie unvorsichtig, ja frevelhaft dieser Entschluß ist, erleben wir heute bei jeder Sturmflut erneut, wenn Häuser, die dicht an die Abbruchkante gebaut sind, vom Meer bedroht werden und die Besitzer dann nach staatlicher Hilfe rufen.

Die Zeitgenossen von Hans Kielholt lebten weniger anspruchsvoll. Der erste Sylter Chronist sprach zwar davon, „daß es hier gewaltig reiche Menschen gegeben habe, wegen des schönen Korns, wie Roggen, Gerste, Weizen und Buchweizen. Dazu besaßen sie auch Holz, Torf und Reet für ihre Häuser zur Genüge". Aber was ist bei Kielholt Legende, was Wahrheit? Sicher dürfte sein, daß sich auf Sylt der Wohlstand sehr unterschiedlich und mäßig entwickelte. Es gab damals nur wenige reiche Bauern und Seefahrer. Ihr Wohlstand war sehr bescheiden, wie aus den Erdbüchern zu entnehmen ist, jenen Registern, in denen die Steuern der einzelnen Dörfer verzeichnet sind. Die Mehrzahl der Sylter Bevölkerung im fünfzehnten Jahrhundert, zur Zeit von Hans Kielholt, und auch in den drei folgenden Jahrhunderten war arm. Ein für unsere heutige Vorstellung relativ niedriger Lebensstandard war damals gegeben.

Literatur: Peter Schmidt-Eppendorf, Der Sylter Chronist Hans Kielholt. Münsterdorf 1972

Kirche St. Severin in Keitum

Kirche

Dem heidnischen Glauben der Frühzeit auf Sylt trat das Christentum erst spät gegenüber. Es ist vermutlich um 900 bis in die Uthlande vorgedrungen. Nach den Karten von Johannes Mejer gehörten zum Gebiet von Alt-Sylt 14 Kirchen und Kapellen sowie 6 heidnische Tempel. Der älteste Sylter Chronist Hans Kielholt, der um 1430 lebte, gab für den Beginn des 15. Jahrhunderts nur noch 6 Kirchen an, und zwar je eine in Rantum, Eidum, Keitum und Morsum, ferner die Lister Kapelle und die Rathsburgkapelle von Rantum. An der sogenannten Westerseekirche in Rantum war Kielholts Vater, Albertus von Kiel, Pfarrer.
Von diesen Gotteshäusern sind zwei bis heute erhalten geblieben, die wahrscheinlich in der Mitte des 12. Jahrhunderts erbauten Kirchen in Morsum und Keitum. Im romanischen Stil sind beide vermutlich gleichzeitig errichtet. Die kleinere ohne Turm, nur mit einem hölzernen Glockenturm versehene St.-Martin-Kirche in Morsum liegt auf freiem Feld und hebt sich in ihrer Dreigliederung von Apsis, Chor und Langhaus eindrucksvoll von der Landschaft ab. Sie ist kleiner und schlichter als die St.-Severin-Kirche in Keitum, die auf einer Geländehöhe nördlich des Dorfes stattlich aufragt und mit einem fahrenden Schiff verglichen worden ist. Auch sie hat eine einheitliche Dreigliederung, der ein mit drei Geschossen und Satteldach versehener, aus Backstein mit eingestreuten Feldsteinen aufgeführter, spätgotischer Turm (um 1400) vorgesetzt ist. In die westliche Außenseite des Turms sind zwei symmetrische, aus gespaltenem Findling gefertigte Feldsteine eingemauert. Die Sage bezeichnet sie als Grabsteine der Stifterinnen des Turms, Ing und Dung.

Kirchenbücher

Eine wichtige Quelle der Landesforschung sind die Kirchenbücher. Für Sylt-, Heimat- und Familienforschungen stehen folgende Kirchenbücher zur Verfügung:
Keitum: Taufen und Trauungen ab 1670, Verlobungsregister ab 1688, Sterberegister und Konfirmandenregister ab 1709, Grabbuch ab 1785, Kirchenstuhlbuch v. 1682, Kirchenrechnungen ab 1637, Inventare v. 1698 u. später, Archivverzeichnis v. 1802, Bruchstück eines Kirchenstandregisters v. 1583; Familienregister 1845.
Morsum: Tauf-, Trauungs- und Totenregister ab 1651 (die frühesten Kirchenbücher der Insel Sylt). Konfirmandenregister ab 1733, Verlobungsregister ab 1704, Archivverzeichnis v. 1750. (Kirchenrechnungen, Mahn- und Hebungsbücher befinden sich auch im Landesarchiv Schleswig-Holstein.)
Westerland: Tauf-, Trauungs-, Verlobungs- und Totenregister erst ab 1745 (zusammen mit Rantum), Konfirmandenregister ab 1746, Confitenten- und Deprekantenregister ab 1763; Kirchenrechnungen ab 1715; Armenrechnungsbuch ab 1818; Archivverzeichnis 1802; (Inventar v. 1782 im Landesarchiv Schleswig).

Quellen: Wilhelm Jensen, Die Kirchenbücher Schleswig-Holsteins, der Landeskirche Eutin und der Hansestädte. Neumünster 1958
Peter Schmidt-Eppendorf, Sylt. Memoiren einer Insel. Husum 1977

Klappholttal, Gemälde von Magnus Weidemann

Klappholttal

In der Bestandsaufnahme der Weiterbildung in Schleswig-Holstein, im September 1989 vorgelegt von einer Arbeitsgruppe der Landesregierung, sind sowohl die Abendvolkshochschulen (177) als auch die Heimvolkshochschulen (5) aufgeführt. Nur am Rande genannt ist die Heimvolkshochschule Klappholttal auf der Insel Sylt, seit 1976 auch als Akademie am Meer bezeichnet. Daß dieses Institut in der ministeriellen Analyse so stiefmütterlich behandelt wird, hat finanzielle und historische Gründe. Wohl als einzige Einrichtung der Weiterbildung hat Klappholttal nie um öffentliche Finanzhilfe gebeten. Diese Volkshochschule finanziert sich aus eigener Kraft seit ihrer Gründung im Jahr 1919. Jahrzehntelang hat man sie nicht ernst genommen und als Treffpunkt der Freideutschen Jugendbewegung gern belächelt. Freilich waren die Gründungsväter, allen voran Knud Ahlborn (1880 – 1977), bestrebt, diesen Platz als freideutsches Jugendlager im Sinne ihrer bürgerlichen Protestbewegung und mit Blick zur 1913 auf dem Hohen Meißner beschlossenen Formel exklusiv zu bewahren, beschränkt auf persönlich-existentielle Bildung: „Nach eigener Bestimmung, vor eigener Verantwortlichkeit, in innerer Wahrhaftigkeit ihr Leben zu gestalten."

Die Jugendbewegten zogen mit kurzer Hose, Schillerkragen und Zupfgeigenhansl hinaus, um auch auf Sylt die „blaue Blume" zu suchen. Ihre Ideen baute Ahlborn in das Programm der Volkshochschule Klappholttal ein. Bis 1971 leitete er diese Bildungseinrichtung, die in ungestörter Abgeschiedenheit an der Sylter Westküste inmitten von Dünen gelegen ist.

Der vor 20 Jahren begonnene Wandel in Klappholttal hat auch die Übernahme und Weitergabe nichterblicher Erfahrung, die Tradition, berücksichtigt. Die Tradition ist jedoch nur soviel wert, als sie zur Bewältigung der Gegenwart beitragen kann. Der Fortgang der Zeit muß natürlich den Wandel in den Institutionen mit sich bringen. Die Volkshochschule Klappholttal ist heute ein Ort der Weiterbildung und Erholung, eine Mischung aus Feriendorf und Fortbildungsstätte. Eine neue Form der Erwachsenenbildung ist hier geboten: der Bildungsurlaub im weiteren Sinn. Nicht die fachliche und berufliche Bildung steht im Vordergrund. Der hier zutreffende Begriff der Bildung ist umfassender und allgemeiner: Gebildet ist, wer sich ständig bemüht, die Welt, die Gesellschaft und sich selbst besser zu verstehen und nach dieser Einsicht zu handeln (Deutscher Ausschuß für das Erziehungs- und Bildungswesen 1960), Sammlung statt Zerstreuung zu finden, gehört zu den Zielen der kulturellen Arbeitsgemeinschaft der Hörer. Die Klappholttaler Akademie am Meer sieht ihren Auftrag darin, eine Verbindung von Erholung, anregendem Nachdenken und Ansporn zu eigener Aktivität zu bieten. Sie ist eine Begegnungsstätte, die nicht einseitig einer Gruppe, Partei oder Religionsgemeinschaft dient, sondern sie ist auf das Gemeinwohl ausgerichtet. Ihre Gemeinschaftsaufgabe ist die kritische Aufklärung mit dem Ziel der geistigen, kulturellen und sozialen Entfaltung der Teilnehmer. Klappholttal ist heute ein Institut gegen die Hohlheit unserer Zeit, geschätzt von Menschen,

die sich hier treffen, um zu schreiben, zu malen, zu musizieren, die vortragen, diskutieren, einander zuhören und miteinander sprechen. Viele kommen wegen der Möglichkeit zu Kontakten. Freizeit kreativ zu nutzen, Einsamkeit durch Kommunikation abzubauen, Neurosen zu vermeiden, Verdrossenheit zu verringern: dies alles kann sich aus der Mitmenschlichkeit in Klappholttal ergeben.
Die geographische Lage der Volkshochschule Klappholttal in der urwüchsigen Sylter Landschaft fördert das Bildungsziel. Die Hörer – maximal 160, jährlich rund 3000 – gewinnen ein intensives Verhältnis zur Natur, zur Natürlichkeit, indem sie die Schlacken der Großstadt abschütteln. Die Masken fallen hier. Man wird frei und offen für Gespräche. Die natürlichen Reize der nordfriesischen Insel wie Luft, Meer, Brandung, Strand, Heide, Dünen tragen dazu bei. Entsprechend dem Ausdruck in Hermann Hesses „Glasperlenspiel“, ist Klappholttal als ein „kleines Kastalien“ zu bezeichnen, nämlich als eine kulturelle Oase in unserer Zeit mechanistischer Verunstaltung und materialistischer Überflutung. Diese Heimvolkshochschule ist ähnlich aktuell wie zur Zeit ihrer Gründung vor 70 Jahren. Der Wiener Schriftsteller Dietmar Grieser hat sie als „Deutschlands originellste Volkshochschule“ bezeichnet.

Kliffende

Das 4,5 km lange Rote Kliff an der Westküste der Insel Sylt endet nördlich von Kampen und versinkt dort unter der Vordüne: Kliffende. Das letzte Haus auf dem Kliff hat denselben Namen. Es dient der Deutschen Bank als Gästehaus. Die Nordsee hat vom Kliff vor dem Haus Kliffende große Teile weggespült. Nur wenige Meter liegen zwischen dem Gebäude und der bedrohten Kliffkante. Die Sandvorspülungen haben keinen dauernden Schutz geboten. Deshalb ist im Herbst 1990 ein neuer Rettungsversuch gewagt worden. Neuartige Geotextilmatten, schichtenweise unter den Sand eingegraben, bilden eine teppichähnliche, künstliche Barriere, die das Wegspülen des Sandes und weitere Kliffabbrüche verhindern sollen. Ob sich die Naturkräfte mit dieser künstlichen Maßnahme bändigen lassen, ist ungewiß und zweifelhaft.
Das gefährdete Haus Kliffende hat Geschichte. Es gehörte dem Buchhändler, Antiquar und Verleger Heinrich Tiedemann und seiner Frau Clara. Sie besuchten 1920 die Insel und schätzten besonders die Kampener Küstenlandschaft bei Kliffende mit dem Blick über zwei Meere, die Nordsee und das Wattenmeer. Ihr Wunsch, hier zu leben, ein Haus zu bauen und Gäste zu bewirten, ging in Erfüllung. Sie kauften das Grundstück mit „einem niedrigen häßlichen Schuppen, die Außenwände beschlagen mit rostigen Blechreklamen“ (Clara Tiedemann) von dem Architekten Walther Baedeker. Der Schuppen hatte zuvor als Gastwirtschaft „Zum altfriesischen Hause“ gedient und war aus der früheren Baracke der Buhnenverwaltung entstanden. Nach den Plänen von Baedeker baute Heinrich Tiedemann zwei Gebäude. Der erste Teil des strohgedeckten, weißen Hauses am Meer wurde 1923 fertig, der zweite Teil 1927, und erhielt den Namen Kliffende.

Kliffende

Es entwickelte sich zu einer Sommerfrische für das geistige Deutschland. Hier trafen sich Menschen, die sich einen Namen in Literatur, Kunst und Politik gemacht hatten. Dank der gepflegten, privaten Atmosphäre, die Clara Tiedemann zu schaffen wußte, hatte Kliffende bald einen vorzüglichen, heute bereits legendären Ruf. Emil Nolde malte in einem Giebelzimmer dieses Hauses leuchtende Aquarelle und Gemälde. Der Dirigent Erich Kleiber spielte auf dem Flügel Strauß-Walzer vor der Kulisse des abendlichen Kaminfeuers. Die Bildhauerin Renée Sintenis zog sich mit Kreuzworträtseln und einem englischen Kriminalroman in den Strandkorb zurück. Sie modellierte eine Porträtbüste von Clara Tiedemann. Thomas Mann las an einigen Abenden aus seinem Joseph-Roman vor.

Ihre Erinnerungen an die große Vergangenheit des gastlichen Hauses Kliffende, ihre Begegnungen mit berühmten Gästen, kleine und große Ereignisse in Kampen hat Clara Tiedemann 1966 in ihrem Buch „Kampener Skizzen" festgehalten. Diese kurzen, nicht anspruchsvollen Geschichten sind kraftvoll erzählt und haben literarischen Rang. Sie gehören zu den besten Aufzeichnungen über Sylt.

Clara Tiedemann (1891 - 1979) und Heinrich Tiedemann (1884 - 1928) sind auf dem Friedhof in Keitum beigesetzt.

Klima

„Das Klima auf Silt ist überhaupt genommen sehr gesund, selten übermäßig heiß im Sommer, und die Kälte im Winter auch niemals so stark wie auf dem festen Lande; indessen scheint es doch, daß einige Schwächlinge aus den Städten die Luft ein wenig stark finden." So hat Jens Booysen, der ehemalige Kapitän, 1828 das Klima seiner Heimatinsel charakterisiert. Ein neuzeitlicher Meteorologe könnte es nicht besser beschreiben. Freilich kann man einige Meßzahlen hinzufügen. Der Wind weht auf Sylt, vor allem von April bis September, zumeist aus Südwest bis Nordwest. Auch im Winter herrscht an mehr als 40 % aller Tage der Westwind vor. Im März dagegen sind Ostwinde häufig. Die Jahresmitteltemperatur liegt bei 8,5 Grad C. Im Winter ist die Temperatur etwa 1 Grad C höher, im Sommer 1 Grad C niedriger als im südlichen Schleswig-Holstein. Als höchste Temperatur wurde bisher 33 Grad C gemessen, als niedrigste – 24 Grad C (zwischen 20. Dezember und 20. März). Die Sonne scheint auf Sylt jährlich 100 bis 200 Stunden mehr als in Hamburg. Die sonnenscheinreichsten Monate der Insel sind Mai und Juni. Im Jahr fallen hier etwa 100 Liter/mm Niederschlag weniger als auf dem Geestrücken von Schleswig-Holstein.

Mit dem Sylter Meeresküstenklima beschäftigt sich ein medizinisches Fachgebiet, die Thalassotherapie (Heinrich Pfleiderer, Die Heilkräfte des Meeres und des Meeresklimas. Münsterdorf 1972). Die Frage, ob das Sylter Klima eine besondere körperliche, seelische und geistige Befindlichkeit hervorruft, ist oft diskutiert worden. „Sylt dünkte uns die Insel der Verrückten," meinte Ernst von Salomon (Der Fragebogen). „Es schien, als bestehe ihre Wirkung darin, die vorhandene Gemütsart zu Extremen zu steigern, die Melancholischen zu manischer Depression, die Sanguinischen zu einem Paroxysmus der Ausgelassenheit." Das Inselgefühl, das es wirklich gibt, wird niemand genau bestimmen können. Der Journalist Hermann Schreiber nannte es das „Sylt-Phänomen" und versuchte, sich dem Begriff zu nähern (in der Einleitung zu dem Buch von Sven Simon, Sylt – Abenteuer einer Insel. Hamburg 1980).

Hugo Köcke

Seit der Entdeckung von Sylt als Sommerfrische in der Mitte des vorigen Jahrhunderts haben zahlreiche Schriftsteller und Maler die Insel besucht und ihre Eindrücke beschrieben. Deshalb ist Sylt ein Musterbeispiel für die künstlerische Ergiebigkeit einer örtlich begrenzten Landschaft. Eine Malerkolonie ist hier jedoch nie entstanden. Es kamen einzelne Künstler, die allein blieben und keine hiesige Malschule begründeten. Einige behielt die Insel in ihrem Bann, so daß sie hier dauernd oder lange Zeit ihren Wohnsitz begründeten, zum Beispiel Helene Varges, Franz Korwan und Hugo Köcke.

Hugo Köcke war Berliner, 1874 als Sohn eines Lokomotivführers geboren. Seine Kindheit verlebte er in der Lutherstadt Wittenberg und war Schüler der Unterrichtsanstalt des Kunstgewerbemuseums in Berlin. Er erlernte zunächst einen handwerklichen Beruf und wurde Graphiker. Seine künstlerische Ausbildung erhielt er von 1902 bis 1905 an der Berliner Hochschule für bildende Künste. Dort war Friedrich Kallmorgen sein Lehrer, der ihn vor allem in der realistischen Landschaftsmalerei unterrichtete. Köcke erhielt einen Ehrenpreis der Akademie, der nach dem Stifter Helfft benannt war. Dadurch war ihm ein Studium im Ausland möglich. Er wählte nicht, wie damals die meisten, als Ziel Italien, sondern er reiste nach Holland. Seither ist sein Schaffen in der holländischen Landschaftmalerei des vorigen Jahrhunderts verwurzelt gewesen. An holländischen Meistern schulte er sein Können: Gefühl für Farbigkeit, Licht- und Tiefenwirkung, Naturverbundenheit und Naturtreue. Seinen Malstil hat er bis zu seinem Lebensende beibehalten. Er lehnte schroff alles ab, was mit Geschäft und Anpassung zu tun hatte.

Nach Studienreisen in Holland ließ Köcke sich als freier Künstler in Berlin nieder. Er war Mitglied des Vereins Berliner Künstler und beteiligte sich an Ausstellungen. Bekannt wurde er mit seinem Ölbild „Schneetreiben".

Sylt besuchte der Künstler erstmals nach dem Ersten Weltkrieg. Hier nahm er vielfältige Anregungen für seine Darstellungen der Natur und Landschaft auf. Er hat erzählt, daß er in der Einsamkeit der Sylter Dünenwelt oft so ergriffen war, daß er den Pinsel beiseitelegte. Nachdem Köcke 1921 in zweiter Ehe Cornelia Claasen geheiratet hatte, wurde ihm Sylt zur Wahlheimat. Er wohnte in Westerlands Bötticherstraße. In dieser Zeit entstanden viele Ölbilder mit Motiven, die noch unverfälschte und unbebaute Insellandschaft zeigen und deswegen heute auch dokumentarischen Wert haben. Er malte entlegene Dünentäler, Dörfer mit alten Friesenhäusern, den Strand und über allem einen fein abgestimmten Himmel. Seine Porträts von Handwerkern, Bauern, Seeleuten sind gleichfalls Dokumente der Sylter Zeitgeschichte. Zumeist sind sie photorealistisch gemalt.

Der Maler Köcke hat seine Werke auf Sylt mehrmals ausgestellt, beispielsweise während der Sylter Woche 1926 und 1951. Nach seiner Kunstauffassung sind seine Bilder „zur einen Hälfte Handwerk, zur anderen Gefühl". Über die Beziehung zwischen Handwerk und Kunst hielt er 1931 auf einer für ihn veranstalteten Kunstausstellung in Schleswig einen Vortrag: der Künstler solle ursprünglich vom Handwerk geprägt sein, er müsse ein guter Handwerker sein. Zu dem Handwerk gehöre es, den Bildausschnitt sinngemäß auszubauen, die Farbwerte zu kennen und die Rahmenfrage richtig zu lösen. Auf Sylt hat Köcke nicht nur als Maler gewirkt, er nahm auch Anteil am kulturellen Leben der Insel. 1928 gehörte er zu den Begründern des Sylter Seefahrermuseums in den Räumen des ehemaligen Südbahnhofs. Fritz Lehmann war der erste Leiter dieses Museums.

In einem Brief schrieb Köcke 1948: „Der Künstler arbeitet zur Freude anderer." Die Jahre nach dem Zweiten Weltkrieg waren für den Maler wirtschaftlich schwierig. Er hatte keine Alterssicherung. In jenen Jahren wurde für Kunst nur wenig Geld aufgewendet. Köckes Humor ließ ihn jedoch Sorge und Not leichter überwinden.

Kurz vor seinem Tod sagte ihm die Stadt Westerland eine kleine Leibrente für den

Kauf von zwei Bildern zu. Der Künstler starb 1956 im 82. Lebensjahr in Westerland. Der Name einer Straße ist seinem Andenken gewidmet.

Henry Koehn

Henry Koehn, 1892 in Hamburg geboren, 1963 in Kampen gestorben, war ein mit der Geschichte und Naturkunde Sylts vertrauter Forscher, der diesen einzigartigen und in sich geschlossenen Lebensraum mehr als 30 Jahre lang erforscht hat. Als Kulturforscher erlebte Koehn einen besonderen Bildungsgang. Vor dem Ersten Weltkrieg studierte er Landwirtschaft an der TH München, nachdem er auf dem Gut Hohenfelde in Schleswig-Holstein die Landwirtschaft praktisch erlernt hatte. Nach dem Ersten Weltkrieg war er in Holland und auf Java tätig, wo er sich mit Fragen der Urbarmachung und Kultur beschäftigte. Nach Deutschland zurückgekehrt, wurde er Mitarbeiter am Forschungsinstitut für Kulturmorphologie und am Afrikaarchiv von Leo Frobenius in München und Frankfurt am Main. Während des Zweiten Weltkriegs war er als Militärbeamter für den Kunstschutz in Belgien eingesetzt. Die Nordfriesischen Inseln waren Henry Koehn seit 1912 vertraut. Seine Erfahrungen in der Kulturforschung hat er in dieser Landschaft ausgewertet und in seinem Werk „Die Nordfriesischen Inseln" (1. Auflage 1939, 5. Auflage 1961). Das Gebiet der Uthlande hat er auch mit eigenen Photographien dokumentarisch festgehalten. Mit seinen Aufnahmen steht er ebenbürtig neben Meisterphotographen wie Albert Renger-Patzsch und Theodor Möller. Als Beauftragter der Landesregierung für Naturschutz und Landschaftspflege hat er 13 Jahre lang, von 1950 bis zu seinem Lebensende 1963, für die Bewahrung der ursprünglichen Landschaft der Insel gekämpft. Henry Koehns Buch „Sylt. Ein Führer durch die Inselwelt" (1. Auflage 1951, 5. Auflage 1975) ist als Standardwerk bis heute unübertroffen.

Kontinentalsperre

Die Kontinentalsperre beendete auf Sylt die Blütezeit der Handelsschiffahrt. Sie ist die Maßnahme Napoleons I. zur wirtschaftlichen Absperrung des europäischen Festlands gegen England. Das Dekret vom 21.11.1806 verbot den Handel mit England und englischen Waren. 1807 antwortete England und untersagte allen neutralen Schiffen, französische Häfen anzulaufen. Eine Folge dieses Wirtschaftskriegs war der Schmuggel, besonders auf Helgoland. Auf Sylt starb mit der Schiffahrt der Wohlstand. Erst ab Mitte des 19. Jahrhunderts brachte der neue Wirtschaftszweig Fremdenverkehr einen erneuten Aufschwung.

Ernst Kreidolf

Die Kunstwart-Stiftung lud im Sommer 1906 den Schweizer Maler Ernst Kreidolf (1863 – 1956) nach Sylt ein. Der Künstler wohnte im Haus Uhlenkamp in Kampen und erhielt hier Anregungen für sein malerisches Schaffen. Die Insel war für ihn besonders ein Natur- und Landschaftserlebnis. Er hielt sich am Strand und in den Dünen malend, zeichnend auf und versuchte, Meer und Dünengebirge zuerst im Aquarell, dann mit Farbstift und Kreide wiederzugeben. Er malte das Ölbild „Sylt“: der Blick geht vom Strand auf die Nordsee hinaus, vorbei an einem steilen Dünenabhang. Am Horizont erscheint ein geisterhaftes Schiff mit vollen Segeln, darauf eine Kreidolfsche Märchenfigur. Dieses Werk schuf der Schweizer Künstler und Bilderbuchautor erst im Jahre 1938, 32 Jahre nach seinem Besuch auf der Insel. Das Bild ist heute im Kunstmuseum Bern aufbewahrt.

Küstenschutz

Wer naturkundlich beobachtet, wird bald erkennen, daß nichts starr und unveränderlich ist. Die Natur ist ständig in Bewegung und der Veränderung unterworfen. Die Naturgesetze kann man auf Sylt deutlich vor Augen haben, besonders an der Westküste, die sich in jedem Jahr wandelt. Die Sylter Bewohner der früheren Jahrhunderte haben sich auf die Naturgewalt eingestellt und bauten ihre Häuser in weitem Abstand zum Meer. Erst als der Fremdenverkehr sich in der zweiten Hälfte des 19. Jahrhunderts entwickelte, wurden Häuser in Küstennähe errichtet. Damals setzte auch der Küstenschutz ein. Die ersten Maßnahmen gegen den Abbruch der Westküste begannen 1867 mit dem Bau von Buhnen, zunächst aus Holz, später aus Stein, Eisen und Stahlbeton. Aber alle diese Bauten konnten die Küste nicht schützen. Deshalb wurden ab 1960 Tetrapoden aufgestellt, sechs Tonnen schwere, vierbeinige Betonkonstruktionen. Die Vierbeiner sind in der französischen Versuchsanstalt Grenoble erfunden, um die Mole von Casablanca zu schützen. Auch sie sind kein wirksamer Küstenschutz. Sie verfelsen die Küste und vernichten den Sandstrand. Dagegen sind die Sandvorspülungen, die seit 1972 regelmäßig wiederholt werden, zweckmäßig. Denn sie verbessern zeitweise die Sandbilanz. Aber auf Dauer können sie auch nicht die Küste vor dem Abbruch bewahren. Die Sandvorspülung wirkt nur bis etwa 5 Meter Tiefe und verhindert deshalb nicht die Erosion des tiefer liegenden Inselsockels. 1990 wurde ein neuer Rettungsversuch gewagt. Neuartige Geotextil-Matten wurden in 10 Schichten unter den Sand bis zu 30 m tief vor dem Kampener Haus Kliffende eingegraben. Die Matten bestehen außen aus Polyester-Filter-Vlies, innen aus zugfestem Polypropylen-Gewebe. In 160 m Länge wurden 66 000 m^2 Geotextil-Matten verarbeitet. Die teppichartige, künstliche Polsterdecke soll das Wegspülen des Sandes und somit weitere Kliffabbrüche sowie den Einsturz des Hauses Kliffende, das der Deutschen Bank gehört, vermeiden. Ob die Naturkräfte sich von dieser Maßnahme überlisten lassen, ist unwahrscheinlich. Sicherlich ist die Konsequenz richtig, die Jürgen Newig 1981 in einer Untersuchung nennt: „An die Stelle der Doktrin, daß eine Küstenlinie mit allen Mitteln zu halten sei, muß die Einsicht treten, daß der Mensch mit einem weichen Küstenschutz einen geordneten Rückzug organisieren muß.“

Landschaftsarzt

Eine Epidemie in den Jahren 1784/85 veranlaßte die Sylter Kommunalverwaltung, einen Landschaftsarzt einzustellen. Zuvor gab es nur Barbiere und Chirurgen, die etwa seit 1600 tätig waren. Von 1786 bis 1890 war der Landschaftsarzt als kommunaler Beamter im Dienst und hat die ärztliche Versorgung der Insel sichergestellt. Das Amt des Landschaftsarztes wurde in preußischer Zeit 1890 abgeschafft, nachdem mit dem zunehmenden Fremdenverkehr sich mehrere freie Ärzte niedergelassen hatten. Die Landschaftsärzte auf Sylt waren:

Chr. Fr. Buchholz	1786 – 1824
Georg Nikolaus Wülfke	1824 – 1838
Harald Ackermann	1839 – 1855
Simon Levin	1855 – 1860
C. H. V. Carstens	1860 – 1863
A. Fr. Dittmann	1863 – 1884
P. H. J. Nicolas	1885 – 1890

Eine ausführliche Darstellung der Geschichte der Sylter Landschaftsärzte schrieb Roland Klockenhoff (Bredstedt 1988).

Landvogt

Der Vertreter des Landesherrn auf Sylt war der Landvogt. Er unterstand dem Amtmann in Tondern. Das Amt des Landvogts ist wahrscheinlich im 15. Jahrhundert geschaffen worden. Der erste bekannte Landvogt ist um 1547 Andreas Früdden. Der letzte Landvogt in preußischer Zeit war Johannes Hübbe bis 1891. Seit der Einbeziehung Sylts in den absolutistischen dänischen Gesamtstaat 1721 sind nur juristisch vorgebildete königliche Landvögte ernannt worden.

Der Landvogt hatte als königlicher Beamter Justiz- und zugleich auch Verwaltungsaufgaben in seinem Amtsbezirk zu leisten. Die aus rechtsstaatlichen Gründen notwendige Teilung von Justiz und Verwaltung wurde erst in preußischer Zeit eingeführt. Die Aufgaben und Befugnisse des Landvogts hat der Sylter Landschaftsarzt G. N. Wülfke 1831 in seiner Schrift „Über die Sylter Landschaftsverfassung und ihre zeitgemäße Verbesserung" beschrieben:

„Der Landvogt ist die einzige obrigkeitliche Person in der Landschaft und steht wie diese selbst zwar unter dem Amtmann zu Tondern, doch in wenig abhängigen Verhältnissen . . . Er ist Justizbeamter und als solcher befugt, kleine und unwichtige Streitsachen (unter 10 Rthlr.) summarisch abzumachen, in größeren kann er, und wenn eine Parthei es verlangt, muß er an den Rhat verweisen. Er ist Theilungs- und Auktionsverwalter, wie auch Notarius, führt Schuld- und Pfandprotokolle, vertritt die Obervormundschaft. Er hat die Hebung der königlichen Gefälle und der Landeskosten nach besonderer Übereinkunft mit der Landschaft; er hebt zu den bestimmten Zeiten in den verschiedenen Dörfern; nur die Landsteuer und die Bankhaft, als nach dem Contract aufgenommen, wird ihm ins Haus gebracht, doch auch die Kopfschatzung. Er sendet die herrschaftlichen Gefälle an die Hauptkasse in Rendsburg. Als Hausvogt hat er die Beaufsichtigung der Zwangsmühlen und der Wegebesserung, welche letztere er durch die Bauernvögte besorgt. Unter ihm als Polizeimeister üben die Bauernvögte die Ortspolizei."

Landvogtei in Tinnum

Außerdem war der Landvogt Oberaufseher über Quarantäne und Strandungswesen. Sein Verhältnis zum Rat, dem Sylter Volksgericht, und dem Landesgevollmächtigten-Kollegium, der Volksvertretung der Landschaft, war nur beratend und beaufsichtigend. Im Sylter Rat war der Landvogt als Aktuarius oder Protokollführer der einzige Rechtsgelehrte. Er hatte in diesen Kollegien jedoch kein Stimmrecht. Das letzte Gebäude der Sylter Landvogtei in Tinnum ist erhalten (heute Haus Olsson).

Übersicht über die Landvögte bis 1864:

Andres Früdden	(um 1547)
Knut Taken	(um 1600)
Take Knuten	(ca. 1609 - 1617)
Früdde Früdden	1623 - 1634
Peter Taken I.	1635 - 1684
Joachim Lüthen	1685 - 1689
Steffen Taken	1689 - 1711
Peter Taken II.	1711 - 1713
Peter Matthießen I.	1714 - 1742
Matthias Matthießen	1742 - 1788
Daniel Friedrich Timme	1788
Eduard Ambrosius	1789 - 1794
Peter Matthießen II.	1795 - 1799
Paul Chr. Busch	1799 - 1805
Johann Friedr. Jensen	1805 - 1810
G. W. C. v. Eggers	1811 - 1816
Martin Thomsen	1817 - 1830
Uwe Jens Lornsen	1830
Georg Petersen (interim.)	- 1832
Hans Nikolai Frenssen	1832 - 1833
Peter Peter Geicken (interim.)	1833 - 1834
Gustav Frederik Lassen	1834 - 1844
Sven Hans Jensen	1844 - 1854
W. C. J. G. v. Levetzau	1854 - 1859
Ferdinand E. T. Tvermoes	1859 - 1863
Hans P. N. Tvede	1863 - 1864

Zwei Landvögte sind in der Literatur bekannt geworden, nämlich Uwe Jens Lornsen (Theodor Mügge, der Voigt von Sylt. 1851) und Hans Nikolai Frenssen (Gustav Frenssen, Der Landvogt von Sylt. 1943).

Landwirtschaft

Auf Sylt gibt es heute nur noch etwa ein Dutzend milchviehhaltende Landwirtschaftsbetriebe. Angesichts der ungünstigen Entwicklung der europäischen Agrarwirtschaft wird ihre Zahl weiter sinken. Zum Glück können die Sylter Landwirte mit Zusatzeinnahmen aus der Vermietung an Kurgäste rechnen.
Früher lebten mehr als 200 Bauern auf Sylt. Aber die Landwirtschaft war hier nie die Haupteinnahmequelle, sondern die Seefahrt. Ab Mitte des vorigen Jahrhunderts drängte sich der Fremdenverkehr in den Vordergrund. Gleichwohl bestimmte die agrarwirtschaftliche Ordnung noch lange das Inselleben. Die wirtschaftlichen Fesseln legten die Hufenverfassung, die Zersplitterung der Ländereien, das allgemeine Eigentum an Wiesen und Weiden sowie der Flurzwang an. Die Äcker durften nur nach einem vorbestimmten Plan gesät, gepflügt und geerntet werden. Wiesen und Weiden wurden gemeinschaftlich genutzt. Die Maht war nur nach einer feststehenden Regel möglich. Von Martini bis April galt die freie Weide, die eine Art des Agrarkommunismus darstellt. Unter diesen Umständen hatte niemand Interesse an der Kultivierung der Ländereien. Erst die Verkoppelungsgesetzte vom Jahr 1767 leiteten die Wende ein. Es dauerte jedoch noch Jahrzehnte, bis sie sich auf Sylt durchsetzten. Die Heiden, Weiden, Wiesen wurden aufgeteilt und Privateigentum. Der Flurzwang ist beseitigt worden. Mit der Verkoppelung begann die neuzeitliche Wirtschaftsgeschichte auf der Insel: von der Gemeinwirtschaft zur Einzelwirtschaft, zur Interessengemeinschaft des einzelnen, die bis heute unsere Wirtschaftsordnung bestimmt.

Literatur: Julius Christiansen, Zur Agrargeschichte der Insel Sylt, Mannheim 1922.
Julius Christiansen, Sylter Landwirtschaft vor und nach der Verkoppelung. Jahrb. des Nordfr. Vereins, Heft 13, Husum 1926

Lassen

Die Lassen sind eine bekannte Familie von Sylt. Ihre Geschichte hat Gondeline Wielandt, geb. Christiansen (1895 – 1964) in ihrem Buch „Die Lassens von Sylt“ (1964) aufgezeichnet. Die chronikartige Erzählung, zuerst sylterfriesisch in den Jahren 1955 – 1962 geschrieben, schildert, wie 2 britische Kriegsschiffe im Mai 1809 in der Nordsee vor Sylt 2 dänische Kaperschiffe jagen. Auf einem der dänischen Schiffe ist der Norweger Peter Nicolai Lassen als Quartier- und Prisenmeister angeheuert. Das Schiff läuft bei Rantum auf den Strand. Hier lernt Lassen die Rantumerin Merret Clasen kennen. Er bleibt und heiratet das Mädchen. Seine Frau schenkt ihm 21 Kinder. Die Schicksale dieser Kinder erzählt die Autorin Gondel Wielandt, die zu den Nachkommen der Lassen-Familie gehört. Aber nicht nur Familiengeschichte enthält das Buch. Darüber hinaus ist die Sylter Geschichte und Kulturgeschichte anschaulich dargestellt, insbesondere die Zeit der Seefahrt, der Sturmfluten, der Kriege und der Verwicklungen der Politik. Kapitäne,

Käuze, Bräuche und Weisheiten der Friesen kommen zur Sprache. Im Mittelpunkt der zum Teil romanhaften Chronik steht die fast mythische Gestalt der Urgroßmutter Merret Lassen, geb. Clasen aus Rantum mit ihren 21 Kindern. Die Autorin hat ihre Kinderzeit auf Sylt in dem Jugendbuch „Julke und Liinke" (1954) beschrieben. Ein Exlibris für Gondel Wielandt zeichnete Helene Varges. Es stellt das Reetdachhaus der Familie in der Süderstraße von Westerland dar. Teile des Nachlasses bewahrt das Sylter Archiv. Die Grabstätte auf dem alten Friedhof in Westerland ist erhalten.

Bernhard Lassen

Nach dem Tod von Paul Ebe Nickelsen übernahm 1894 sein Schüler Bernhard Lassen (geboren in Westerland 1875, gestorben 1941) das Photogeschäft. Den Bestand an Platten hat er weiterverwendet. Aber er schuf auch neue Aufnahmen, insbesondere Landschaftsbilder sowie Serienphotos. 1913 erhielt er eine Auszeichnung für „hervorragende Leistungen in der künstlerischen Wiedergabe von deutschen Heimatbildern", gestiftet vom Bund deutscher Verkehrsvereine in Leipzig.

In den Jahren 1895 bis 1914 nutzte Lassen zahlreiche Photos von Nickelsen und seine eigenen Aufnahmen zur Herstellung von Ansichtskarten. Es war die Blütezeit der Bildpostkarte. Ihre Beliebtheit war um 1900 so groß, daß sie gesammelt und in prächtigen Alben aufbewahrt wurden. Die Ansichtskarten von Bernhard Lassen stellen ein Spiegelbild des damaligen Badelebens dar und sind zugleich eine Dokumentation der Ortsgeschichte. Zu den Themen der Ansichten aus jener Zeit gehört vieles, was Aufenthalt und Leben auf Sylt mit sich brachten. Darunter sind Ansichten von Gebäuden, wichtigen Bauwerken, Ortsteilen, schönen Landschaften und Ausflugszielen. Die Bilder halten Szenen aus dem Strandleben fest und schildern Bade- und Kleidermode, Vergnügungen der Badegäste, Verkehr, inselfriesisches Leben, Sitte und Brauch. Wie Nickelsen hat auch Bernhard Lassen viele Porträts und Gruppenbilder geschaffen, darunter eine Aufnahme der letzten Vertretung der Landgemeinde Westerland und des Malers Franz Korwan-Katzenstein mit seinen Freunden im Atelier in der Strandstraße. Einen Eindruck von übereinstimmender oder unterschiedlicher Bildauffassung der beiden Photographen gibt eine Gegenüberstellung ihrer Photos mit ähnlichen Motiven wie Gruppenbilder, Stadtansichten, Häuser und Porträts.

Als Bernhard Lassen im Jahr 1919 das Photogeschäft in der Bismarckstraße an Ferdinand Pförtner (1885 – 1937) übergab, hatte die Übergangszeit von der alten zur neuen Photographie bereits begonnen. Die Zeit der Faltenbalgkamera und der Glasplatten ging ihrem Ende entgegen. Die Kleinbildkamera war damals zwar noch nicht üblich. Aber schon im Jahre 1925 kam die Leica auf den Markt, die noch heute zu den Spitzengeräten zählt. Die Erinnerung an die frühen Tage der Photopioniere, auch an Bernhard Lassen, schließt die Hochachtung vor den phototechnischen Unvollkommenheiten ihrer Zeit sowie die Bewunderung der Werke ihrer Lichtbildkunst mit ein.

Wilhelm Lehmann

In norddeutschen Städten hat Wilhelm Lehmann (1882 – 1968) als Lehrer gewirkt. Seine Dichterklause hatte er in Eckernförde. Als Erzähler und Lyriker beschäftigte er sich vor allem mit der Natur, oft mit der holsteinischen Landschaft. Die von der Zivilisation bedrängten Naturschöpfungen wollte er festhalten. Die elementare Insel Sylt hat ihn oft angezogen. 1936 kam er nach Kampen und traf im Haus Kliffende seinen Freund Oskar Loerke, der Lektor des Verlages S. Fischer in Berlin und zugleich Lyriker sowie Erzähler war. Wilhelm Lehmann besuchte Sylt in den sechziger Jahren nochmals. In dieser Zeit entstand sein naturlyrisches Gedicht, ein Alterswerk, das dem Phänomen Sylt gewidmet ist:

Insel

Auf dem langen Lebensweg,
Was ist wissenswert?
Allem wüßt' ich gern das Wort,
Was dem Auge und dem Ohr,
Füßen, Händen widerfährt.

Wermut silbert Grabenmund,
Artemisia!
Richtig hat das Wort gefaßt:
Insel, du bist da.

Wie die Brandung explodiert,
Ungeheurer Klang.
Andern Ufers Wattenmeer,
Schweigender Gesang.

Hangen blieb ein Gischt,
Weiße Wollgrasflocken.
Wind, begütigt, spielt
Mit den greisen Locken.

Konzert-Direktion Walter Weidig

Sonntag, den 16. September 1945
18,30 Uhr (Saalöffnung 18 Uhr)
in der Kurhaus-Strandhalle

Lieder-Abend

Kammersängerin **Emmi Leisner**

Am Flügel: Gen.-Musikdirektor Herb. Charlier

PROGRAMMFOLGE:

1. SCHUBERT:

a) „Die Allmacht"
b) „Der Tod und das Mädchen"
c) „Gretchen am Spinnrade"
d) „Die Sterne"

2. SCHUMANN: „Frauenliebe und Leben"

a) „Seit ich ihn gesehen"
b) „Er, der Herrlichste von Allen"
c) „Ich kann's nicht fassen"
d) „Du Ring an meinem Finger"
e) „Helft mir, ihr Schwestern"
f) „Süßer Freund, Du blickest"
g) „An meinem Herzen"
h) „Nun hast Du mir den ersten Schmerz getan"

3. BRAHMS:

a) „Von ewiger Liebe"
b) „Immer leiser wird mein Schlummer"
c) „Meine Liebe wird grün"

4. STRAUSS:

a) „In goldener Fülle"
b) „Wiegenlied"
c) „Cäcilie"

Dieses Programm dient als Einlaß-Ausweis.

RM 6,— Die Plätze sind numeriert № 00195

Druck: P. Roßberg, Westerland

Programm zu einem E. Leisner-Konzert

Emmi Leisner

Das Rundhaus mit dem auffälligen Spitzgiebel am Hoogenkampweg in Kampen besaß seit 1928 Emmi Leisner (1885 in Flensburg geboren und dort 1958 verstorben). Die letzten 13 Jahre ihres Lebens, von 1945 bis 1958, verbrachte die Sängerin in Kampen. Sie schätzte den Rhythmus des Meeres und den Wind, den „großen Atem". Die Sylter Landschaft empfand sie als kosmische Urgewalt und künstlerische Antriebskraft. Als Altistin war sie weltbekannt, wirkte in den Opernhäusern von Berlin, Bayreuth, Dresden, Oslo, Kopenhagen, New York. Sie war auch eine maßgebliche Liedinterpretin. Nach dem Zweiten Weltkrieg hat sie in Westerland mehrmals Lieder-Abende gegeben.

1950 erhielt sie den Schleswig-Holsteinischen Kunstpreis.
Über seine Begegnung mit Emmi Leisner schrieb der Maler Siegward Sprotte 1962 in sein Tagebuch:
„Ich erinnere mich an Gespräche mit Emmi Leisner. Sie war eine von den ersten Künstlern, die sich in Kampen ein Haus bauten. Sie gehörte zu den Menschen, die nicht müde wurden, die Insel mit wachen Sinnen zu erleben. Oft fuhr sie hinaus auf die große Wanderdüne vor List oder bei Klappholttal oder an das Morsumkliff und schaute mit der Freundin auf eine Welt, die einfach ist und unberührt wie am zweiten Schöpfungstag. Wenn der Sand der Wanderdüne weiß aufleuchtet, wenn schräge Sonnenstrahlen gelb ihn färben, wenn er ein schimmernd heller Streifen ist zwischen Luft und Wasser, dann scheint die Insel weit entrückt. Dann ist es hier wie irgendwo auf der Welt. Dann hat die Landschaft etwas Exterritoriales. Es könnte in der Wüste sein, in Persien oder Mexiko."

Lesegesellschaft

In Keitum ist 1817 der Sylter Verein gegründet worden, um „dem Geiste Erheiterung im Genuß anständiger Vergnügungen und geselliger Munterkeit zu geben". Diesem Verein, einem Vorläufer späterer Bürgervereinigungen, ist 1819 eine Lesegesellschaft angegliedert worden, die viel zur Bildung auf der Insel beigetragen hat. Lesegesellschaften tauchten zuerst in der zweiten Hälfte des 18. Jahrhunderts auf, entstanden aus dem Wunsch nach Aufklärung. In Schleswig-Holstein und Dänemark gab es die ersten Lesegesellschaften in Lübeck (1771), Kiel (1773), Hadersleben (1787), Apenrade (1792), Oldesloe (1798) und Eckernförde (1800). Bis 1846 waren insgesamt rund 70 Lesegesellschaften in Schleswig-Holstein entstanden. Sie ermöglichten der Bevölkerung, an der Bildung besser teilzunehmen. Bildung war durch die Aufklärung zum Lebensideal erhoben. Sich weiter zu bilden, war gerade für die Einwohner der abseits gelegenen Insel Sylt wichtig, denn sie verfügten nicht über eine öffentliche Bibliothek. Das Lesen diente als angenehme Beschäftigung in der Mußestunde und zur Unterhaltung. Es war ein geselliger Club auf Sylt, der Sylter Verein, der die Lesegesellschaft ins Leben gerufen hatte. Ihr Ziel war die kulturelle Unterhaltung. Die Lesegesellschaft als Bibliothek des Sylter Vereins haben 40 Mitglieder gegründet. Damals nannte man sie Interessenten. Sie gaben freiwillige Beiträge an Geld und Büchern. In jedem Jahr kamen Bücher hinzu, so daß 1823 insgesamt 340 Titel zur Verfügung standen, darunter die Werke „Hermann und Dorothea" von Goethe, „Luise" von Voss, „Wilhelm Tell" von Schiller, „Über den Umgang mit Menschen" von Knigge sowie ein zehnbändiges Konversationslexikon. Rechnungsführer und Bibliothekar der Lesegesellschaft war Jens Bleicken, sodann Jap Peter Hansen, der Vater des Lehrers und Chronisten C. P. Hansen. Jap Peter Hansen legte 1825 ein Protokollbuch an. Darin ist ein numeriertes Verzeichnis der Bücher nach Verfasser, Titel, äußerer Beschaffenheit, Größe, Alter, Namen der Geber und Stellplatz im Regal enthalten. Die Bibliothek war im Hause der Witwe Clementz in Keitum untergebracht. Nachdem der Sylter Verein 1835 aufgelöst war und der 1860 neubegründete Allgemeine Sylter Verein wieder eine Bibliothek geschaffen hatte, wählte man als Vereinslokal das damalige Keitumer Hotel Groot. Dort wurde ein Raum für die Auslage und Herausgabe des Lesestoffs genutzt, zu dem nun auch abonnierte Zeitungen und Zeitschriften gehörten, zum Beispiel Altonaer Mercurius, Itzehoer Nachrichten, Husumer Wochenblatt. Nach Schließung dieses gastronomischen Betriebs in den 1870er Jahren ist ein Zimmer im Landschaftlichen Haus gemietet worden. Reste der Bibliothek sind heute im Besitz der Söl'ring Foriining in Keitum.

Leuchtturm in Kampen

Leuchtturm

Zur Sicherung der Seefahrt, zumal an einer so gefahrvollen Küste wie Sylt, dienen die Leuchtfeuer. Die Insel ist mit 6 solchen Feuern oder Leuchttürmen ausgestattet, nämlich 3 in List, 1 in Hörnum, und 2 in Kampen. Das Kampener Quermarkenfeuer ist nicht mehr in Betrieb. Das Hauptfeuer Rote Kliff wurde 1978 an die elektronische Schaltanlage in Tönning angeschlossen. Der Leuchtturm in Kampen, 38 m hoch, ist 1855 gebaut worden. Der Chronist C. P. Hansen hat berichtet, daß das Feuer in der Nacht des 1. März 1856 erstmals entzündet worden ist. Es verbrauchte jährlich 3400 Kilo Rüböl und 36 Meter Lampendocht. Der steinerne weiße Turm mit schwarzem Eisenring und grüner Kappe war durch einen Blitzableiter gesichert, der in einen 27 Meter tiefen Brunnen führte. 1908 wurde das Leuchtfeuer auf Petroleum-Glühlicht, 1929 auf Elektrizität umgestellt. Heute ist der Schein des Leuchtturms bei klarer Sicht noch in 38,9 Kilometer Entfernung zu sehen. Die 187 Stufen zum Turm konnte man früher ohne Genehmigung besteigen. Viele Kurgäste genossen von oben den Weitblick über die Insel. Da die Gästebücher des Kampener Leuchtturms erhalten blieben, sind Namen überliefert. Zum Beispiel bestieg den Turm am 16. Juli 1875 der Naturwissenschaftler Wilhelm Hess, Verfasser des Buches „Erinnerungen an Sylt“ (1876) aus Hannover, am 17. Juli desselben Jahres Karl Jansen aus Kiel, Verfasser der 1872 erschienenen Lornsen-Biographie. Im August 1876 trug sich Karl Heinrich von Bötticher, Regierungspräsident aus Schleswig, ein, am 9. August 1877

Richard Wagner aus Bayreuth. Der berühmte Komponist aus der Festspielstadt? Der Namenszug des angeblichen Bayreuthers hat Ähnlichkeit mit der Unterschrift des allbekannten Musikers. Aber Richard Wagner war nie auf Sylt, wie aus seiner Lebenschronik bekannt ist. Mit dem Eintrag ins Gästebuch des Kampener Leuchtturms hat sich jemand einen Scherz erlaubt. Schon damals war der Name des Bayreuther Festspielbegründers in aller Munde. Seit 1871 hatten sich Wagner-Vereine in allen größeren Städten gebildet. Sein Haus Wahnfried in Bayreuth hatte Richard Wagner 1874 bezogen. Die Festspiele begannen 1876. Zweifellos hat Wagners Berühmtheit den Sylter Scherzbold auf dem Kampener Leuchtturm zu seinem Eintrag ins Gästebuch angeregt.

Lieber tot als Sklave

Das Sprichwort „Lieber tot als Sklave", friesisch „Lewer duad üs Slav", ist als Wahlspruch der Nordfriesen bekannt. Es kommt darin der Unabhängigkeitssinn dieses Volksstammes zum Ausdruck. In seiner heutigen, eingängigen Form ist das Schlagwort neueren Ursprungs. Es stammt aus der Überlieferung der Westfriesen und wurde 1666 von Anton Heimreich in seiner „Nordfresischen Chronik" mit dem Wort „Lieber tot als unfrei" verbreitet. Es war dann bald vergessen. Erst zu Beginn des 19. Jahrhunderts ist es wiederentdeckt worden, als die nationale Bewegung aufkam und eine Neuausgabe der Chronik von Heimreich 1819 erschienen war. „Lieber tot als Sklave" steht erstmals 1839 in dem Gedicht „Die Ostsee" von Gardthausen, damals viel gelesen, heute unbekannt. In einer Anmerkung stellte Gardthausen fest: Die Friesen haben noch einen guten Spruch mehr, nämlich außer dem Wort „Rüm Hart, klar Kimming" – Weites Herz, klarer Horizont – „Friso pro libertate mortem appetit", deutsch „Lieber tot als Sklave". Wahrscheinlich hat Gardthausen die Neuausgabe der „Nordfresischen Chronik" von Heimreich gekannt und daraus den Satz übernommen. Aber das Wort „unfrei" ersetzte er durch das kräftiger klingende „Sklave".

In der neuen Form ist das Sprichwort 1844 auf dem Friesenfest in Bredstedt verwendet worden. Dort prangte es auf Fahnen und Ehrenpforten. Im folgenden Jahr 1845 übernahm Knut Jungbohn Clement das Wort als Motto seines Buches „Lebens- und Leidensgeschichte der Friesen". Clement hat das Schlagwort wirksam verbreitet in jenen Jahren der schleswig-holsteinischen Bewegung für die Unabhängigkeit vom dänischen Gesamtstaat. Zur weiteren Verbreitung des Schlagworts haben die Volksfeste in Nordfriesland beigetragen. In Bredstedt war 1844 auch Theodor Storm anwesend. In einem Brief hat er bestätigt, daß sich das Friesenwort als zündende Kraft erwies. Die Popularisierung des Spruchs hat der Sylter Chronist C. P. Hansen vorangetrieben. In der Ausgabe seiner „Friesischen Sagen und Erzählungen" aus dem Jahr 1875 sind das Schlagwort und auch die Geschichte von Pidder Lüng enthalten. Daraus entnahm der Dichter Detlev von Liliencron das Wort und erhielt die Anregung für seine Ballade „Pidder Lüng". Sie ist erstmals 1892 veröffentlicht worden. Das Gedicht wiederholt in einem Kehrreim zehnmal den friesischen Wahlspruch. Liliencron hat ihn weltberühmt gemacht.

Detlev von Liliencron

Der Dichter Detlev von Liliencron, 1844 in Kiel geboren, 1909 in Alt-Rahlstedt gestorben, hat Westerland im Jahr 1904 besucht. Es mißfiel ihm nicht wegen eines Mangels an Komfort, sondern angesichts eines Zuviels an Zivilisation. Zu seinem 60. Geburtstag am 3. Juni 1904 waren Liliencrons Finanzmittel so geordnet, daß genügend Geld für eine „Badereise in ein bescheidenes Nordseebad" übrigblieb, wie er es in einem Brief ausdrückte. Die Insel Sylt war ihm noch unbekannt, als er 1891 seine Ballade Pidder Lüng schrieb. Nun aber – er kam am 2. August 1904 von Alt-Rahlstedt aus in Westerland an und wohnte in einer Pension in der Herrenbadstraße – heutige Johann-Möller-Straße – hatte er Gelegenheit, den mondänen Betrieb des Westerländer Weltbads kennenzulernen. In den Stanzen des Kantusses „Idealer Spaziergang" seines Epos „Poggfred" verspottete er die „Dandys" und „Damen aus ganz Deutschlands Gauen". Sie seien den Inselfriesen nur ein „Narrenvolk", von dem es in der Saison so viel Geld wie möglich zu erhaschen gelte:

Wohl zwanzigtausend „Gäste" schoben sich
Auf einer Wandelbahn am Ufer fort
Und hin und her auf diesem einen Strich
Denn da gehörts, eitel Koketterie,
Zum guten Ton, daß Dandys sich und Damen
Die Haut verbrennen lassen wie das Vieh.

Von dem übervölkerten und als Schaubühne mißbrauchten Westerländer Nordseebad wollte Liliencron nichts mehr wissen. Seine Antipathie gegen Sylt zeigte sich nochmals um 1906 in einem Brief an die Bildhauerin Julia Virginia Scheuermann, die den Dichter zu einer gemeinsamen Vortragsreise bewegen wollte. Er stimmte zwar zu, knüpfte aber einige Bedingungen daran. „Sylt als Vortragsort sei unter allen Umständen ausgeschlossen: „In Sylt treiben sich – ganz unter uns gesagt – jeden Sommer fürchterliche Bänkelsänger und . . . Cabarets umher".

Limerick

Limerick, eine englische Strophenform, ist ein Fünfzeiler mit der Reimstellung aabba. Er wird für lustige Ulkverse verwendet. Die ursprünglich in Irland gesungenen Stegreifverse wurden volkstümlich durch Edward Lears Unsinn-Gedichte (1846 ff.). Es sind auch Sylter Limericks entstanden, zum Beispiel:

Ein Mädchen kam gierig nach Rantum,
Es werde ihr einer was antun.
Sie sprang in die Gischt,
Ganz wild darauf erpicht,
Daß einer sie wieder rausfischt.

Nach Keitum gingen zum Kaffee
Zwei Damen und auch Herr Jaffé.
Beide wollten ihn frein,
Doch sie warn ihm zu fein,
Drum floh er und ließ sie allein.

Da war einst ein Knabe in Kampen,
Der handelt mit neu-alten Lampen.
Eine Lampe in der Hand
Ging er abends zum Strand –
Wer sah, was am Kliff er da fand?

Postkartenbild von Andreas Dirks um 1900

List

Die erste Nennung des Namens List in einer dänischen Urkunde stammt aus dem Jahr 1455. Darin wird das „schönste Tief an der ganzen Westküste Jütlands" mit seinem natürlichen Hafen als ein Teil des Amts Ribe benannt. Das Listland gehörte bis 1864 unmittelbar zum dänischen Königreich. Inmitten der Dünen westlich des heutigen Orts List hat einstmals die Siedlung Listum gelegen. Während der Flut von 1362 (Rungholtflut) ist sie untergegangen. Kulturspuren von Altlist sind unter den Wanderdünen gefunden worden, darunter Hausgrundrisse aus dem 13. Jahrhundert, Türschlösser, Münzen, Silberschnallen. Am 16. Mai 1644 hat im Lister Tief eine Seeschlacht stattgefunden. Die vereinigte schwedische und holländische Flotte mit 26 und 9 Schiffen kämpfte gegen die dänische Flotte mit 9 Schiffen unter König Christian IV. Die Dänen siegten. Seit dieser Schlacht heißt der Hafen von List Königshafen. Der eigentliche Königshafen lag jedoch nördlich vom Ellenbogen. Im Jahr 1900 standen in List 13 Häuser. Im Ersten Weltkrieg wurde der Ort Militärstützpunkt. Erst 1936 begann der Ausbau des heutigen List. Die Fährverbindung nach

Listland

Röm (Auto- und Personenfähre) entstand 1963. 1987 sind in List 2015 Einwohner gezählt worden, 2819 mit Zweitwohnungsbesitzern.

Listland

„Eigentlich gehört das ganze Lister Land nur zwei großen Bauerngutsbesitzern, welche dänische Bols- oder Lehnsmänner sind. Wahrscheinlich sind sie die größten Bauerngutsbesitzer in ganz Dänemark, denn es gehört ihnen das ganze Land mehrere Stunden weit rund herum. Da es aber meistens lauter Dünen mit wenig anliegenden Wiesen und Äckern sind, so bedeutet ihr Besitz nicht viel." Die Besitzverhältnisse im nördlichsten Teil der Insel, im Listland, sind 1846 von dem in Bremen beheimateten Reiseschriftsteller Johann Georg Kohl (1808 - 1878) zutreffend geschildert. Noch heute ist die Frage „Wem gehört eigentlich das Listland?" mit dem Zitat von J. G. Kohl richtig beantwortet. Die Nachkommen der beiden Familien im Listland, die das Gebiet seit Jahrhunderten beherrschen, erheben im Sommer einen Wegezoll von jedem Autofahrer, der auf den Ellenbogen fahren möchte.

Adolf Loos

Im Sommer 1921 fuhr der berühmte Architekt Adolf Loos (1870 - 1933) mit seiner Frau Elsie Altmann (1899 - 1984) in die Sommerfrische Sylt. Loos war revolutionärer Häuserbauer, Stadtplaner, Innenarchitekt und Schriftsteller.

Er vertrat das sachlich-moderne Bauen. Elsie Altmann, fast 30 Jahre jünger als ihr Mann, war Schülerin des Tanzpädagogen Wiesenthal und als Tänzerin ein Star der letzten großen Ära der Wiener Operette. Das Paar ließ sich in Westerland am Strand photographieren, bekleidet mit einteiligen, weitgeschnittenen Badeanzügen. Elsie Loos hat ihre Erinnerungen in dem Buch „Mein Leben mit Adolf Loos" (1984) beschrieben. Darin schildert sie den Besuch in Westerland:
„Von Hamburg fuhren wir nach Westerland auf Sylt. Loos wollte diese Insel kennenlernen, und es war der Mühe wert. Wir wohnten in einem billigen Zimmer und lebten fast ausschließlich von geräuchertem Fisch. Wir wanderten auf der Insel umher und besichtigten den Friedhof mit seinen uralten Grabsteinen, das Dorf, in dem eines Tages alle Männer ertrunken waren, wir sahen die kleinen Robben, die paarweise auf den Sandbänken sitzen und ins Meer platschen, wenn sich ihnen jemand nähert. Wir badeten in den riesigen Wellen der Nordsee, und bald waren wir gesalzen wie Heringe. Wir gewöhnten uns allmählich an den ständig auf der Insel wehenden Wind, und als wir uns endlich ganz an ihn gewöhnt hatten, merkten wir, daß unser Geld zu Ende ging. Loos ging in eine Konditorei (Cafe Wiedermann) und organisierte einen Tanzabend für mich. Obwohl das Podium nur zwei mal zwei Meter groß war, und der Klavierspieler ein wahres Ungeheuer, hatte ich einen großen Erfolg und konnte den Abend wiederholen. Damit hatten wir das Geld zur Rückfahrt. Wir fuhren durch das Wattenmeer nach Berlin."

Boy Lornsen

„Wenn man für die Jugend schreibt, soll man nicht für die Jugend schreiben; es kommt lediglich darauf an, einen Stoff zu treffen, der auch seiner Natur gemäß behandelt, sich doch in der Darstellung für die Jugend eignet." Diese Empfehlung von Theodor Storm, gegeben in einem Brief des Dichters an den Literaturhistoriker Emil Kuh, hat der erfolgreiche Jugendschriftsteller Boy Lornsen, 1922 in Keitum als Sohn eines Sylter Kapitäns geboren, in allen seinen Büchern intuitiv berücksichtigt. Seine

Jakobus Nimmersatt – japanische Ausgabe

Geschichten können von Alten und Jungen gelesen werden. Daß Lornsen zuerst Handwerker war, bevor er Schriftsteller wurde, ist erkennbar mit der von ihm gefertigten Figur des hölzernen Vogels, der am Giebel seines Hauses in Keitums Gurtstig befestigt ist: Jakobus Nimmersatt, der schlaue Rabe. Lornsen hat dieses Musterexemplar eines Gefiederten erfunden und in seinem Buch „Jakobus Nimmersatt oder der Millionenwald von Poggenbüttel" beschrieben. Der erfolgreiche Band ist sogar ins Japanische übersetzt. Er behandelt aktuelle Umweltfragen, insbesondere die Rettung eines Waldes vor dem Zugriff der Profitgier. Der Autor hat mit diesem Werk das Vorurteil widerlegt, die Sylter Friesen seien wortkarg, des Gesangs und anderer Musengaben nicht mächtig. Frisia cantat. Sie singen also doch, haben Phantasie und erfinden wundervolle Geschichten. Ein aktuelles Geschehen auf Sylt hat Boy Lornsen in seiner Kriminalerzählung „Der Brandstifter von Tarrafal" 1974 dargestellt (später in „Feuer um Mitternacht" umbenannt). Angeregt durch die Reihe von Brandstiftungen 1971 in Keitum, schilderte der Autor das damalige Milieu der kleinen Dorfgemeinschaft. Vor der Aufklärung der Brände traute kein Dorfbewohner dem anderen mehr. Jeder war mißtrauisch und mit Vorurteilen behaftet. Auch nach der Festnahme des Brandstifters in Keitum ist das Gespenst des Feuerteufels auf Sylt bisweilen erneut sichtbar geworden.

Uwe Jens Lornsen

Eine alte Sylter Prophezeiung lautet: „Wenn fünf Landvögte in grauen Röken kommen, wird Sylt nahe daran sein, aus Mangel an Verteidigern seiner Freiheiten und Gerechtsame zu vergehen. Nach ihnen wird aber ein Landvogt in blauen Kleidern erscheinen, der wird durch Hilfe eines auf dem Kliff wohnenden Mannes wieder alles ins vorige Gleis bringen und das Land retten."
Einen blauen Rock trug bei seiner Ankunft auf Sylt der Landvogt Uwe Jens Lornsen. Am 13. November 1830 übernahm er sein dänisches Amt in Tinnum. Aber schon zehn Tage später wurde er verhaftet und abgesetzt, nachdem der Amtmann in Tondern der Regierung über ihn berichtet hatte, er wolle seine Landsleute auf der Insel über die Mängel der Staatsordnung im dänischen Königreich aufklären und habe Agitationen angekündigt. Die Sylter waren tief betroffen von der Verhaftung. Den wahren Grund kannten sie jedoch nicht. Lornsen wurde nach kurzem Prozeß zu einjähriger Festungshaft verurteilt. Er büßte die Strafe in Friedrichsort und Rendsburg ab. Was hatte ihn in Opposition zu den Dänen gebracht?
Lornsen, 1793 in Keitum geboren, studierte in Kiel und Jena Rechtswissenschaft und lernte auf der Universität jene freiheitliche, patriotische Bewegung kennen, die insbesondere von den Burschenschaften vorangetrieben wurde. Als Volontär und Kanzlist trat er in die Schleswig-Holsteinisch-Lauenburgische Kanzlei in Kopenhagen ein. Der begabte Jurist rückte bald zum Kanzleirat auf. Dennoch bewarb er sich um den weniger bedeutenden Posten des Landvogts von

Uwe Jens Lornsen

Sylt. Die aussichtsreiche Laufbahn in der dänischen Hauptstadt gab er gegen den Willen seines Vaters auf, um sich auf seiner Heimatinsel in Ruhe auf schriftstellerische und zugleich politische Aufgaben vorbereiten zu können. Das ruhige Amt des Sylter Landvogts bot ihm dafür genug Zeit und Muße.
Als die erste Arbeit aus der Feder Lornsens, die politische Flugschrift „Ueber das Verfassungswerk in Schleswigholstein“ erschien, war er gerade auf dem Weg zu seinem neuen Amt in Tinnum. In seiner Schrift forderte der Verfasser eine größere Unabhängigkeit der Herzogtümer gegenüber dem dänischen Königreich. Er verlangte die Einberufung einer Abgeordneten-Versammlung für Schleswig-Holstein, die Verlegung der schleswig-holsteinischen Kanzlei von Kopenhagen in die Herzogtümer, die Errichtung eines eigenen schleswig-holsteinischen Gerichtshofs mit Sitz in Schleswig, die Einsetzung eigener Regierungsorgane für beide Herzogtümer und die Bildung eines obersten Staatsrats, dem alle Verwaltungsbehörden untergeordnet sein sollten. Nur der Landesherr, die Außen- und Verteidigungspolitik sollten in den Herzogtümern und Dänemark gemeinsam sein. Die nur 14 Seiten umfassende Schrift wurde in 9000 Exemplaren gedruckt. Sie sollte nur Vorschläge zur Verbesserung der Verwaltung bringen. Keineswegs war sie als Beitrag zu einer Verschwörung gegen den dänischen König verfaßt. Aber die Regierung befürchtete, daß Lornsen die Unzufriedenheit der Bevölkerung, die schon wegen wirtschaftlicher Schwierigkeiten bestand, noch weiter schüren werde. In seinem Vorgehen, vor allem in seinem agitatorischen Verhalten sah sie eine Bedrohung der Ruhe und Ordnung im Staat. So kam es zu seiner Festnahme.
Lornsen hat seine staatspolitischen Ziele nicht unmittelbar erreicht. Gleichwohl hat er die schleswig-holsteinische Bewegung, die eine Trennung der Herzogtümer von Dänemark anstrebte, vorangetrieben. Er hat allgemein das politische Leben in Schleswig-Holstein angeregt und die Bahn gebrochen für das Ende des absolutistischen Regierungssystems und für das Werden des neuzeitlichen Verfassungsstaates. Die Rechtsforderungen der Schleswig-Holsteiner hat er in seinem hinterlassenen Werk über „Die Unionsverfassung Dänemarks und Schleswigholsteins“ begründet. Seine Forderung nach der Ungeteiltheit der Herzogtümer kommt im Titel dieses nach seinem Tode veröffentlichten Buches sowie in seiner Flugschrift zum Ausdruck: Lornsen kannte kein

„Bindestrich-Schleswig-Holstein“, er schrieb „Schleswigholstein“ in einem Wort.
Enttäuscht über den Mißerfolg seiner Bemühungen und zermürbt von einer quälenden Krankheit, setzte Uwe Jens Lornsen seinem Leben selbst ein Ende. Am 12. Februar 1838 fand man ihn am Ufer des Genfer Sees mit durchschnittenen Pulsadern und zerschossenem Herzen.
Der „Mann auf dem Keitumer Kliff“ war ein Freund von Lornsen, der Landschaftsarzt Georg Wülfke. Er meldete sich gleichfalls zu Wort mit seiner Flugschrift „Zur Würdigung des Strebens nach Verfassung in Schleswig-Holstein“, in der er das Recht der Herzogtümer auf eine Verfassung untersuchte und bejahte. Auch die Forderung der Sylter nach Veränderungen in der Verwaltung erläuterte er in seinem Buch „Ueber die Sylter Landschaftsverfassung und ihre zeitgemäße Verbesserung“ aus dem Jahr 1831. Er hat dadurch einige liberale Reformen „ins Gleis gebracht“.
Die Prophezeiung ist eingetroffen: Der Landvogt im blauen Rock und der Mann vom Kliff haben die Geschicke der Insel mitbestimmt.

Rosa Luxemburg

Im August 1901 verbrachte Rosa Luxemburg (1870 – 1919), sozialistische Politikerin, einen Badeurlaub auf Sylt. Sie wohnte im Hotel Nordsee in Wenningstedt, das heute zum Erholungsheim des Hamburger Bismarck-Gymnasiums gehört. Was die damals 30jährige „Rote Rosa“ auf der Insel erlebte, hat sie einer Freundin in einem Brief mitgeteilt. Die Reize der Insel haben sie nicht tief beeindruckt. Die flache, sandige Landschaft erschien ihr eher langweilig. Aber der Seewind, der die sommerliche Hitze abkühlt, hat sie erfrischt.

Alma Mahler-Werfel

Alma Schindler (1879 – 1964), seit 1902 die Frau des österreichischen Komponisten Gustav Mahler (1860 – 1911), seit 1915 mit dem Architekten Walter Gropius (1883 – 1969) und seit 1929 mit dem Dichter Franz Werfel (1890 – 1945) verheiratet, kam im Sommer 1892 mit ihren Eltern von Wien nach Sylt. Der Vater, führender Maler in Wien, starb während des Kuraufenthalts auf der Insel. Alma Mahler-Werfel hat die düstere Erinnerung daran in ihrer Autobiographie „Mein Leben“ (1960) festgehalten: „Dieser Tod am Meer, der schwierige Transport nach Wien, die graue, nordische, stürmische, hoffnungslose Natur auf Sylt, all das ist in meiner Erinnerung tief eingegraben.“

Muchel Madis

Zu den frühen schriftlichen Berichten über die Sylter Geschichte gehören neben Hans Kielholts Chronik (Mitte des 15. Jahrhundert) die Annalen von Muchel Madis, der in der ersten Hälfte des 17. Jahrhunderts Küster in Morsum war. Diese Aufzeichnungen nennen Ereignisse in den Jahren 1567 bis 1644, vor allem aus der Zeit des Dreißigjähri-

gen Krieges. Die Handschriften von Muchel Madis sind in der Königlichen Bibliothek Kopenhagen (Sammlung Thott Nr. 1818-4) aufbewahrt. Eine Abschrift besitzt die Universitätsbibliothek in Kiel (Nr. SH 198 A). Sie besteht aus 30 handgeschriebenen Seiten mit dem Titel „Beschreibung der Insel Sylt it. Annales Morsumenses".
Die Annalen von Muchel Madis sind Aufzeichnungen von Ereignissen in kurzer Form. Im Gegensatz zu einer Chronik enthalten sie keine größeren Berichte. Sie werden Morsumer Annalen genannt, weil sie zumeist über Geschehnisse in Morsum berichten und ihr Verfasser angeblich aus Morsum stammt. Da das Friesische nie Amts- oder Kirchensprache gewesen ist, sind die Annalen in niederdeutscher Sprache abgefaßt. Sie verzeichnen nicht die große Weltpolitik, sondern Tatsachen, die die Inselbevölkerung unmittelbar betrafen, wie Sturmfluten, Pestzeiten, Unfälle auf See, Strandungen und Kriegshandlungen während des Dreißigjährigen Krieges, der sich auch auf Sylt bemerkbar machte. Muchel Madis schrieb auf, was ihn bewegt hat und was er aus eigenem Erleben oder vom Hörensagen wußte.
Muchel Madis verzeichnete beispielsweise zu den Jahren 1581 und 1597, in Morsum seien 142 Menschen an der Pest gestorben. Obwohl wegen unterschiedlicher Schreibweise und etwaiger Schreibfehler Bedenken wegen der Richtigkeit der genannten Zahlen bestehen, ist aus den Annalen dennoch zu erkennen, welche verheerende Wirkung die Pest damals auf Sylt hatte. Strandungen und Unfälle auf See bildeten für die Inselbevölkerung einen weiteren gefürchteten Faktor für Verluste an Menschenleben. Für die erwerbsfähige Sylter Bevölkerung, vor allem Seeleute, waren die Verluste auf See harte Schläge, so daß die Hinterbliebenen oft die Steuerzahlungen nicht mehr leisten konnten. 1613 sind in den Morsumer Annalen zehn Ehescheidungen verzeichnet, d. h., diese Ehen in Morsum sind durch den Tod gelöst, nachdem der Mann auf See geblieben war.
Im Dreißigjährigen Krieg durchzogen Truppen Tillys und Wallensteins die Herzogtümer Schleswig und Holstein sowie die jütische Halbinsel. Am 18. Mai 1628, so schrieb Muchel Madis, kamen gegen Abend 400 kaiserliche Soldaten („des Kaisers Volk") „mit Gewehr und Geschütz" unter dem Oberstleutnant Ernst van Suys nach Morsum (in C. P. Hansens „Chronik der friesischen Uthlande", Altona 1856, ist dieser Offizier irrtümlich als van Zinss bezeichnet). Sie zogen jedoch am folgenden Tag wieder ab. Die niederdeutsche Inschrift einer Gedenktafel in der St. Martins-Kirche von Morsum erinnert an das Jahr 1628, als die Kirche „mit Schanze und Graben fest versichert" gewesen ist. Die Frage, warum die Soldaten Wallensteins nur bis Morsum kamen und von dort so rasch wieder abzogen, ist unterschiedlich beantwortet worden. Allgemein wird der schnelle Rückzug darauf zurückgeführt, daß die Morsumer Kirche befestigt war und die Soldaten die Mühe der Eroberung scheuten. Diese Erklärung überzeugt jedoch nicht. Besser ist der Abzug damit zu begründen, daß sich ein längerer Aufenthalt auf Sylt als sinnlos erwies, weil keine Beute zu holen war. Darauf deutet auch die Charakteristik des Kommandanten van Suys hin, die Golo Mann in seiner Wallen-

stein-Biographie gibt: „Ein solcher, im besten Fall, vergnügte sich mit Küstenpiraterie." Nach den Worten Golo Manns kann die Besetzung der Insel Sylt auch einen politischen Grund gehabt haben: „Vor dem dänischen Friedensschluß war die Absicht, mit der Flotte einen Angriff auf die Inseln König Christians möglich zu machen oder deren Möglichkeit vorzutäuschen; so instruierte Wallenstein noch im Januar 1629 seine Admiralität. Wie ernst er es meinte ... das wissen wir nicht. Jedenfalls lag in der dänischen Zielrichtung der Keim eines Konflikts mit den Spaniern, die sich nicht für Dänemark, aber immer noch, immer wieder und ganz und gar für Holland interessierten.

Mit der Habsburgflotte verbanden sie die Hoffnung, Fischfang und Osthandel der Rebellen zu ruinieren, weswegen sie nur zu gerne eine ihnen allein eigene Basis auf der Insel Sylt errichtet hätten; ein Projekt, das Wallenstein mißfiel, denn verdarb er es zur See mit den Holländern, so verdarb er es mit den Hansestädten" (Golo Mann, Wallenstein. Frankfurt am Main 1971, S. 621 f.).

In den Aufzeichnungen des Morsumer Küsters Muchel Madis ist auch die Seeschlacht bei List im Jahr 1644 erwähnt, in der der dänische König Christian IV. die Holländer und Schweden besiegte. Die „grote See-Schlacht" am 16. Mai 1644 begann „des Morgens de Klocke söß" und dauerte „bit up Middag". Die „Annales Morsumenses" des Muchel Madis, der 1651 in Morsum gestorben ist, sind ein wichtiges Dokument der Sylter Geschichte, das den Chronisten, auch Christian Peter Hansen (1803 – 1879), als Quelle diente.

Klaus Mann

Der 1906 in München geborene Sohn von Thomas Mann, Klaus, der sich 1949 in Cannes das Leben nahm, hat die Insel Sylt mehrmals besucht. Er traf mit seinen Eltern in der Pension Kliffende in Kampen zusammen, wo der Dichter 1927 und 1928 Ferienwochen verlebte. 1928 rüsteten sich seine Kinder Klaus und Erika zu einer Weltreise und telegraphierten ihren „lieben Eltern nach Kampen", wie in ihrem Reisebericht „Rundherum. Das Abenteuer einer Weltreise" (1929) verzeichnet ist. Klaus Mann wohnte im Spätsommer 1932 im Hotel Miramar in Westerland und trug am 5. September jenes Jahres in sein Tagebuch ein:

„(Westerland, Hôtel Miramar). 10 Stunden geschlafen. Ärger über Nepp im Hôtel. Friseur (Gespräch Präservative und Hôtelpreise.) Buchhandlung (Bändchen Huxley gekauft, und zu erkennen gegeben.) Ankunftstelegramm von der Giehse. – An Eva geschrieben (ihr den R-Aufsatz geschickt); an Kurt Hiller, dankbar. Am Strand. Angefangen zu lesen: Huxley, „Das Lächeln der Gioconda." Wellenbad. „Das Lächeln der Gioconda" zu Ende: ungeheuer geschickt: aber etwas Magazin. An Süskind und an Dobò geschrieben. Zur Post: kurz spazieren. Giehse von der Bahn abgeholt. Bruno Walter auf der Straße getroffen; wohnen in Kampen. Zwei münchner Handwerksburschen (zerrissene Lederhose.) – Versucht, „Sokrates" zu arbeiten. Schwierigkeiten bis zum Widerwillen. Notizen."

Tee für drei in Kampens Kliffende 1927: Katja Mann, ihr Bruder Klaus Pringsheim und Thomas Mann

Thomas Mann

Thomas Mann hat die nordfriesische Insel Sylt in den 20er Jahren dreimal, 1921, 1927 und 1928, besucht. Er war ein Freund des Reisens, suchte regelmäßig auch Badeorte auf und erfreute sich an schönen Landschaften. „Ein schönes Fleckchen Erde“, nannte er zum Beispiel die Umgebung Lübecks, die Landschaft von Eutin, die Holsteinische Schweiz, den malerischen Ukleisee und Malente. Im Sommer ist Thomas Mann mit seiner Familie gern an die See gegangen. Die Großartigkeit der Dünen,- Heide- und Meereslandschaft auf Sylt war für ihn außerordentlich anziehend. Ähnlich wie Gerhart Hauptmann war er ergriffen von der Phantastik und Originalität der Wanderdünen bei List. Er verglich sie mit dem „merkwürdigen Naturphänomen“ der großen Dünen auf der Kurischen Nehrung, die er seine „sommerliche Heimat“ nannte und wo er sich ein Sommerhaus baute. Über seinen Hausbau auf dem schmalen Landstreifen zwischen Memel und Königsberg hat er als Mitglied des Rotary-Clubs seinen Freunden ausführlich im Jahr 1931 berichtet: „Kennen Sie die Dünen bei List auf Sylt? Man muß sie sich verfünffacht denken, man glaubt in der Sahara zu sein.“

Eine Ferienwoche verlebte Thomas Mann im Sommer 1921 in Wenningstedt (24. August bis 2. September im strandnahen Haus Erika, das als Pension noch heute besteht). Dort beendigte er seinen Vortrag „Goethe und Tolstoi“, den er erstmals in der Aula des Johanneums in Lübeck am 4. September 1921 hielt. Aus Wenningstedt sandte er am 26. August jenes Jahres eine Ansichtskarte an den Literaturhistoriker Ernst Bertram: „Haushohe Wellen! Seit heute haben wir sie wirklich, und man kommt sich am Saum der Schaumteppiche etwa vor wie Salome, die sagt: ‚Es ist schrecklich, es ist wirklich schrecklich!‘ Oder auch wie vor einem Raubtierkäfig.“ Einige Tage später schrieb er in einem Brief ausführlicher über seinen Aufenthalt auf Sylt: „Wir sind außerordentlich froh über die Sylt Improvisation, ich im Besonderen moralisch gehoben durch die Tatsache, daß ich es anstandslos vertrage, zumal das Baden in einer Brandung, nach deren Prankenschläge ich mich das ganze Jahr zurücksehnen werde. Meine Frau leidet durch den unaufhörlichen Wind, den man übrigens bei aller Kraft als weich empfindet, etwas am Ohre.“

Über seine Sommerfrische in Wenningstedt notierte Thomas Mann in sein Tagebuch 1921: „Über Hamburg nach Wenningstedt auf Sylt. In Hamburg elendes Nachtquartier. Husum passiert, Fahrt über das Wattenmeer. Auf der Insel von Katjas Cousinen empfangen. Erster Anblick der Nordsee von der Höhe der Treppe zum Strand. Hübsche Zimmer im Hause Erika gleich hinter Düne. Achttägiger Aufenthalt auf der Insel. Baden vom Strandkorb in der gewaltigen Brandung. Begeisterungen durch das Meer. Der große, weiche Wind. Das Raubtiermäßige der Wellen. Die herrlichen Schaumteppiche. Besuche in Westerland, in List, wo wir die abenteuerliche Wanderdüne bestiegen. Seltsamster Eindruck. Besuch in Jacobsohns Friesenhaus. Ankaufpläne. Abendessen im Dünenhotel.“

Für den zweiten Sommeraufenthalt auf Sylt im Jahr 1927 wählte der Lübecker Dichter das Friesendorf Kampen (10. August bis 11. September 1927). Seine Frau und die drei jüngsten Kinder Golo, Michael und Elisabeth begleiteten ihn. Dort empfand er „eine Art von erfrischender Melancholie“. In einem Brief nannte er diesen Urlaub „schön, erregend, ja aufwühlend“. Während er in Wenningstedt nach dem Morgenbad in der Nordsee wohl stets stramm gearbeitet hatte, gedieh die Arbeit in Kampen nicht weiter. Er bekannte in einem Brief an Ernst Bertram: „Ich schäme mich, nichts geleistet zu haben; außer unförderlichen Kleinigkeiten ist nichts zustande gekommen. Und ‚Joseph‘ ruht noch jetzt.“ Gleichzeitig schrieb er jedoch: „Das Meer ist herrlich dort, ich habe noch immer den weichen Donner der Brandung im Ohr.“

In Kampen wohnte Thomas Mann in der Pension Kliffende, dem weißen, reetgedeckten Haus nahe dem Roten Kliff, einem der schönsten Plätze der Insel, wo die unberührte Schönheit der Landschaft besonders deutlich ist. Hausherrin war Clara Tiedemann, eine ehemalige Schauspielerin, verheiratet mit dem aus Meldorf gebürtigen Antiquar Heinrich Tiedemann. Sie verstand es vortrefflich, dem Haus Kliffende eine heitere, gesellige Atmosphäre zu geben, so daß es zur Sommerfrische für viele Schriftsteller und Künstler wurde. Ins Gästebuch dieses Hauses trug Thomas Mann am 11. September 1927 ein: „Nicht Glück oder Unglück, der Tiefgang des Lebens ist es, worauf es ankommt. An diesem erschütternden Meere habe ich tief gelebt, und was es aufregte, das wird, gebe es Gott, irgendwie einmal ehrenhaft fruchtbar werden."

Es ist „ehrenhaft fruchtbar" geworden; denn es gibt in den Werken von Thomas Mann einige Stellen, die auf die gewünschte Nachwirkung eines Besuchs auf Sylt hinweisen. An seine Besuche auf der Nordseeinsel erinnerte er sich gern („wie die Nordseewildnis schön ist bei starkem West"). In seinem 1924 erschienenen Roman „Der Zauberberg" ist auch von Sylt und der Nordsee die Rede. Man glaubt, den Dichter selbst zu sehen, wenn er beschreibt, wie die Hauptfigur seines Romans, Hans Castorp, am Sylter Weststrand badet:

„Auf Sylt hatte er, in weißen Hosen, sicher, elegant und ehrerbietig, am Rande der mächtigen Brandung gestanden wie vor einem Löwenkäfig, hinter dessen Gitter die Bestie ihren Rachen mit den fürchterlichen Reißzähnen schlundtief ergähnen läßt. Dann hatte er gebadet, während ein Strandwärter auf einem Hörnchen denjenigen Gefahr zublies, die frecherweise versuchten, über die erste Welle hinauszudringen, dem herantreibenden Ungewitter auch nur zu nahe zu kommen, und noch der letzte Auslauf des Katarakts hatte den Nacken wie Prankenschlag getroffen. Von dorther kannte der junge Mensch das Begeisterungsglück leichter Liebesberührungen mit Mächten, deren volle Umarmung vernichtend sein würde."

Der Besuch im Gästehaus von Clara Tiedemann wird Thomas Mann sehr gefallen haben. Diese gut geführte, gepflegte Pension in Kampen beherbergte auch andere berühmte Gäste, zum Beispiel Emil Nolde, Siegfried Jacobsohn und Ernst Rowohlt. Nach unvergessenen Sommertagen des Jahres 1927 hatte Thomas Mann ins Gästebuch eingetragen: „Auch will ich wiederkommen. Man sollte freilich wohl nie wiederholen wollen, denn von vornherein ist gewiß, daß es das andere Mal anders sein wird."

In Kampen vermittelte Thomas Mann gegenüber der Öffentlichkeit ein bürgerliches Familienglück. Dennoch zeigten sich auch dort seine homoerotischen Neigungen, nämlich im Liebeserlebnis mit Klaus Heuser. In seinem Roman „Joseph und seine Brüder" hat er die homosexuellen Gefühle verarbeitet.

Thomas Mann ist 1928, ein Jahr bevor er den Nobelpreis für Literatur erhielt, nach Kliffende nochmals zurückgekehrt (1. bis 30. August). Es war sein letzter Besuch auf der Insel Sylt. Am 30. August jenes Jahres notierte er ins Gästebuch: „Wir reisen leider wieder einmal. Gut, daß Kliffende bleibt." Das schmucke Gebäude steht noch an seinem Platz. Der Besitzer wechselte. Kliffende dient nun einer Großbank als Gästehaus. Über die bedeutungsvolle Geschichte dieses Hauses, auch über die Besuche Thomas Manns, kann man in den „Kampener Skizzen" (1966), dem Buch der Erinnerungen von Clara Tiedemann, nachlesen.

Hinrich Matthiesen

„Mein Sylt" nannte emphatisch der neuromantische Schriftsteller und Nachdichter orientalischer Lyrik Hans Bethge sein 1900 gedrucktes Tagebuch, in dem er sein ganz persönliches, subjektives Inselbild beschreibt. „Mein Sylt"

(1990) heißt auch das Bekenntnisbuch von Hinrich Matthiesen. Der erfolgreiche Thrillerautor, 1928 in Westerland geboren, in Morsum zuhause, stammt aus einer Sylter Familie mit Tradition. 300 Jahre lang fuhren seine Vorfahren zur See. Matthiesen wurde nicht Seemann, sondern Lehrer. Sein Vater äußerte zum Beruf des Sohnes: „Er hat keinen. Er ist Lehrer." Matthiesen junior nahm es nicht übel: „Ein Kapitän und Cap-Hornier findet sich nicht so recht damit ab, daß sein Sohn in einem warmen Schulzimmer sitzt und sich mit Kindern abgibt." Als Lehrer lebte Hinrich Matthiesen jahrelang in Süd- und Mittelamerika, bevor er auf seine Heimatinsel zurückkehrte. Er ist heute freier Schriftsteller. Der Stoff, aus dem seine Romane und Erzählungen sind, hat viel mit seinen Erfahrungen in Lateinamerika zu tun. Sein erstes Buch, der Roman „Minou", erschien 1969. Seither veröffentlicht er fast in jedem Jahr ein neues Werk, darunter „Der Skorpion", „Acapulco Royal" und „In den Fängen der Nacht", ein Roman über das Nachtleben in St. Pauli.

Hinrich Matthiesen ist für seine genauen Recherchen bekannt. Auch sein Syltbuch beruht auf einem Quellenstudium. Aber im Vordergrund stehen nicht sachliche Informationen über dieses magische Fleckchen Erde, sondern subjektive Eindrücke, Meinungen, Gedanken des Autors, der einen literarischen Streifzug unternimmt und dabei mit der leichten Feder des Feuilletonisten die Charakteristiken der Insel unterhaltsam darstellt. Zu den Fragen, die den Verfasser bewegen, gehören: Was ist ein echter Sylter? Wer auf der Insel geboren ist, hier seine Verwurzelung hat, seine Kindheit verbrachte und begraben werden möchte? Für sich gibt Matthiesen diese Antwort: „Ich meine, zunächst einmal sollte man davon abrücken, in dieser Frage für andere entscheiden zu sollen. Ich für meinen Teil glaube herausgefunden zu haben, warum ich einer bin: Wenn es darum gehen wird, mich hinzulegen zum großen Schlaf, dann möchte ich, daß es in Keitum geschieht."

Als echter Sylter widmet Matthiesen selbstverständlich dem Friesischen ein Kapitel. Er nennt es eine an „Krack-, Krach- und Schluchzlauten reiche Sprache". Jedem, der sie nicht mit der Muttermilch eingesogen hat, falle es schwer, sie zu erlernen. Den gegenwärtigen Bemühungen, den Verfall des Sylterfriesischen aufzuhalten, mißt der Verfasser eine große Bedeutung zu. Als Kapitänssohn hat er sich mit den Schicksalen alter Seefahrerfamilien beschäftigt. Er erzählt Stammesgeschichtliches und fügt zum Beispiel der Erzählung über Gret Skrabbel, deren Enkel Lorenz Petersen Hahn ist, einige Arabesken hinzu. Dabei berücksichtigt er auch die Chroniken von C. P. Hansen und Henning Rinken sowie die Berichte von Margarete Boie, Wilhelm Jessen und anderen.

Besorgt um Bestand und Zukunft der Insel, erörtert Matthiesen ebenso aktuelle Probleme: Bebauung, Überfremdung, Massentourismus, Sturmfluten, Küstenschutz, Deichbau. In Morsum Osterende wohnt er am Fuß des Nössedeichs: „Ich lebe an diesem Deich. Der Weg von meinem Haus zu dem sechs Meter hohen Wall, der mich schützt, ist ein Spaziergang von wenigen Minuten, und er belohnt mich immer wieder, denn Deich ist Idylle, ist Tummelplatz freilaufender Schafe, ist Vogelparadies... Da gibt es das grüne endlos lange, sanft geschwungene Band, davor das weite Grau und oben, jedenfalls bei schönem Wetter, das riesige Blau." Stimmungsvolle Natur- und Landschaftsschilderungen enthalten die Kapitel „Ein Sylt-Sommertag" und „Rundblick". Einige, scheinbar abseits gelegene Themen wie ein Bericht über Acapulco – das kleine Fischerdorf aus den vierziger Jahren ist heute eine Millionenstadt – machen am Vergleich die Entwicklung auf der Heimatinsel deutlich.

Das Schicksal von Acapulco und Atlantis ist der Insel Sylt erspart geblieben. Matthiesens Blick in die Zukunft: „Sylt ist nicht nur gefährdet durch das Meer, sondern auch durch uns Menschen. Zum Nutzen der Insel müssen wir künftig mit größter Vorsicht zu Werke gehen, etwa beim Wohnungsbau und beim öffentlichen Nahverkehr, bei der Bewältigung der allsommerlichen Autoflut und bei den Aufgaben, die Natur- und Landschaftspflege stellen. Und ganz obenan steht natürlich der Küstenschutz. Das alles kostet Kraft, und die können wir nur aufbringen, wenn endgültig Schluß ist mit querulatorischen Kleinkriegen."

Der Erzähler und Thrillerautor Hinrich Matthiesen zeigt sich auch in seinem Sylt-Buch: in der eingeschobenen Kriminalgeschichte „Leuchtzeichen" hat es eine Diebesbande auf einen Gewinn aus der Westerländer Spielbank abgesehen. Das Drama endet am Kampener Leuchtturm.

Meeresleuchten

Das Leuchtbläschen Noctiluca miliaris als Urheber des Meeresleuchtens entdeckte der Naturforscher Christian Gottfried Ehrenberg (1795 – 1876) vor Helgoland. Diese Entdeckung veranlaßte Alexander von Humboldt zu einem Besuch der Felseninsel. Der häufigste Einzeller des Zooplanktons erfreut sich auch bei Nichtbiologen großer Beliebtheit. Nocticula ist eine Küstenform, die zu keiner Jahreszeit im Plankton fehlt. Aber sie leuchtet nur unter bestimmten Bedingungen. In warmen Sommermonaten sammeln sich die kleinen Blasen infolge ihres geringen spezifischen Gewichts bei ruhigem Wetter an der Wasseroberfläche. Wenn dann Wind aufkommt und der Wellenschlag die Blasen mechanisch reizt, leuchtet Noctiluca. Wie bei den Leuchtbakterien handelt es sich um eine Chemilumineszenz oder chemische Verbrennungsvorgänge mit Lichterzeugung. Nächtliches Funkeln des Meerwassers vor Sylt ist in der Sommersaison zu beobachten.

Johannes Mejer

Dem Husumer Kartographen Johannes Mejer (1608 – 1674) verdanken wir eine Reihe von schleswig-holsteinischen Landkarten, auch von Sylt, die 1652 in dem Werk „New Landesbeschreibung der zwey Herzogthümer Schleßwig und Holstein" von Caspar Danckwerth veröffentlicht wurden. Mejer besaß eine mathematische Begabung, zeichnete schon als Knabe und hatte die Werke des

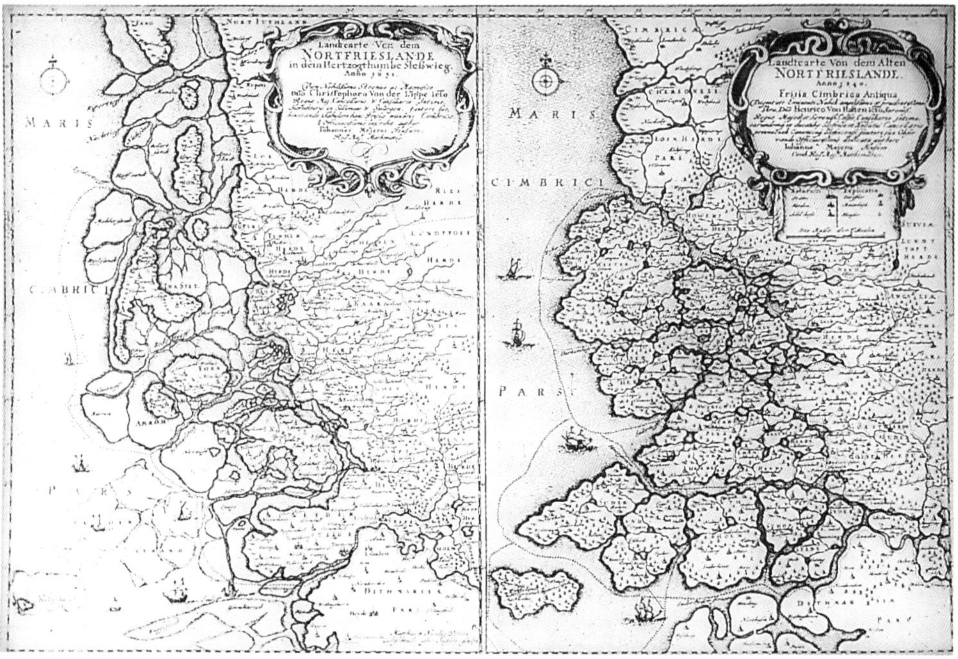

Karte von Sylt 1651 und 1240

Astronomen Tycho Brahe studiert. Aufträge zur Anfertigung von Landkarten erhielt er vom Gottorfer Herzog Friedrich III. und dänischen König Christian IV. 1651 vermaß der Husumer Mathematiker die Umrisse der Insel Sylt. Seine Darstellung ist annähernd richtig. Der Kartograph hat an Ort und Stelle gemessen. Er verwendete noch nicht das genaue trigonometrische Verfahren. Nicht von einem Festpunkt ging er aus, sondern von astronomischen Werten. Mejer konstruierte ebenso die Umrisse der Insel Sylt für das Jahr 1240. Mit dem Festland fast noch verwachsen, hatte die Insel damals noch ein Vielfaches ihrer heutigen Größe. Ob die Karte den Zustand in der Mitte des 13. Jahrhunderts zutreffend widergibt, ist ungewiß.

Sigurd Merz

Sigurd Merz (1918 - 1985) malte in den siebziger und achtziger Jahren nordische Landschaften in farbenkräftiger Aquarelltechnik. Darunter sind Sylter Motive wie Dünen, Kliff, Buhnen, Heide und Meer. Der Vater des Künstlers, Albrecht Leo Merz (1884 - 1967), hat 1919 in Stuttgart eine Werkkunstschule begründet. Die Merz-Schule ist eine revolutionäre pädagogische Einrichtung, die noch heute besteht. Diese staatlich anerkannte Werkkunstschule bietet vom Kindergarten über Grundschule, Gymnasium und Freie Akademie die einzigartige Möglichkeit eines durchgehenden, einheitlichen Bildungswegs. Sie ist ein Erziehungswerk, in dem das Intellektuelle sein bildnerisch-praktisches Gegengewicht findet und auch dem Handwerk eine wichtige pädagogische Aufgabe zufällt. Die Merz-Bildungsstätte ist als eine Schule der Zukunft bezeichnet worden. Der Maler und Bildhauer Sigurd Merz hat die Freie Akademie an der Werkkunstschule seines Vaters von 1950 bis 1983 geleitet. Er heiratete Heide Tiedemann, die Tochter von Clara Tiedemann, ehemals Inhaberin der Pension Kliffende in Kampen. In dem Band „Kampener Skizzen" hat Clara Tiedemann ihre Erinnerungen an die große Vergangenheit des Hauses festgehalten. Sigurd Merz hat diesen Erinnerungsband illustriert. Die Zeichnungen des Tiedemann-Schwiegersohns charakterisieren die Insel mit feinen, klaren Konturen. Die Weite des Watts, der Dünen sowie Kliffkanten, Leuchtturm und Kirchen erscheinen in ihren wesentlichen Umrissen auf diesen Bildern. Sigurd Merz ist auf dem Keitumer Friedhof beigesetzt worden (Grabstätte Tiedemann).

Miniaturporträt

Zwischen 1770 und 1850 reisten Silhouetteure und Miniaturporträtisten durch die Herzogtümer Schleswig und Holstein. Sie fertigten zahlreiche Bildnisse von Bürgern, Bauern und Adeligen an. Zu ihnen gehörte Hans Peter Feddersen der Ältere aus Wester-Schnatebüll (1788 - 1860), der als Wanderkünstler auch nach Sylt kam. Seine Miniaturporträts stellte er stets in derselben Arbeitstechnik her, nämlich im Profil, mit chinesischer schwarzer Tusche im Hochoval auf Papier. Er machte zuerst einen Riß, eine Vorzeichnung, für die er etwa 20 Minuten benötigte. Nach dieser Vorlage folgte die Ausführung. Es entsprach dem guten Ton jener Zeit, sich von Feddersen zeichnen zu lassen. In den Jahren 1826 und 1834 hat der Künstler auf Sylt folgende Persönlichkeiten porträtiert (laut Werkverzeichnis in: Berend Harke Feddersen, Die Miniatur-Porträts von Hans Peter Feddersen. Hamburg 1988): Kapitän Andersen und Schwägerin, Frau Buchholz, Küster Jap Peter Hansen, Pastor Fangel, Kapitän Schulte und Frau, Landvogt Thomsen und Verwandte, Georg Wülfke und Frau. Nach der Erfindung der Photographie sind die Miniaturporträtisten von den Photographen verdrängt worden. Das erste Photoatelier auf Sylt wurde 1853 in Westerland eröffnet.

Miramar

Nach dem Schloß Miramar bei Triest an der blauen Adria ist das Hotel benannt, das seit 1903 an äußerster Stelle auf den Dünen Westerlands vor der Sylter Westküste steht. Das im Jugendstil erbaute Haus, dessen Fassade 1978 renoviert und mit freundlichen hellgelben Farben gestrichen wurde, gehört zu den oft photographierten Gebäuden an der Westerländer Kurpromenade. Es nimmt in der Ortsgeschichte eine interessante Stelle ein.

Zahlreiche berühmte Gäste haben im Miramar gewohnt, vor allem während der Zeit des Kaiserreichs, als Westerland ein internationales Mode- und Vergnügungsbad war, und in den zwanziger und dreißiger Jahren, nachdem Westerland den Charakter eines Weltbades verloren und sich mehr zum Kur- und Heilbad entwickelt hatte. Auch in der Geschichte des Küstenschutzes spielt das Haus eine Rolle. 1907 entstand vor Miramar die erste feste Strandmauer aus Eisenbeton, 68 m lang, um den weiteren Abbruch der Küste zu verhindern. In jenem Jahr begann die Verfelsung der Küste vor Westerland. Sie wurde fortgesetzt mit einer massiven Mauer zwischen der Betonwand von Miramar und der hölzernen Schutzwand vor dem Haus Baur-Breitenfeld. 1912 wurden als Ersatz für die zerstörten Strandhallen neue Strandanlagen geschaffen: Strandmauer, Plattform, zwei Wandelhallen, drei Restaurationshallen, Musikpavillon.

Den Plan, das Haus Miramar in Westerland zu bauen, faßte Otto Busse, Inhaber eines Restaurants in der Berliner Prinzenstraße. Er war im Sommer 1902 Kurgast auf Sylt und schrieb am 17. August jenes Jahres an seinen ältesten Sohn nach Berlin: „Sylt hat, wie man auch aus allem sieht, eine große Zukunft, und deshalb gehe ich mit nichts Geringerem um, als hier an der besten Lage ein Stück Land zu kaufen, um ein Logirhaus darauf zu bauen, und ich habe auch die nötigen Schritte dazu schon getan. Es fehlt hier an modernen, anständigen Häusern. Ein feines, lebenslustiges Publikum ist hier, wie man es nicht erwartet hat. Hauptsächlich wird auch die neue Verbindung (der Nordseelinie im Bäderverkehr von Hamburg nach Hörnum) dazu beitragen, daß Westerland immer größer wird. Ich bedaure, daß Du nicht schon hier bist, um bei dem eventuellen Abschluß Deine Meinung zu äußern. Auf keinen Fall ist Geld zu verlieren, wenn man das Land auch nur zum Wiederverkauf erwirbt. Das Land liegt an den Dünen und an der Friedrichstraßen-Ecke. Durch den Ertrag von Läden, die zu erbauen wären und sicher vermiethet würden, würde ein großer Teil der Kosten gedeckt. Das Grundstück kostet ca. 50 000 Mk. Die Kommission, die den Verkauf unter sich hat, besteht aus ca. 15 Köpfen, bei der aber schwer eine Einigkeit besteht."

Die Verhandlungen wurden erfolgreich abgeschlossen. Der Bau des Logierhauses unmittelbar am Meer konnte im Januar 1903 beginnen. Zuvor lud Otto Busse den Baumeister Max Hansen und den Architekten Carl Christiansen nach Berlin ein, der Heimat der Familie Busse. Am Beispiel moderner Berliner Häuser zeigte er ihnen, wie er sich das Haus auf Sylt vorstellte. Als Vorbild für Namen, Baustil und Lage am Meer diente ihm das Lustschloß Miramar (Seeblick) an der Küste von Istrien. Der Bau des Westerländer Hauses Miramar wurde ohne Kran und große technische Hilfsmittel vollendet. Auf den Leitern und Gerüsten balancierten die Maurer in Sturm und Wetter. Einer stürzte ab und überlebte nicht. 300 000 Mark zahlte Busse für den Bau des Hauses und für die Einrichtung. Darin sind die Kosten für die Lorenbahn eingeschlossen, die vom Südbahnhof zur Baustelle gelegt worden ist, um das Baumaterial heranzuschaffen.

Im Juli 1903 zogen die ersten Gäste ins Miramar ein. Die Führung des Hotels mit 60 Zimmern für etwa 80 Personen übergab Otto Busse seinen Söhnen

Georg und Richard. Nach dem Tode seines Bruders war Georg alleiniger Herr des Hauses. Er war auch Maler und Photograph und hat sich besonders mit der Photomontage befaßt. Seine Photos erschienen zur Kaiserzeit in den Illustrierten. Als er 1903 mit seiner Familie nach Westerland zog, gab er sein Photoatelier in Berlin auf. Zu seinen bekanntesten, auf Sylt hergestellten Photomontagen gehört das Bild des Familienbades von 1907, der revolutionären Neuheit im damaligen Badebetrieb. Er hat auch gern Scherzbilder zum 1. April angefertigt, zum Beispiel montierte er das Bild eines Seiltänzers mit Schirm in eine Ansicht der Berliner Friedrichstraße.

In seinem Hotel empfing Georg Busse bekannte Gäste. Im September 1909 wohnte hier Gerhart Hauptmann mit Frau und Sohn Benvenuto. Für den Dichter mußte ein Schreibtisch herangeschafft werden, damit er am Ferienort arbeiten konnte. Er traf sich häufig mit dem Theologen Adolf von Harnack, der in der Villa Roth Quartier bezogen hatte. Auch Gustav Stresemann hatte sich 1913 zu einem Aufenthalt im Haus Miramar entschlossen. 1904 war der Verlagsbuchhändler Reclam aus Leipzig zu Gast. Das Gästebuch enthält Namen bekannter Schauspieler und Künstler wie Max Reinhardt, Alexander Moissi, Helene Thiemig, Hans Albers, Asta Nielsen, Willy Fritsch, Rudolf Forster, Max Schmeling, Emil Nolde sowie Lotte Lehmann, deren Bruder Fritz 1927 den Festzug bei der Einweihung des Hindenburgdamms einstudierte. 1934 hatte sich Hitler angemeldet. Man hatte aus diesem Anlaß neues Porzellan angeschafft. Aber der Besuch wurde wegen des Röhm-Putsches abgesagt.

In den Jahren von 1920 bis 1924 führte Busses Tochter Mira das Haus. „Mein Großvater hatte sein Haus auf Sand gebaut," erzählt sie, „unmittelbar hinter der äußersten Düne. Und die Sylter schüttelten den Kopf. Eigentlich freuten sie sich nicht, daß sie ein neuzeitliches Hotel an ihren Strand bekamen, sondern sie prophezeiten Hölle und Untergang solchem Leichtsinn. Welche Stürme an diesem Strande tobten, das hatte mein Großvater freilich nicht erlebt, und das konnte er sich auch nicht vorstellen." 1906 wurde das Haus von der Nordsee hart bedrängt. Eine Sturmflut spülte die schützende Düne in einer einzigen Nacht weg. Um die Gefahr zu bannen, mußte die Familie Busse tief in den Geldbeutel greifen und 1907 die Kosten (30 000 Mark) für den Bau einer Strandmauer aufbringen. Nahe der Mauer der heutigen Strandpromenade vor Miramar liegen jetzt Tetrapoden, sechs Tonnen schwere, vierbeinige Betonkonstruktionen, die Franzosen in Grenoble erfunden haben, um die Hafenmole von Casablanca schützen zu können. Aber weder die Tetrapodenanlage noch der Buhnenbau vor Westerland haben sich als Küstenschutz bewährt. Die Tetrapoden beseitigen den Sandstrand und verfelsen die Küste. Deswegen werden seit 1972 vor die mit Tetrapoden und Mauern zugebaute Kurpromenade von Westerland regelmäßig Sände vorgespült. Die Sandvorspülungen sollen die Küste schützen und auch den Fortbestand von Miramar, des Hauses auf Vorposten, sichern.

Christian Morgenstern

Der Dichter Christian Morgenstern, 1871 in München geboren, 1914 in Meran gestorben, war in die Nordsee „vernarrt". Er kam im Sommer 1895 nach Sylt und verlebte drei Wochen im Kurhaus Kampen. Hier faßte er den Plan zu einer lyrischen Symphonie. Vor allem faszinierte ihn die gewaltige Brandung. Aber Morgenstern schätzte ebenso die Berge, deren Gipfel ihn ähnlich begeisterten und anregten wie das Meer: „Mein Herz ist in diesem Sommer (1895) zwischen Nordsee und Alpen hin- und hergezogen worden und ich werde wohl nie dazu kommen können, einen Teil der unendlichen Natur vor einem anderen zu bevorzugen." Der Dichter reiste 1905 nochmals an die Nordsee, um in der frischen, kräftigen Meeresluft eine Besserung seines Lungenleidens zu suchen. Diesmal wählte er die Insel Föhr. Von dort machte er einen Besuch auf Sylt und wohnte in Rantum. Seine Eindrücke sind in den Versen „Sylt-Rantum" beschrieben:

Weil ich dieses Donnern wieder höre,
Dieses Mahlen einer ungeheuren Mühle,
Weil ich diesen Flugsand wieder fühle
und der Möwen Ruhe wieder störe,
Sei die abendliche Klarheit dort im Westen
Mir ein Bild von naher Tage Glück.
Still leg' ich mich ins Dünengras zurück.
Nicht so, wie ich will, nein, wie es will,
Ist's am besten.

Die Stimmung eines „Abends am Wattenmeer" hat Morgenstern so festgehalten:

Nebel, stiller Nebel über Meer und Land,
Totenstill die Watten, totenstill das Land.
Trauer, leise Trauer deckt die Erde zu.
Seele, liebe Seele, schweig' und träum' auch du!

In Christian Morgensterns 1905 veröffentlichtem Gedichtband „Ginganz" sind die skurillen, grotesken Verse „Zivilisatorisches" enthalten. Sie drücken die humoristisch-phantastischen Gedanken des spiel- und spottlustigen Dichters aus, des Liebhabers von Symbolismen. Sein ironischer Witz kann ein Rätselraten auslösen, warum das Bad Westerland genannt ist:

Zivilistorisches
Ein Fisch schrieb jüngst in seinem Blatt:
„Ich bin des trocknen Tons nun satt.
Ich will (als einer nur von vielen)
zwei Hände, um Klavier zu spielen.
Tief in der Südsee lebt mit Brillen
ein Molch, der tut uns wohl den Willen.
Er teile das Rezept uns mit.
Bad Westerland, Sylt. E. P. Schmidt."

Das Blatt verließ die Druckerei.
Der Hering las es wie der Hai.
Fast jeder bis hinauf zum Wal
empfand den Einfall als Skandal,
ja, mehr als das, in seltner Einheit,
als dekadentische Gemeinheit.
(Alleinzig der Polyp sah jetzt,
wozu er in die Welt gesetzt.
Und schwamm herum, von Sinnen schier,
nach einem scheiternden Klavier.)

Der Molch indes mit spitzen Ohren
hat seine Kundschaft nicht verloren:
Er sandte Schmidten die Broschüre
„Fischhände (später Maniküre)
nur durch Gymnastik in drei Jahren".
Da war nun alles zu erfahren.

Man sieht, wie da in Westerland
zum Menschen noch der Fisch entbrannt:
die Wunder der Natur, der wilden,
kulturgemäß hinaufzubilden.

Morsum, Kirche St. Martin

Morsum

Die meisten Orte auf Sylt entstanden als Haufendörfer. In Morsum hat man den Eindruck eines Streudorfes. Aber ursprünglich bestand die Siedlung aus 7 kleinen Ortschaften, nämlich Klampshörn, Holm, Großmorsum, Lütjemorsum, Osterende, Wall und Schellinghörn. Der Dorfkern liegt in Schellinghörn, wo Einkaufsmarkt, Post, Pastorat angesiedelt sind. Die Kirche St. Martin, ein romanischer Bau, ist in der Ortsmitte errichtet, nicht außerhalb wie in Keitum die St.-Severin-Kirche. Beide Kirchen stammen wahrscheinlich aus der gleichen Zeit, aus der Mitte des 12. Jahrhunderts.
Morsum ist erstmals 1440 in einer Urkunde genannt, in einem Zinsbuch

des Bistums Schleswig. Die Zins- oder Erdbücher verzeichnen die Abgaben der einzelnen Landschaften und Dörfer. Aus diesen Angaben ist zu erkennen, daß im 15. Jahrhundert Morsum das größte Dorf der Insel war, gefolgt von Westerland, Keitum, Tinnum, Archsum und Rantum. List und die Norddörfer sind noch nicht aufgeführt. List gehörte zum Bistum Ribe.

Als ruhiges Bauern- und Seefahrerdorf lag Morsum einst weitab vom Fremdenverkehr, der sich ab 1855 in Westerland ausweitete. Als Kurort war Morsum auch um 1900 noch nicht entdeckt. Aber schon damals gehörten Ausflüge zum landschaftlich reizvollen und erdgeschichtlich aufschlußreichen Morsumkliff zum festen Programm der Badegäste. Sie kehrten gern ein im Ausflugslokal Nösse (heute Neubau Landhaus Nösse), das einige Jahre vor dem Ersten Weltkrieg erbaut ist. Die ersten Gäste kamen erst nach dem Zweiten Weltkrieg nach Morsum. In den fünfziger Jahren wurde das östlichste Inseldorf als Kurort entdeckt. Mit der Aufwärtsentwicklung der Kurgastzahl ging gleichzeitig die Zahl der landwirtschaftlichen Betriebe zurück, so daß Morsum heute seinen Charakter als Bauerndorf verloren hat.

Morsumkliff

Morsumkliff

Das Morsumkliff, die rund 1800 m lange, bis zu 21 m aufragende Steilküste im Osten der Insel, gibt einen Einblick in die Erdgeschichte der Sylter Geestkerne. Seit 1923 ist es Naturschutzgebiet. Dazu gehört die anschließende Heidefläche mit bemerkenswerten Pflanzen wie Lungen-Enzian, Europäische Ährenlilie und Sumpfblutauge. Das Kliff auf der Nösse-Halbinsel, dessen Farben weit über das Wattenmeer leuchten, stellt eine Schichtung des Tertiär dar. Die älteste der drei Schichten ist der schwarzgraue Glimmerton, ein schlammiger Sand am Grund der bis 30 m tiefen Urnordsee vor rund 7 Millionen Jahren. Darin lebten Muscheln, Schnecken, Fische, Krebse, auch Wale. Die Tiere sind noch heute fossil zu finden. Das damalige Klima war tropisch. Später, vor 4 – 5 Millionen Jahren, wurde der Glimmerton von Flüssen und eisenhaltigen Sanden überflutet. Daraus entstand der rostfarbene Limonitsandstein als Flachwasserablagerung. Bei der eiszeitlichen Umlagerung bildeten sich Schichtfugen, die das Gestein in Röhren und Kammern umgaben. Diese Gebilde aus dem Limonitsandstein werden in der Sylter Sagenwelt als Hexenschüsseln oder Geschirr der Unterirdischen bezeichnet. Noch später, vor rund 3 Millionen Jahren, transportierten skandinavische Flüsse den hellen Kaolinsand hierher, der auch an anderen Stellen der Insel zutagetritt, nämlich am Weißen Kliff in Braderup und am Grunde des Roten Kliffs in Kampen. Auch der Kaolinsand oder die Porzellanerde weist Versteinerungen wie Schwämme, Korallen, Trilobiten auf. Die drei tertiären Schichten (Glimmerton, Limonitsandstein, Kaolinsand) sind übereinander gelagert, ursprünglich auch am Morsumkliff. Aber die während des Eiszeitalters entstandenen Gletscher zerbrachen die Erdschichten und schoben sie schuppenartig nebeneinander. Wegen dieses einmaligen Aufschlusses ist das Morsumkliff ein „Mekka" der Geologen.

Schiffsmole in Munkmarsch

Munkmarsch

Als Hafen für Segelschiffe und Motorboote ist Munkmarsch heute von Bedeutung. Die große Zeit des Orts als Fährhafen ist vergangen, nachdem 1927 der Hindenburgdamm die wichtigste Verkehrsverbindung zum Festland geworden ist. Seither träumen Munkmarsch und das einst vielbesuchte, nun geschlossene Hotel Munkmarsch, erbaut 1869, still vor sich hin. Nur das Plakat „Brücken-Taxe für die Benutzung der Schiffs-Mole bei Munkmarsch auf Sylt“ läßt ahnen, wie rege einst der Betrieb war, besonders in den Sommermonaten, bei Ankunft und Abfahrt der Post- und Fährschiffe in Munkmarsch, dem besten Lösch- und Ladeplatz jener Zeit.

Brücken-Taxe

für die

Benutzung der Schiffs-Mole bei Munkmarsch auf Sylt,

nach Genehmigung der Königlichen Regierung im Jahre 1875.

		Mark	Pfg.
1.	Jeder Passagier (Gepäck frei) zahlt		10
2.	Für Pferde wird bezahlt pr. Stück		30
3.	„ Hornvieh wird bezahlt pr. Stück		20
4.	„ Schafe, Schweine und Kälber pr. Stück		5
5.	„ Lämmer und Saugferkel per Stück		3
6.	Das Postschiff, sei es Dampf- oder Segelschiff, ist berechtigt von der Ankunft bis zur Wiederabfahrt an die Mole zu liegen und zahlt dafür, wenn es fährt und die Brücke benutzt, pro Tag		40
	Für Postsachen wird nichts, für alles Andere, was mit dem Postschiffe ankommt oder abgeht, nach der allgemeinen Taxe bezahlt.		
7.	Stückgüter, welche bei der Mole gelöscht oder geladen werden, zahlen per 50 Kilogramm		2
	die von dem Schiffer entrichtet und von demselben den Empfängern wieder berechnet werden. Dieses gilt auch für die §§ 8 und 9.		
8.	Holz, Steinkohlen, Ziegelsteine, Torf, Dachreth, Heu, Stroh u. s. w. zahlt für jedes Fuder		10
	(12 Hectoliter Steinkohlen, 500 Ziegelsteine oder 4 Drag Reth werden für ein Fuder gerechnet.)		
9.	Korn, Mehl, Kartoffeln, Obst und Hülsenfrüchte für jede 12 Hectoliter . .		10
	weniger als 3 Hectoliter sind frei, wenn darüber wird für 12 Hectoliter bezahlt.		
10.	Alles oben nicht Genannte zahlt nach Billigkeit und im Verhältniß zur Taxe.		
11.	Außer der vorstehenden Taxe für die Ladung zahlt der Schiffer bei jedesmaligem Laden oder Löschen für jeden Kubikmeter Netto-Raumgehalt seines Fahrzeuges		5
12.	Für Ballasteinnehmen, wenn der Platz solches gestattet, pro Fuder. . . .		5
13.	Besitzer von Pferden und Wagen zahlen bei Benutzung der Mole für jedes größere oder kleinere Fuder, das sie von den Fahrzeugen abholen oder denselben hinbringen		10
	Für jedesmaliges Abholen oder Hinbringen der Postsachen		5
	Wagen, welche Passagiere und ihr Gepäck abholen oder hinbringen, oder Ballast fahren, sind von dieser Abgabe befreit.		
14.	Es darf auf der Mole Nichts aus der Ladung gelagert werden, es sei denn, daß der Brückenaufseher in Ausnahmefällen dieses gestattet.		
	Werden aber solche Sachen im Laufe des Tages nicht fortgeschafft, sondern bleiben die Nacht über auf der Brücke, dann ist für dieselben die Hälfte der Taxe mehr zu entrichten, einerlei ob sie von den Post- oder von Frachtschiffen gelöscht worden sind.		
15.	Schiffer, die mit ihren Ladungen bei Munkmarsch Handel treiben wollen, sind nur berechtigt mit ihren Fahrzeugen an die Mole und so lange zu liegen, als der Platz dieses gestattet und sie Anderen beim Löschen oder Laden nicht hinderlich sind, worüber allein der Brückenaufseher zu entscheiden hat.		
16.	Die Brückenabgabe ist vom Schiffer sofort nach Entlöschung oder eingenommener Ladung an den Brückenaufseher zu entrichten. Nur der Postschiffer macht hiervon eine Ausnahme, indem derselbe über beförderte Passagiere, transportirtes Vieh, Stückgüter, Bau- und Brennmaterial Buch zu führen und, bei Vorlage desselben, dafür die Brückentaxe, nebst der im Tarif § 6 bestimmten Taxe für sein Fahrzeug monatlich an den Inhaber der Mole selbst zu entrichten hat.		
17.	Der Schiffer, welcher die Mole zum Löschen oder Laden benutzt, kann leeres Gut und sein Proviant an Bord nehmen, ohne dafür etwas zu entrichten, ist aber nach geschehener Entlöschung auf Verlangen des Brückenaufsehers verpflichtet sein Fahrzeug von der Mole zu entfernen.		
18.	Jeder Schiffer hat sein Fahrzeug gehörig zu vertäuen und mittelst Wrielen und Stoßküssen von den Pfählen der Mole frei zu halten und nur in dem Fall, daß diese Vorschrift gehörig befolgt war, ist er von Schadenersatz frei, wenn die Mole durch sein Fahrzeug eine Beschädigung erlitten.		

A. Andersen.

Gedruckt bei J. Dröhse in Tondern.

An die große Zeit des Fährhafens Munkmarsch erinnert dieses Plakat von 1875

Robert Musil

Zweimal besuchte der in Klagenfurt gebürtige Schriftsteller Robert Musil (1880 – 1942) die Insel Sylt, im Juli 1914 und August 1923. In jenen Jahren war der österreichische Erzähler bereits mit einigen Novellen und Dramen hervorgetreten und hatte literarischen Ruhm erworben mit seiner Erzählung „Die Verwirrungen des Zöglings Törleß" (1906). Noch bekannter wurde er 1930 mit seinem Roman „Der Mann ohne Eigenschaften", in dem er die Gesellschaft der untergehenden Donaumonarchie kritisch analysierte. Er war als Redakteur der tonangebenden Zeitschrift Neue Rundschau in Berlin tätig, als er sich 1914 zur ersten Reise auf die nordfriesische Insel entschloß. Zusammen mit seiner Frau wohnte er bei E. B. Seidel in Wenningstedt. Die Fremdenliste der Westerländer Kurzeitung (Nr. 28 vom 23. Juli 1914) verzeichnete unter „am 20. Juli angemeldete Kurgäste": Dr. Musil, Robert, Schriftsteller, und Frau. Da er auch als Kurgast ein Tagebuch führte, sind seine Beobachtungen in der Sommerfrische Wenningstedt überliefert:

„Im Bad wird es einem ganz blond vor Augen. Die junge Bademeisterin, die das Trinkgeld nimmt, um trotz des Andranges eine Hütte zu reservieren, dies dann doch nicht über das Gewissen zu bringen erklärt, aber das Trinkgeld behält." Robert Edler von Musil – der Vater wurde 1917 geadelt. Der Adel war erblich und stand auch den Nachkommen zu – war natürlich Kavalier und übersah großzügig die kleine Schandtat der Bademeisterin. Im Tagebuch hielt er eine andere Momentaufnahme fest: „Der große Mann, der sich mit dem Kopf durch die Brandung boxt. Frauen in die Vierzig, an Hüften und Bauch schon breit, aber mit kugeligen breiten Brüsten." Plötzlich stand auch der Krieg vor Augen, von dem man damals noch nicht wußte, daß man ihn später numerieren und als Ersten Weltkrieg bezeichnen würde: „Der Nußknackeroberlehrer, der alles schreiend sagt, mit seinem Stachelbart, der dann, als der Krieg droht, ganz still und unruhig und in den Augen glänzend wird, weil er sich wegen seines Bruders sorgt."

Im Jahr der zweiten Sylt-Reise Musils, 1923, erhielt der Dichter den Kleist-Preis für sein Schauspiel „Die Schwärmer" (1921). Damals war Musil als Theaterkritiker, Essayist und Schriftsteller vornehmlich in Wien beschäftigt. Wiederum verbrachte er im August 1923 Urlaubswochen in Wenningstedt. Die Fremdenliste des Nordseebads in der Sylter Zeitung vom 22. August 1923 nannte „Dr. Robert Musil mit Frau und Tochter". Mitten im Sommer erlebte er eine Sturmflut, die er für die Prager Presse am 20. September desselben Jahres in einem Feuilleton mit der Überschrift „Die Sturmflut auf Sylt" beschrieb.

Musils Erlebnisse auf Sylt sind auch in anderen Werken nachzulesen. In der kleinen Erzählung „Hasenkatastrophe", die in seinem „Nachlaß zu Lebzeiten" (1936) enthalten ist, erzählte der Autor, wie ein Foxterrier auf einer Sylter Heidefläche einen jungen Hasen jagt. Dabei fügte Musil seine Eindrücke von der Insellandschaft ein: „Eine Erinnerung aus der Geographiestunde wird lebendig: Insel – eigentlich stehen wir da auf der Kuppe eines hohen Meerbergs? Wir, zehn bis fünfzehn lungernd zusehende Badegäste in farbigen Tollhausjacken, wie sie die Mode vorschreibt. Ich ändere meinen Gedanken noch einmal ab und sage mir, das Gemeinsame wäre nur die unmenschliche Verlassenheit: Verstört wie ein Pferd, das den Reiter abgeworfen hat, ist die Erde überall dort, wo der Mensch in der Minderheit bleibt; ja, gar nicht gesund, sondern wahrhaft geisteskrank erweist sich die Natur im Hochgebirge und auf kleinen Inseln."

Daß Robert Musil in seinen Werken immer wieder eigene Erlebnisse und Begegnungen festhielt, zeigen auch seine beiden Aufenthalte auf Sylt. In Wenningstedt traf er den Bauern Nielsen, der einen nachhaltigen Eindruck auf ihn machte. Er hat ihn in seinem Hauptwerk „Der Mann ohne Eigenschaften" charakterisiert: „Achilles (der Held des Romans) erinnert sich in diesen Tagen an einen alten friesischen Bauern. Er hatte ihn in dem kleinen Inselbad schon oft beobachtet. Er war so komisch. Gut an die achtzig. Mit einer schwarzen Schirmmütze. Obeinig. Abends holte er das Kalb vom Grasplatz. An der Kette riß es ihn hin und her; aber mit Geduld steuerte er es doch in den Stall. Einmal sah er ihn die Leiter am Strohschober hinaufkriechen. Unbehilflich aber entschlossen. Oben richtete er die Leinenplache. Und dann kam Achilles einmal durch Zufall ins Gespräch mit ihm. Schnupftabak zog sich über dieses Gesicht mit den weißen Bartstreifen. Der typische Stoffel hatte A. gedacht. Ein hinkendes Schweinchen hüpfte vergnügt am Dunghaufen. Steif ist es sagte der Bauer und nannte eine Krankheit, die A. nicht verstand. Vier Monate haben wirs aufgezogen und es wird nicht besser. Der Bauer sprach, wie man von einem mißratenen Kinde spricht. Wie merkwürdig diese Liebe, empfand A., trotzdem man es nur zum Abstechen aufzieht. Dann sprachen sie über die Weltlage, und A. war erstaunt, wie fein und zart der Bauer sprach, wie er all das sagte, was jeder Gebildete sagt. Italienisches Volk fiel ihm ein. Wo hat er es her? Wird das mit jedem geboren. Ein Schauer ergriff ihn vor dem Menschlichen, Gemeinsamen; denn wie klein ist der Weg, den der Einzelne Beste dem voraneilt."

Musils Biograph Karl Corino hat die biographischen Stationen des Dichters in einer Dokumentation (Robert Musil. Leben und Werk in Bildern und Texten. Reinbek bei Hamburg 1989) von rund 1000 Photographien zusammengestellt. Darin sind auch die beiden Reisen nach Sylt illustriert. Ein Photo zeigt den Bauern Nielsen, ein anderes das durch Blitzschlag abgebrannte Haus Bundis in Wenningstedt, das im Feuilleton „Die Sturmflut auf Sylt" erwähnt ist. Die Sylter Impressionen von Musil spielen für sein Werk freilich keine bedeutende Rolle. Dennoch sind sie Beispiele dafür, wie genau der Dichter seine Umwelt studierte und welche Randerscheinungen er notierte und verarbeitete.

Die Bücher von Musil wurden 1938 in Deutschland verboten. Der Autor emigrierte von Wien nach Zürich und Genf. 1942 starb er. Es gibt kein Grab von Robert Musil. Seine Asche verstreute seine Frau in einem Wald nahe Genf – wie es Brauch in der Familie war. –

Naturschutzgebiet

In Schleswig-Holstein regelt das Gesetz für Naturschutz und Landschaftspflege (Landschaftspflegegesetz vom 16. April 1973) die Grundlagen des Natur- und Umweltschutzes. Nach diesem Naturschutzrecht sind zwei Arten von Schutzgebieten zu unterscheiden:

1. streng geschützte Bereiche: Naturdenkmal, Naturschutzgebiet, Nationalpark
2. nicht so streng geschützte Bereiche: Landschaftsschutzgebiet, Naturpark, geschützter Landschaftsbestandteil

In den Gebieten der ersten Gruppe soll die Natur völlig erhalten bleiben, unbeeinflußt von nachteiligen Einflüssen und Veränderungen wie Bauten, Zelten, Wohnwagen, Eingriffen in Boden, Ausreißen von Pflanzen und Fangen von freilebenden Tieren. Dagegen sind in der zweiten Gruppe nur Änderungen untersagt, die landschaftliche Eigenart, Landschaftshaushalt und Erholungswert beeinträchtigen. Demnach sind die Schutzwirkungen in der ersten Gruppe stärker. Zu den streng geschützten Naturschutzgebieten auf Sylt zählen:

Nordsylt	1790 ha	seit 1923
Morsumkliff	43	1923
Kampener Vogelkoje	10	1935
Rantum-Becken	568	1962
Hörnum-Odde	157	1972
Rantumer Dünen	397	1973
Nielönn	64	1979
Dünenlandschaft auf dem Roten Kliff	177	1979
Braderup-Heide	137	1979
Baakdeel	242	1979

Seit 1985 besteht als großes Naturschutzgebiet der Nationalpark Nordfriesisches Wattenmeer (Watt an der schleswig-holsteinischen Nordseeküste).

Johann Friedrich Naumann

Der Begründer der wissenschaftlichen Vogelkunde, Johann Friedrich Naumann (1780 – 1857), hat die Insel Sylt im Jahre 1819 besucht. Er kam von Ziebigk bei Köthen (Anhalt), wo er ein kleines Landgut besaß, im Mai 1819 nach Schleswig-Holstein, am 6. Juni von Amrum aus gemeinsam mit drei anderen Vogelfreunden nach Sylt. Hier hoffte er, die Kaspische Meerschwalbe, die heute Raubseeschwalbe heißt, zu sehen. Von Hörnum wanderten die Besucher nach Rantum und Morsum, wo sie den Landvogt Martin Thomsen trafen, der ihnen die Erlaubnis zur Vogeljagd erteilte. Damals war es allgemein üblich, Vögel zu schießen, um Bälge für die Vogelsammlungen zu gewinnen. Am 7. Juni führte ein Entenfänger in der Vogelkoje Kampen die Ornithologen durch die Fanganlage. Naumann entdeckte dabei einen sonderbar singenden Vogel, den Karmingimpel. Mit dem Pferdewagen erreichte die Gruppe das Dorf List, wo Boy Paulsen, Besitzer der Sylter Nordspitze, sie aufnahm. Er führte sie zu den Nistplätzen der Vögel im Listland. Dort sah Naumann mit seinen Freunden unzählige Silbermöwen, Austernfischer, Brand- und Küstenseeschwalben sowie etwa 250 bis 300 Paare der Raubseeschwalbe und rund 100 Paare Eiderenten brütend. Den Sammlern erlaubte der Listlandbesitzer, sechs Raubseeschwalben zu schießen. Im Jagdeifer erlegten sie jedoch achtzehn Exemplare dieser Vogelart. Sie kehrten wieder nach Morsum zurück und verließen am 8. Juni 1819 die Insel. Die Vogelsammlung von Johann Friedrich Naumann ist erhalten und im Naumann-Museum, im Schloß von Köthen, ausgestellt. Sie umfaßt 1175 Tiere, darunter auch die auf Sylt erbeuteten Vögel.

Nationalsozialismus

Als am 30. Januar 1933 die Herrschaft des Nationalsozialismus in Deutschland begann, waren am Abend alle Fenster eines Kaffeehauses in Westerlands Strandstraße mit Lampions festlich erleuchtet. Der Sohn des Kaffeegartenbesitzers war überzeugter SA-Mann. Seine Begeisterung für das neue Regime teilte er mit zahlreichen anderen Inselbewohnern. Wenn es nach den Syltern gegangen wäre, würde Adolf Hitler nicht erst 1933, sondern schon 1932 zur Macht gekommen sein.

Denn bei der Wahl zum Reichspräsidenten in jenem Jahr (zweiter Wahlgang am 10. April 1932) entschieden sich von 3626 Wählern auf der Insel 1798 für Hitler, 1593 für Hindenburg und 235 für Thälmann (KPD). Den relativ höchsten Stimmenanteil erhielt Hitler 1932 in Morsum, wo von 270 Wahlberechtigten 200 für die NSDAP, 54 für die Hindenburg-Parteien und 16 für die KPD stimmten.

Daß die NS-Bewegung auf Sylt Fuß faßte, hat die gleichen Ursachen wie überall im Land. Hier war wenig anders, und das Freiheitsbewußtsein, das der gängige Spruch „Lewer duar üs Slav“ ausdrückt, war in den dreißiger Jahren längst nicht mehr vorhanden. Schon nach der Einverleibung Sylts in Preußen (1866) hat das erst um 1840 entstandene Schlagwort seine Gültigkeit verloren. Nationalismus und Obrigkeitskult haben dazu beigetragen. Die oft gepriesene Eigenständigkeit der Insel gehört deshalb in den Bereich der Fiktion.

Seitdem der Fremdenverkehr in der zweiten Hälfte des vorigen Jahrhunderts zum wichtigsten Wirtschaftsfaktor wurde, bestimmen vor allem die Ereignisse auf dem Festland das Inselleben. Der Erste Weltkrieg beendete das Urlaubsgeschäft für längere Zeit. In den Nachkriegsjahren gingen wegen der ungünstigen wirtschaftlichen Entwicklung die Gästezahlen zurück. Auch die Sylter litten unter Arbeitslosigkeit, zunehmender Not und Weltwirtschaftskrise. Die „goldenen zwanziger Jahre“ gab es, wenn überhaupt, für die Sylter jedenfalls nicht.

Der Einfluß der NSDAP setzte sich auf Sylt viel später als auf dem Festland durch. Eine Zeitlang ist die politische Neutralität des Kurorts während der Sommersaison berücksichtigt worden. Erst im Oktober 1930 entstand die erste Sylter Ortsgruppe der NSDAP. Rund 60 Mitglieder hatte diese Ortsgruppe Ende 1930. Im Mai 1933 zählte die Partei 670 Mitglieder auf der Insel, davon 315 in Westerland und 107 in List.

Das terroristische System der nationalsozialistischen Partei hat entscheidend geholfen, auch auf Sylt das Terrain für die faschistische Diktatur zu bereiten. Friesisches Brauchtum und friesische Freiheitsideologie wurden von der NS-Propaganda übernommen. Eine wirt-

schaftliche Erholung haben die dreißiger Jahre tatsächlich mit sich gebracht, aber nicht durch Sanierung des Fremdenverkehrs, sondern durch aufwendige Rüstungsbauten. (Einzelheiten über die Frage, wie sich der Nationalsozialismus auf Sylt durchgesetzt hat, sind in der vorzüglichen Studie „Der Sylter Weg ins Dritte Reich“ (Münsterdorf, 1977) von Harald Voigt überzeugend dargestellt.)
Das von den Nationalsozialisten frühzeitig angekündigte Ausscheiden der Juden aus dem Leben in Deutschland begann auf Sylt 1933. Im August jenes Jahres mußte ein jüdischer Kurgast die Insel verlassen, weil er mit einem „deutschen christlichen Mädchen“ Kontakt aufgenommen hatte. Wegen der Politik des Judenhasses und der antisemitischen Maßnahmen der Nationalsozialisten sank 1933 die Zahl der Sylter Badegäste. „Es ist anzunehmen,“ teilte die Sylter Zeitung am 10. Januar 1934 mit, „daß die Umwälzung besonders zahlreiche Gäste aus den Großstädten (Juden) vor der üblichen Badereise abgehalten hat, so daß auch für Westerland die Besucherzahl aus den Großstädten zurückging.“ Ein Teil der Juden zog die dänische Insel Röm vor.
Natürlich wünschten sich die Sylter Vermieter ein volles Haus. Deshalb ist in Westerland das Aufenthaltsverbot für Juden, das ab März 1934 galt, zunächst nicht von allen beachtet worden. Um die Lage des Gastgewerbes nicht zu verschlechtern, wurden jüdische Gäste weiterhin aufgenommen. Dagegen sprach im August 1935 der Ortsgruppenleiter: „Scharf wandte er sich gegen Hausbesitzer, die im Winter die Hakenkreuzflagge zeigten, aber im Sommer plötzlich wieder die alt-ehrwürdige schwarz-weiß-rote Fahne hißten. Dieser Wechsel bedeute nichts anderes, als auch Juden die Tore öffnen, denn nicht anders, als in solcher Absicht, könne dieser offensichtliche Gegensatz der Beflaggung im Sommer und Winter verstanden werden“ („Sylter Zeitung“, 19. August 1935).
Als die NS-Machthaber die Sylter 1934 erstmals aufforderten, Juden den Aufenthalt auf der Insel zu verbieten, erhob sich in einer Parteiversammlung der NSDAP eine alte Parteigenossin und erklärte: „Ick bin ’ne freie Friesin, und dat eene will ick seggen: Ob das nun Christen sind oder Dschuden, dat is mich ganz egal: Ihr Geld sollen sie dalassen.“

Negerjunge

Der Sylter Steuermann Mochgel Eben schrieb am 2. Dezember 1761 aus Amsterdam einen Brief an seine Mutter, die Witwe von Ebe Jensen, nach Tinnum. Er drückte sich halb plattdeutsch, halb friesisch aus. Ins Hochdeutsche übertragen, enthält der Brief des Seemanns folgende Mitteilungen:
„Ehrenwerte Mutter, Bruder und Schwestern, habe die Ehre, hiermit Euch zu berichten, daß ich am 22. November glücklich und wohlbehalten in Texel und am 29. November in Amsterdam angekommen und hoffe, daß Ihr zuhause alle zusammen gesund und bei Wohlbefinden noch seid. Wäre es anders, es sollte mein Leid sein. Hiermit sende ich an meine liebe Mutter einen kleinen schwarzen Jungen, der Jan Deo

heißt. Ich bitte herzlich, daß meine liebe Mutter ihn im Winter zur Schule gehen und im Sommer Schafe und Gänse hüten läßt, sonst soll er für Euch Laufjunge sein. Und wenn meine liebe Mutter ihn nicht haben will, kann sie ihn im Frühjahr mit dem Schmackschiff wieder zurückschicken. Ich bitte, ihn nicht schlecht zu behandeln, denn er ist mein eigener Junge.

Meine liebe Mutter, kümmert Euch um meinen schwarzen Jungen Jan Deo und laßt ihn zur Schule gehen, ich werde alles bezahlen. Und schreibt mir nur, was alles Ihr nötig habt, ich schicke es Euch bei Gelegenheit, nur wann ich nach Hause komme, das kann ich selbst nicht wissen, wie alles noch laufen wird.

Verbleibe Euer lieber Sohn und Bruder

Mochgel Eben."

Diesen Brief hat der Inselchronist C. P. Hansen 1865 in seinem Buch „Das Schleswigsche Wattenmeer und die friesischen Inseln" überliefert. Über das weitere Schicksal des Negerjungen Jan Deo berichtet der Autor nichts. Deshalb ist bis heute unbekannt, ob Jan Deo gleichzeitig mit dem Brief in Tinnum eintraf, wie die Familie Eben den Negerjungen aufgenommen hat, ob er auf Sylt geblieben ist. Die Fama berichtet, daß die Witwe Jensen den Jungen im nächsten Frühjahr zurückgeschickt hat.

Der Steuermann Mochgel Eben wird den Negerjungen auf einem Sklavenmarkt eingehandelt haben. Die Sklaverei war noch bis ins 19. Jahrhundert verbreitet, vor allem in den dänischen Kolonien, in Westafrika an der Goldküste und in Westindien, auch in Portugal, Spanien, den Südstaaten der USA sowie in den englischen und französischen Kolonien.

Erstmalig sollen 1434 in Lissabon Neger als Sklaven verkauft worden sein. Sylter Seeleute waren an der Verschiffung der Neger beteiligt. In Kopenhagen sind besondere Transportschiffe ausgerüstet worden, beispielsweise die „Friderica". Um 1780 war Kapitän dieses Schiffes der aus Tinnum stammende Peter Andreas Eben.

Schon 1792 war der Negerhandel in Dänemark, der von einer staatlichen Agentur in Westafrika betrieben wurde, infolge des Einflusses der Quäker abgeschafft. Aber in den Herzogtümern Schleswig und Holstein ist der Sklavenhandel erst 1835 endgültig verboten worden.

Zwei Jahre bevor Jan Deo nach Sylt kam, ist ein anderer Neger auf die Insel gekommen. Er blieb mehrere Jahre hier und trat zum Christentum über. Darüber hat der Morsumer Pastor Krohn im März 1767 ausführlich im Taufregister berichtet:

„Dieser Mohr, den sie bis dato Seemann genannt, ist ongefehr Anno 1749 oder 1750 geboren, und zwar von unbekannten heydnischen Ältern an der Küste Guinea in Dellimina. Der Provincial Commandant Hinrich Woortmann hat ihn nebst 300 anderen Sklaven an den Capitän Simon Cornelis von Seeland im September 1757 verkauft, wo dieser Neger etwa 8 Jahre mag gewesen seyn.

Capitän Simon Cornelis hat diesen Sklaven auf öffentlicher Auktion zu Surinam in America an seinen itzigen bisherigen Herrn, Capitän Jan Michelsen d. Jung im Januar 1758 für ohngefehr 156 Gülden Holl. Courant verkauft, welche ihn den 12. May 1759 zu Amsterdam gebracht und diesen Schwarzen zu Hause darauf hierhergesandt, so daß er

zu Morsum den 11. November 1759 wunderbar gekommen. Diesen Neger hat Capitän Jan Michelsen bis dato zu seinen Diensten gebraucht. In der Schule ist er nur 12 Wochen gewesen, inzwischen hat dieser arme Mensch ungemein sich nach den Gnaden-Mitteln zu seiner Seligkeit gesehnet, wozu nicht die beste Hoffnung gewesen, endlich aber war dazu resolviret (der Entschluß gefaßt), und ich habe ihn nach allem Vermögen gelehret, sowohl mit den anderen Confirmations-Kindern von 1766, den 14. Oktober, an bis 1767, den 18. Februar, als auch privatim bis den 10. Marti, da er denn nach seinem Vermögen so gut zunahm, daß ich ihm helfen konnte.
Er legte den 11. Marti vor der ganzen Gemeinde öffentliche Probe ab und antwortete zu aller Anwesenden Vergnügen sehr wohl, worauf ich ihn sogleich taufete, und bekam den Namen Simon Jansen. Seine Gevatters waren: Jan Michelsen d. Jung, Hans Bahnsen, Ursula Cathrine Krohnin, meine liebe Frau, Gott erhalte diesen Fremdling zu seinen Gnaden ewiglich."
Ein Fremdling wird Simon Jansen in Morsum geblieben sein. Über sein weiteres Leben ist nichts bekannt. Vielleicht schenkte man ihm die Freiheit, und er kehrte in seine afrikanische Heimat zurück.

Paul Ebe Nickelsen

„Daß Inkens Porträt jetzt noch nicht mit den Bildern kommt, mußt Du entschuldigen; sie ist dreimal, um daguerreotypiert zu werden, nach Westerland gewesen, wo ein junger Mensch sich damit beschäftigt; allein es ist bisher noch kein gelungenes Bild von ihr zustandegekommen, u. bei ihrer letzten Sitzung daselbst zersprang ein Glas, so daß vorläufig nichts daraus werden kann." So drückte der Sylter Lehrer und Heimatforscher Christian Peter Hansen (1803 – 1879) in einem Brief vom 27. November 1853 seine Enttäuschung darüber aus, daß eine Daguerreotypie seiner Stieftochter Inken nicht angefertigt wurde. Der „junge Mensch" in Westerland war Paul Ebe Nickelsen, der Sylter Photopionier, der sich als erster Inselbewohner der Wundererfindung der Daguerreotypie zugewandt hatte. Wir verdanken ihm die ersten photographischen Aufnahmen von Sylt, die veranschaulichen, wie im vorigen Jahrhundert das Seebad gewachsen ist. Seine Photos sind in einigen Sylter Häusern noch zu finden. Das Sylter Archiv in Westerland bewahrt zahlreiche Originalplatten. Einige Photogeräte des ersten Sylter Photographen sind ebenfalls noch erhalten.
Der „junge Mensch", Paul Ebe Nickelsen, den C. P. Hansen in seinem Brief nannte, war damals 21 Jahre alt. Er hatte 1853 sein Atelier in Westerland begründet. In jener Zeit ist in Schleswig-Holstein eine Reihe von Ateliergründungen zu verzeichnen. Im selben Jahr 1853 wandte sich zum Beispiel in Flensburg Friedrich Brandt (1823 – 1891) dem neuen Beruf zu, um die Möglichkeiten der Lichtbildkunst zu nutzen. In der neuen Erfindung sah auch Paul Ebe Nikkelsen auf Sylt seine berufliche Zukunft. Er war als Sohn eines Schmieds 1832 in Westerland am Kirchenweg 39, nordöstlich der alten Dorfkirche, geboren worden. Den Beruf des Vaters erlernte er,

außerdem das Steinmetzhandwerk. Von ihm gefertigte Grabmale mit kunstvollen Inschriften waren auf dem alten Westerländer Friedhof zu sehen, beispielsweise Steine für Maren Erichsen, Erkel E. Uwen, Merry H. Kayser, H. R. Hinrichs. Dieses Handwerk gab er jedoch aus gesundheitlichen Gründen auf. Er war vielseitig begabt, auch musisch tätig und spielte mehrere Instrumente wie Geige, Flöte, Klarinette und Klavier. Er war der erste auf Sylt, der ein Klavier bauen ließ. Es war speziell für das Meeresküstenklima geeignet und wurde von der Firma Beck und Hinrichsen in Rendsburg angefertigt. Nikkelsen erteilte Musikunterricht. Daß er dem Westerländer Knabenchor Blasmusik beibrachte, um die der St.-Niels-Kirche noch fehlende Orgel zu ersetzen, ist einer Zeitungsnotiz von 1874 zu entnehmen. Er und seine Schüler gründeten 1880 eine gesellige Gemeinschaft mit dem Namen Westerländer Dilettantenverein. Seine Mitglieder veranstalteten außer Gesang- und Musikaufführungen einige Theaterabende. Aus diesem Verein mit dem Schülerkreis von Nickelsen gingen ein Gesangverein sowie der Westerländer Musik-Verein von 1889 hervor. Kurze Zeit leitete der Photograph den Männergesangverein. Er selbst konnte zwar nicht singen, aber er war imstande, jeden falschen Ton zu erkennen.

Der aufgeweckte, für vieles interessierte Nickelsen hörte frühzeitig von der Erfindung des französischen Malers Daguerre (1787 - 1851), der Daguerreotypie, die auf einer versilberten Kupferplatte ein gestochen scharfes Spiegelbild gab. Wie ein Lauffeuer hatte sich die Kunde davon verbreitet. Im Januar 1839 erfuhr die Académie des Sciences in Paris davon. Schon am 7. Februar desselben Jahres schrieb der Naturforscher Alexander von Humboldt aus Frankreich, er habe Gegenstände gesehen, „die sich selbst in unnachahmlicher Träue malen; Licht, gezwungen durch chemische Kunst, in wenigen Minuten bleibende Spuren zu hinterlassen". In Paris besuchte Humboldt den Erfinder Daguerre, der ein Verfahren entwickelt hatte, das statt wie bisher mit Pinsel und Leinwand nun die Natur mit Licht und Chemikalien abbildete: die Photographie. Daguerre ging als der Begründer der Lichtbildkunst in die Geschichte ein. Dabei stammt das erste Lichtbild gar nicht von ihm. Schon Jahre zuvor hatten der Franzose Niepce und der Engländer Talbot ähnliche Verfahren gefunden. Mit Niepce schloß Daguerre einen Vertrag über die Nutzung der Entdeckung. Verbesserungen folgten bald, vor allem das Negativverfahren mit der Möglichkeit, Papierkopien davon herzustellen. Dazu gehört die seit 1851 angewandte Kollodium-Albumin-Methode:

Unmittelbar vor der Aufnahme wird ein Glasnegativ mit der lichtempfindlichen Kollodium-Lösung (Zellulosenitrat-Gemisch) übergossen. Anschließend wird das Bild direkt vom Negativ auf das Albuminpapier, beschichtet mit einer Eiweißlösung, abgezogen. Die Kontaktabzüge sind zumeist goldbraun. Solche Aufnahmen prägen noch heute unser Bild von der alten Photographie. Auch von Paul Ebe Nickelsen überlieferte Photos sind braunfarbig. Die Rückseite seiner Kontaktabzüge nutzte der Westerländer Photopionier für die Werbung und notierte darauf: „Die Originalplatte ist zu Nachbestellungen aufbewahrt." Zu den noch erhaltenen Arbeitsgeräten von Nickelsen gehören eine selbstgebaute Holzkastenkamera, eine Stereokamera sowie zahlreiche Originalplatten.

Nachweislich von Nickelsen stammende Photographien kennen wir frühestens aus dem Jahr 1864, als Wenzel Wohner und andere steirische Jäger auf die Insel kamen und sich vor die Kamera stellten, sowie von 1868, nämlich das Porträt von C. P. Hansen, der offensichtlich mit mehr Erfolg als seine Stieftochter Inken das Atelier von Nickelsen in Westerland besucht hat. Mit Porträtphotos im Atelier begann der Sylter Photopionier seine Arbeit. Häufig fertigte er Aufnahmen im Format „carte de visite" (6 × 10 cm) an, die dazu bestimmt waren, anstelle der mit Namen bedruckten Visitenkarten verwendet zu werden. Der Pariser Photograph Disdéri hatte 1854 dieses Bildformat patentieren lassen. Das Visitbild wurde für viele Photographen, wahrscheinlich auch für Nickelsen, die Grundlage des Photogeschäfts. Aber Nickelsen hat bald auch Außenaufnahmen angefertigt. Die Landschaftsbildnerei entwickelte sich mit dem zunehmenden Fremdenverkehr auf Sylt, denn die Badegäste wünschten Erinnerungen an ihre Ferieninsel. Diese Bilder von Nickelsen sind heute wichtige Dokumente der Lokalgeschichte. Sie zeigen den alten Baubestand des damaligen Dorfes Westerland und verdeutlichen das Wachstum des wilhelminischen Badeorts in der Gründerzeit des vorigen Jahrhunderts. Ebenso photographierte Nickelsen stimmungsvolle Landschaften und Szenen mit Bauern, Fischern, Badegästen, die der damals verbreiteten Genremalerei nachempfunden sind. Dazu wurde er zweifellos auch von Malern angeregt. Künstler haben ihn ebenfalls auf Landschaftsmotive aufmerksam gemacht, insbesondere Carl Irmer (1834 – 1900) und Eugen Dücker (1841 – 1916). In den siebziger und achtziger Jahren des vorigen Jahrhunderts haben die beiden Maler die Insel Sylt oft besucht und bei Nickelsen in Westerland gewohnt. Sie malten vor der Natur, zunächst in Wasserfarben. Die Ölbilder entstanden erst nach ihrer Rückkehr in Düsseldorf. Über ihr Malverfahren und ihre photographischen Anregungen gibt ein Brief Auskunft, den Irmer an Nickelsen am 28. Februar 1891 schrieb:

„Lieber Nickelsen ... ich denke: könnte ich nicht einen ihrer Guckkasten benutzen und versuchen, Aufnahmen zu machen? Nun halten Sie einen bereit. Ich habe ein Bild von Sylt gemacht und noch ein paar in Arbeit. Kann man keine Aufnahme vom Kirchhof so haben (Skizze), ich meine: Dünen verkürzt und Watt sichtbar? Ich habe einen Herrnstrand vor, ungefähr von der dritten, vierten Buhne (Skizze), ganz hell; sollte mal etwas ähnliches bei Ebbe sein, dann schießen Sie mal drauf ... Dückers geht es gut. Ihr C. Irmer."

Dücker und Irmer waren mehrmals Gäste im Haus von Nickelsen. Der Photograph war Grundbesitzer in der Maybachstraße und hatte sein Atelier, ein Holzhaus, dort gebaut, wo später das Kaufhaus Thiesen und Brodersen errichtet wurde. Er hatte das große Grundstück zwischen Maybach- und Neue Straße für 300 Taler erworben. Geld dafür wollte ihm sein Vater nicht geben, weil „es eine Sünde sei, so nahe am Strand zu bauen". Er schaffte sich

Hobelbank und Schraubstock an, fertigte Holzschnitzereien an und stellte allerlei Möbelstücke her wie Schränke, Tische, Stühle, ferner eine Schulbank mit verschiebbarer Tischplatte, die sich in der Westerländer Schule bewährte und die von der Königlichen Regierung in Schleswig 1893 empfohlen wurde.

An der Südseite des früheren Grundstücks von Nickelsen verläuft jetzt die Paulstraße, benannt nach seinem Vornamen. 1887 verkaufte der Photograph den Besitz und siedelte in sein neues Heim an der Strandstraße über, wo in späterer Zeit der Druckereibesitzer Friedrich Roßberg wohnte. Die Ehe Nikkelsens mit Alwine Untidt aus Schleswig blieb ohne Kinder. Deshalb nahmen sie zwei Nichten auf, Alwine Nickelsen sowie Franziska Nanz, die Friedrich Roßberg heiratete.

Nickelsen war Mitglied einer Musikkapelle, als ihn 1859 der Berliner Schriftsteller Julius Rodenberg in dem Westerländer Hotel Dünenhalle kennenlernte. In seinem Tagebuch „Stilleben auf Sylt" hat Rodenberg sein Erlebnis beschrieben: „Das Musikchor, welches sich eine Weile in Mißtönen der schreiendsten Natur erging, bestand aus vier Personen: Muck, der Schiffszimmermann, spielte die erste Violine, und Boysen, der Handelsmann, die zweite: die Clarinette blies Nickels, der Tausendkünstler, der sonst auch Daguerreotypien verfertigt, und den Baß strich der lahme Jens, der an Krücken geht."

Mit dem Wort Tausendkünstler hat Rodenberg den Westerländer Photopionier zutreffend charakterisiert. Nickelsen gehörte auch zu den Begründern der Freiwilligen Feuerwehr Westerland. Überdies setzte er sich mehrmals für die Rettung von Schiffbrüchigen aus Seenot ein. Ihm wurde die Rettungsmedaille verliehen. Am 22. Januar 1882 erhielt er durch die Königliche Regierung in Schleswig eine besondere Anerkennung für seine Hilfsbereitschaft. Nach der Strandung der englischen Galiot „Reintjedina" 1890 vor Wenningstedt, die tragisch deutlich werden ließ, daß die Sylter für Seenotfälle schlecht ausgerüstet waren, rief Paul Ebe Nickelsen das Freiwillige Rettungs-Corps Westerland 1891 ins Leben. Es besteht noch heute. Bei einem gefährlichen Rettungsversuch im Jahr 1881 hatte Nickelsen sich ein langwieriges Asthmaleiden zugezogen, das ihn bis zu seinem Lebensende 1894 plagte.

In der Lokalhistorie ist der Tausendkünstler Nickelsen wegen seiner zahlreichen Hobbys und Aktivitäten lebendig. Als Photograph genießt er jedoch einen Ruf, der über die Ortsgeschichte hinausreicht. Berühmt wurde er 1888, als er die Königin von Rumänien, als Schriftstellerin Carmen Sylva genannt, in Nationaltracht aufnahm. Er erhielt Diplome und Medaillen. Die Königin wollte ihm den Titel eines Hofphotographen verleihen, aber Nickelsen lehnte ab. Ihm schrieb Klaus Groth 1891 einen plattdeutschen Vers ins Album als Widmung für ein Gruppenbild. Als Verkaufsschlager bei den Kurgästen erwiesen sich seine Stereophotos mit typischen Sylter Ansichten. Es waren Sammelbilder, die damals von den Reisenden gern mitgenommen wurden. 1888 kam die erste Ansichtskarte mit Teilphotos von Nikkelsen heraus. Seine Bilder und Karten erschienen um 1890 in unterschiedlichen Drucken, auch in brauner, grüner und blauer Farbe. Blaue Ansichtskarten, als Mondscheinkarten bezeichnet, entsprachen dem Geschmack der wilhelminischen Zeit und waren damals Mode. Gefragt waren gleichfalls Heliogravüren, die im manuellen Tiefdruckverfahren mittels photomechanischer Bildübertragung seit etwa 1878 hergestellt wurden.

Emil Nolde

Der Maler Emil Nolde (1867 im Dorf Nolde in Südtondern geboren, 1956 in Seebüll gestorben) erwarb 1926 den Besitz in Seebüll, der heute Museum ist. Dort errichtete der Künstler ein kastellartiges Haus als Sommersitz.
Nach dem Verlust seiner Berliner Wohnung im Zweiten Weltkrieg war Seebüll Noldes ständiger Wohnsitz. Als im Jahr 1930 das neuerbaute Gebäude wegen Bodensenkung und Frostschäden schon repariert werden mußte, verlebte der Maler die Sommermonate auf der Insel Sylt.
Den ganzen Sommer 1930 wohnte Nolde in Kampen. Während seine Frau Ada zu Hause blieb und die Bauarbeiten beaufsichtigte, mietete sich der Maler bei Clara Tiedemann in der Pension Kliffende ein, wo vor ihm Thomas Mann und andere Künstler Ferientage verlebt hatten. Der damals 63jährige Nolde wollte auf Sylt möglichst allein und nur beobachtend leben und malen. Vor allem wollte er wieder einmal das Westmeer „in seiner ganzen wilden Größe sehen und erfassen“. Von seinem Giebelzimmer im Kliffende konnte er auf die Nordsee blicken. Die reine Luft, der Wind und die Wanderungen am Strand waren für ihn erfrischend und anregend.
Dem lauten Badebetrieb und dem sommerlichen Treiben in Kampen sah Nolde von fern zu. Auf seinen einsamen Wegen über die Heide und Dünen beobachtete er Meer, Wolken, Menschen, Blumen und Tiere. Aber er sah und malte auch phantastische, mythische Wesen, die seine Einbildung ihm aufdrängten, zum Beispiel ein „Dünen-

Emil Nolde (1867 – 1956)

weib". Das Meer, das im Naturerlebnis des Künstlers eine große Rolle spielt, hat er mehrfach gemalt. Er ließ sich von der Schönheit der feurigen Abende auf Sylt beeindrucken. Er zeichnete Kinder, „wie kleine Tierchen im graugelben Sand krabbelnd, am Strand laufend, in den Wellen plätschernd", ferner Wolken, Wogen, eine Dünenphantasie und Meerbilder mit Sturzwellen und Gischt. Dem Strandleben in Kampen hat Nolde gern zugesehen: „Und die Menschen, die schwammen und tauchten und spielten und liegen umher, fast ganz der Kleider entblößt. Die Schönen, die Schlanken, die Dicken, die Krummen, die Mädchen und Männer, die sonst in ihren Kleidern sind." Eine Strandszene und spielende Badegäste hielt Nolde in seinem Gemälde „Badestrand" auf Sylt fest. Der Maler wollte die vielen plätschernden, jubelnden, Erfrischung suchenden Großstadtmenschen, die zu Gast in Kampen waren, auf seine Leinwand malen. Die Breite der Leinwand genügte jedoch nicht. Nolde schnitt ein Teil wieder weg. Aber das zurückgebliebene Stück (105 × 75) gibt einen Eindruck von der Fülle des Badelebens: eine Gruppe gebräunter spielender Menschen in farbenprächtigen Badekostümen, eine dunkelbraun gebrannte Frau im gelben Strandanzug, die inmitten des fröhlichen Menschenschwarms in finsterer Nachdenklichkeit wie eine Schicksalsgöttin schreitet. Ihr violetter Fuß berührt den rechten, unteren Bildrand, wo es nach der Absicht des Malers weitergehen sollte und wo nichts mehr ist.

Zweimal wanderte Nolde nach der Vogelkoje Kampen. Den Pflanzenreichtum dieser Landschaft bewunderte er, als Sohn eines Bauern früh mit Pflanzen und Tieren vertraut. Seine Besuche der Entenfangstätte hat er im vierten Band seiner Erinnerungen beschrieben: „Vorerst ein wenig Umschau haltend, kam ich wandernd nach der Vogelkoje mit ihrem knorrigen, verzaust gewachsenen Gestrüpp."

Über Noldes Aufenthalt auf Sylt hat Clara Tiedemann, die Inhaberin der Pension Kliffende, in ihrem Buch „Kampener Skizzen" (1966) erzählt. Sie fragte den Maler: „Bitte beantworten Sie mir eine Frage. Ich kenne nicht viele von Ihren großen Gemälden, aber diejenigen, die ich kenne, haben bestimmte Farbtöne gemeinsam. Diese Töne finde ich auch auf der Palette, dies Braunrot, dies helle Rot und das dunkle Violett. Sind das Ihre Lieblingsfarben?" Nolde antwortete: „Ich will es Ihnen sagen. Ich war ein armer Junge. Mein Vater hatte nie so viel Geld, um mir Farben zu kaufen. Aber malen mußte ich. So nahm ich Karottensaft und Rotebetesaft oder rote Johannisbeeren und Heidelbeeren. So fing ich an."

Von seinen Bildern trennte sich Nolde nur ungern. Die meisten seiner 1930 auf Sylt entstandenen Werke blieben in seinem Besitz. Heute gehören sie der Stiftung Ada und Emil Nolde und sind gelegentlich auf Ausstellungen zu sehen.

Norddörfer

Einen gemeinsamen Verwaltungsbezirk bildeten Wenningstedt, Braderup und Kampen bis zum Jahr 1927 unter dem Namen Norddörfer. Wegen der unterschiedlichen Struktur, Entwicklung und Lage der drei Dörfer beschloß die

Gemeindevertretung, Kampen aus dem Ortsverbund auszugliedern. Damals wurden Kampen sowie Wenningstedt mit Braderup selbständige Gemeinden. Am 21. März 1927 ist die Gründung der Landgemeinde Kampen vom preußischen Innenministerium in Berlin genehmigt worden. Das Wort Norddörfer ist bis heute lebendig, zum Beispiel in der Bezeichnung Norddörferhalle (Wenningstedt).

Nordfriesland

Der Name Nordfriesland bezeichnet alle von den Friesen seit etwa 850 (Einwanderung aus Westfriesland) bewohnten Landschaften, nämlich die Geest auf dem Festland und die Inseln vor der schleswig-holsteinischen Westküste (Uthland). Er ist bereits zu Beginn des 15. Jahrhunderts entstanden. Aber erst Schriftsteller im 16. und 17. Jahrhundert haben ihn verbreitet. Als klar abgegrenztes Verwaltungsgebiet entstand der Kreis Nordfriesland im Jahr 1970. Er umfaßt die ehemaligen Kreise Eiderstedt, Husum und Südtondern. Mit Ausnahme von Helgoland, das dem Kreis Pinneberg angehört, sind erstmals in ihrer Geschichte die Nordfriesen nun in einer Verwaltungskörperschaft vereint.

Notgeld

Das Kleingeld aus Metallen ging den Deutschen im Ersten Weltkrieg aus. Die Münzen wurden gehortet und eingezogen. Aber der Mangel gebar nach Kriegsende einen Ersatz: das Notgeld. Es wurde von Städten, Gemeinden, Firmen und Vereinen gedruckt. Bald wurde die Not zur Tugend. Da die Scheine von Sammlern geschätzt wurden, sind Künstler und Druckereien beauftragt worden, weitere farbenprächtige und originelle Notgeldscheine zu entwerfen und herzustellen. Die Motive auf den Scheinen waren oft patriotisch. Häufig stellen sie historische Ereignisse dar und sind ein Spiegel des Zeitgeschehens. Auf Sylt gaben die Gemeinden Archsum, Kampen, Keitum, List, Morsum, Tinnum, Wenningstedt und Westerland Papiernotgeld heraus. Als Druckvorlagen dienten Bilder von Photographen und Künstlern wie Franz Korwan-Katzenstein, Carl Christian Feddersen, Alfred Paulmann, Johann Holtz, Paul Müller-Kaempff. Mit einem Gesetz des Reichstags wurden am 17. Juli 1922 Ausgabe und Vertrieb von Notgeld untersagt. Heute sind die Scheine von Sammlern gesucht.

Gret Palucca

Wer im nördlichsten Seebad Deutschlands, in List auf Sylt, unter kundiger Führung zu den Seehundsbänken fahren, Makrelen angeln oder Seesterne fischen möchte, besteigt mit Käpt'n Detlefs das Motorschiff „Palucca". Der Besitzer dieses schmucken Ausflugsboots wird oft gefragt, warum es auf diesen Namen getauft ist. Daß das Schiff nach der einst berühmten Tänzerin Gret Palucca benannt wurde, ist vor allem den jüngeren Kurgästen nicht bekannt. Die Taufpatin des Bootes ist seit vielen

Jahren Ehrenkurgast der Gemeinde List und besucht heute noch die Insel Sylt. Um 1930 galt Gret Palucca als bedeutendste Vertreterin des modernen Ausdruckstanzes, neben Ilse Meudtner, Friedel Romanowsky, Yvonne Georgi und Dore Hoyer. 1925 hatte die 1900 in München geborene, in Kalifornien aufgewachsene Tänzerin eine eigene Schule nach dem Vorbild Mary Wigmans eröffnet. Palucca hatte überall Erfolge. Sie tanzte auf vielen Ballettbühnen der Welt. In den dreißiger Jahren gab sie Gastspiele auf Sylt. In der Volkshochschule Klappholttal traf sie sich mit Freunden wie Hinrich Medau und zeigte ihre expressiven Tanzschöpfungen. In Klappholttal war man fasziniert von der grazilen Frau und erzählt noch heute über die Eigenarten dieser ungewöhnlichen Künstlerin, zum Beispiel auch darüber, sie habe den ganzen Tag gar keine Mahlzeit zu sich genommen, wenn am Abend eine Tanzaufführung bevorstand. Erst nach der Vorstellung habe sie ihr Fasten beendet.
Die noch immer tätige Künstlerin verlebt ihre Ferien zum Teil in ihrem Haus auf der Ostseeinsel Hiddensee. Nach Sylt fährt sie zumeist um die Jahreswende. Palucca schätzt die winterlichen Reize der nordfriesischen Insel und genießt auf langen Spazierwegen die nun vom Saisonbetrieb nicht gestörte Einsamkeit der Dünenlandschaft, insbesondere im Listland und auf Sylts Nordspitze, dem Ellenbogen.

Patronymische Namensgebung

Eine seltsame Sitte auf Sylt war die patronymische Namensgebung: alle Kinder erhielten den Vornamen des Vaters als Nachnamen. Der Rufname hatte überragende Bedeutung. Ihm wurde ein Nachname nur zusätzlich beigegeben. Dies führte zum Namenswechsel von Generation zu Generation. Die Regelung, ein Relikt aus germanischer Vergangenheit, ist erst Ende des 18. Jahrhunderts beseitigt worden. Unter dem Einfluß des reformfreudigen Staatsministers Johann Friedrich Struensee, Arzt aus Altona, erließ der dänische König Christian VII. am 15. November 1771 die „Verfügung wegen Einführung von Geschlechtsnamen im Herzogtum Schleswig“. Seit dieser Zeit sind beständige Geschlechternamen eingeführt, die die Pastoren bei der Taufe zusammen mit dem Vornamen des Täuflings in die Register eintragen.

Ernst Penzoldt

„Was doch die Leute für ein Getue mit Kampen haben! Wenn sie das Wort Kampen – gemeint ist das Dorf auf der bekannten Nordseeinsel Sylt –, wenn sie Kampen sagen, bekommen ihre Augen einen so schwärmerischen, sehnsüchtig-verklärten Ausdruck, daß man überzeugt ist: Kampen muß ein Paradies sein. Ich kann nichts Besonderes daran finden. Ich glaube, der sagenhafte Ruf dieses Ortes beruht auf reiner Einbildung.“
So leitet Ernst Penzoldt (1892 – 1955) seine liebenswürdigen Plaudereien „Die

Selbstbildnis von Ernst Penzoldt in den Dünen von Kampen 1949

Insel" in dem Band „Causerien" (1949) ein. Der Dichter der „Powenzbande" gehört zu den Doppelbegabungen der Literatur- und Kunstgeschichte. Als erste Veröffentlichung von ihm kam eine Mappe mit Scherenschnitten 1915 heraus. Nach dem Ersten Weltkrieg schrieb er seine ersten Gedichte, Märchen, Idyllen. Seine Bilder, Zeichnungen und plastischen Arbeiten unterzeichnete er mit dem Pseudonym Fritz Fliege. 1937 kam er erstmals nach Sylt und wohnte im Haus seines Schwagers und Verlegers Peter Suhrkamp. Nach Kampen zog er sich mehrmals zum Schreiben zurück, auch 1948 und 1949. Damals beschäftigte er sich mit der Kriminalerzählung „Die Perle" und zeichnete sein Selbstporträt in den Kampener Dünen.

Bleik Peters

Im März 1848 erhoben sich die Schleswig-Holsteiner gegen Dänemark und verlangten die Aufnahme Schleswigs in den Deutschen Bund. Nach kriegerischen Auseinandersetzungen unterlag schließlich die schleswig-holsteinische Armee im Juli 1850 in der Schlacht von Idstedt. Die schleswig-holsteinische Frage wurde vorläufig durch den Londoner Vertrag vom 8. Mai 1852 geregelt: Schleswig und Holstein verblieben im dänischen Gesamtstaat. Die schleswig-holsteinische Erhebung war gescheitert. Erst nach dem Krieg 1864 verzichtete Dänemark auf die Herzogtümer zugunsten von Preußen und Österreich.
An den Gefechten der Schleswig-Holsteiner 1848 und 1849 nahm der Sylter Bleik Peters, 1825 in Keitum geboren, teil. Er war der Stiefsohn von C. P. Hansen, dem Inselchronisten. Von seinem Vater, dem Kapitän M. B. Peters, erbte er ein 1739 gebautes Haus in Keitum, das heutige Altfriesische Haus, und verkaufte es 1850 an seinen Stiefvater. Bleik Peters hatte die Rechte in Heidelberg studiert und brach von dort im März 1848 zusammen mit zwanzig anderen Studenten nach Schleswig-Holstein auf, um – wie er es nationalistisch ausdrückte – „für Deutschlands Recht die Waffen gegen Dänemark zu erheben". Er diente im Rantzauschen Freikorps. Das Kriegsgetümmel überstand er unversehrt. Aber nach dem Scheitern der Erhebung sah er als schleswig-holsteinischer Patriot keine Hoffnung auf eine Anstellung. Deshalb entschloß er sich wie viele seiner Kampfgenossen, nach Amerika auszuwandern. 1852 reiste er von Hamburg nach New York und ließ sich in Daven-

port (Iowa) nieder, wo bereits eine Einwandererschar aus Schleswig-Holstein eingetroffen war.
Bleik Peters kehrte nicht nach Sylt zurück. Er stand seinen Mann in Amerika, wurde angesehener Notar und Friedensrichter und starb 83jährig in Davenport 1908. Im dortigen Museum ist das Bildnis des Sylters in dem Raum zu sehen, der den deutschen Einwanderern gewidmet ist.

Günther Petersen

Die Stationen im künstlerischen Werdegang des Malers Günther Petersen (geboren 1920) reichen von Sylt über Düsseldorf, Hagen und Arles bis Tunesien. Seine Wegstrecken sind gekennzeichnet von vielfältigen Techniken und steter Suche nach Neuem und Erneuerung. Er wurde von der Düsseldorfer Malerschule geprägt wie sein Sylter Landsmann Andreas Dirks, der ihm Zugänge zum Impressionistischen, Großzügigen und Rustikalen gewiesen hat. Mit Georg Busse, der Landschaften, Häuser und Bildnisse zumeist in Kohle und Kreide schuf, hat er gemeinsam gezeichnet. Hugo Köcke riet zum Umgang mit dem Bleistift, weil so der Vorliebe zum Detail näherzukommen ist. Die Orientierung an der Natur und Landschaft steht am Beginn der Tätigkeit von Günther Petersen. Seine Bleistiftskizzen aus den vierziger Jahren sind realistisch und detailgetreu. Später entfernt er sich von der Natur durch Abstraktion, indem er nicht die Einzelheit im Auge hat, sondern den Zusammenhang, das Zusammenspiel von Form und Farbe, das Wesentliche des Gesehenen. Der anfänglichen Naturtreue folgt die freie Improvisation des Künstlers gemäß dem Wort von Emil Nolde: „Je mehr man sich von der Natur entfernen kann und doch natürlich bleibt, um so größer ist die Kunst." Wie auch der Porträtist Günther Petersen die Eigenheiten seines Modells erfaßt, zeigt das Bildnis von Günter Grass, das sich der Karikatur nähert. Zeitspanne und Wegstrecke, die Petersens Porträts umfassen, verdeutlichen beispielhaft die Ansichten des Vaters. Die Bleistiftzeichnung aus dem Jahr 1940 ist um Treue zur Einzelheit bemüht. Dagegen charakterisiert er den Hochbetagten abstrahierend in expressiver Linienführung. 1985 wählte der damals 65jährige Tinnumer Künstler als weitere Wegstrecke die van-Gogh-Stadt Arles, wo die Helligkeit und das Lichtdurchflutete auf seine Aquarelle einwirkten. Auch seine Tunesien-Bilder, die er „subjektive Niederschriften" nennt, zeigen das Bestreben, neue Einflüsse zu verarbeiten. In dem nordafrikanischen Land kam er in einen Schaffensrausch und empfand die landschaftstypischen Formen als Quadrat, Rechteck und Halbkreis. In diesen Arbeiten ist die Dynamik des Malers zu spüren, der keine Selbstzufriedenheit kennt und weiterhin nach neuen Stationen drängt.

Physionotracebild

Der Sylter Kapitän Jens Booysen, der von 1798 bis 1807 wegen mehrerer Prozesse in Paris lebte, ließ sich ein Porträt anfertigen, ein Physionotracebild. Der Physionotrace war die Grundlage des Porträtgewerbes, das zwischen 1786 und 1830 in Frankreich populär war. Der Erfinder war der Kupferstecher Gilles-Louis Chrétien, der in der Pariser Rue St. Honoré sein Atelier eröffnet hatte. Dorthin kam Booysen und stellte sich vor ein Gestell, dem Physionotrace, das, auf dem Prinzip des Pantogrammes oder Storchenschnabels aufgebaut, die Umrisse seines Schattenbildes auf einer dahinter gespannten Leinwand verkleinert wiedergab. Der Erfinder Chrétien übertrug die Silhouette von Booysen auf eine Metallplatte, indem er sie nachzeichnete und gravierte. Für die Herstellung des so gewonnenen Porträts, einer Verbindung von Silhouette und Kupferstich, genügte eine Sitzung. Booysen zahlte einen mäßigen Preis, denn die neue Technik erforderte wenig Kosten und Zeitaufwand. Die Physionotracebilder wurden serienweise verkauft. Abdrucke wurden wie vom Kupferstich in gewünschter Zahl hergestellt. Aber diese Erfindung blieb als Modeerscheinung weitgehend auf Paris beschränkt. Auf Sylt ist das Porträt von Jens Booysen erhalten geblieben.

Jens Booysen (1765 – 1833) nach einem um 1800 in Paris angefertigten Physionotracebild

Polarlicht

Das Polar- oder Nordlicht ist in den Sommer- und Herbstnächten auf Sylt oftmals zu beobachten. Es setzt sich aus Linien, Bögen und Strahlen zusammen und entsteht durch elektrische Korpularstrahlung der Sonne, die durch das erdmagnetische Feld eingefangen wird und in den hohen Schichten der Atmosphäre durch Energieabgabe ein Leuchten verursacht.

Post

Wer sich mit der Sylter Postgeschichte beschäftigt, erhält einen Einblick in die vielfältige Vergangenheit der nordfriesischen Insel. Zu allen Zeiten bestanden hier Einrichtungen zum Übermitteln von Nachrichten und zum Befördern von Personen und Gütern. Die Insellage erschwerte ein geordnetes Postwesen. Oft konnte im Winter nur mit dem Eisboot die Verbindung zum Festland aufrechterhalten werden. Bevor der Staat 1854 die Post übernahm und private Postschiffer vertraglich verpflichtete,

1892 erbautes Postamt in Westerland

war der Verkehr mit der Wiedingharde (alter Verwaltungsbezirk auf dem nordfriesischen Festland) unzureichend. Erst der Ausbau der staatlichen Post in der zweiten Hälfte des vorigen Jahrhunderts, vor allem der Einsatz eines Dampfschiffes ab 1859, brachte den Syltern die gewünschten Fortschritte im Post- und Fährverkehr. In Keitum, dem ehemaligen Hauptort der Insel, wurde am 1. Juni 1854 eine Postexpedition eröffnet. Ab 1867 gab es in Westerland während der Sommermonate eine Poststelle. 1882 wurde Adam Hast, Erbauer des Hotels zum Deutschen Kaiser, Postagent in Westerland. Er erbaute 1892 das Kaiserliche Postamt an der Stephanstraße, das später die Post kaufte. Der Organisator des deutschen Postwesens, Heinrich von Stephan, kam als Badegast häufig nach Westerland. Ihm verdankt die Insel einige postalische Neuerungen. Andere Verbesserungen kamen mit dem weiteren Ausbau des Fremdenverkehrs hinzu. Von 1919 bis 1927 wurde vom Friesenhain aus die Luftpost befördert. Nachdem der Hindenburg-Damm 1927 fertiggestellt war, ist die Postbeförderung auf dem Luftweg eingestellt worden. Auch die Seepost mit den Schiffen der Sylter Dampfschiffahrt-Gesellschaft von Hoyerschleuse nach Munkmarsch endete in jenem Jahr. Ihre Aufgabe übernahm die Bahnpost. 1975 hat die Post in Westerland einen Neubau bezogen. Heute sind in den acht Postanstalten auf der Insel Sylt ständig 120 und zusätzlich in der Saison etwa 45 Mitarbeiter tätig.

Quallen

Quallen treten im Sommer in der Nordsee auf. An den Sylter Badeständen sind sie vor allem bei Ostwind anzutreffen. Die Badenden sind dann vorsichtig, um Nesselwirkungen (Juckreiz, Hautrötung, Übelkeit, Kopfschmerzen) zu vermeiden. Fünf Quallenarten kommen vor: Kompaßqualle, Ohrenqualle, Blumenkohlqualle, Nesselqualle und Feuerqualle. Zu den nesselnden Arten gehören Nesselqualle, Feuerqualle und Kompaßqualle. Nichtnesselnde Arten sind Blumenkohlqualle und Ohrenqualle. Zur Behandlung von Nesseleffekten haben sich Antihistaminpräparate bewährt. Die Nesseleffekte der Nordseequallen sind jedoch weniger bedrohlich als die der tropischen Arten. Auch in schweren Fällen klingen die Symptome innerhalb von 24 Stunden ab.

Wilhelm Raabe

Wilhelm Raabe war Schlafwandler. Somnambule Anlagen zeigten sich während seiner Lehrzeit als Buchhändler in Magdeburg (1849 – 1853) so stark, daß sein Chef besorgt war und die Rückkehr nach Wolfenbüttel zur Mutter empfahl. Eine Tochter von Raabe erbte diese Anlage: „Lisbeth nachtwandelt," schrieb der Dichter 1877 in sein Tagebuch. Man hat geglaubt, daß der Mond diese Einflüsse bewirke, und nannte deshalb solche Leute Mondsüchtige.

Der Mond und sein Einfluß auf den Menschen spiegeln sich im Werk Raabes wider, insbesondere in der 1873 erschienenen Erzählung „Deutscher Mondschein". Das Motiv dieser Erzählung geht auf einen Einfall zurück, den der Autor bereits 1864 in sein Notizbuch eingetragen hat: „Der (Feind) Mond, aus einem Reisetagebuch. Dieser Feind ist der Mond mit seinen Einwirkungen auf die Natur und Lebensgeschichte des Helden. Die Szene ist in Lübeck, wo der Erzähler die Bekanntschaft des Mondfeindes macht, und in Travemünde."

Raabe verlegte jedoch den Ort der Handlung nach der Insel Sylt, die er 1867 mit seiner Familie einige Wochen lang besucht hat. Er wohnte in Tinnum bei einem Bäcker, dem er mitunter beim Spalten von Strandholz half. Auf ärztlichen Rat war er gekommen, um die heilklimatische Wirkung der erst 1855 entdeckten Sommerfrische Sylt zu nutzen. Nach dem Mittagessen pflegte er in den Dünen nahe dem Weststrand ein Stündchen zu ruhen und wanderte dann nordwärts bis zu den Badehütten von Wenningstedt, manchmal auch bis zum Roten Kliff nach Kampen. In der Ferne sah er das wechselnde Licht des Leuchtturms von Kampen und verglich es mit dem „Auge eines Spötters, der seine Umgebung auf irgend etwas ungewöhnlich Drolliges aufmerksam machte".

Vierzig Jahre nach seinem Besuch der Insel Sylt schrieb Wilhelm Raabe an das Pastorenehepaar Nielsen am 13. Oktober 1907 von Braunschweig aus nach Westerland, das inzwischen zur Stadt geworden und von einem kleinen Badeort zum internationalen Modebad aufgestiegen war: „Im Jahre 1867 war ich im Listlande, und Ihr Bild hat mich lebhaft an jene fernen Tage erinnert. Behaglicher war's damals wahrscheinlich auf Sylt als jetzt in der „Säson". Pastöre und Offiziere aus dem böhmischen Feldzug stellten das Hauptkontingent zu der kleinen Badegesellschaft, und Gedränge herrschte weder am Strande noch in dem einzigen Hotel in Westerland. Wir wohnten in Tinnum und kamen aus Stuttgart. Dadurch waren wir für die Inselbewohner weitgereiste, kuriose Wundertiere."

Die Eigenarten der Insel Sylt und das Lokalkolorit sind in Raabes Erzählung „Deutscher Mondschein" zwar zutreffend und eindringlich dargestellt. So wie er ihn beschrieb, wird der Dichter den Badeaufenthalt auf Sylt verlebt haben. Aber weitaus größere Bedeutung als die Szenerie hat die Konfliktsituation des Helden, eines etwa 50jährigen Justizbeamten und Kreisrichters. Was ihm auf Sylt widerfährt, berichtet als Rahmenerzähler ebenfalls ein Richter, ein Durchschnittsjurist, der nüchtern und sachlich erzählt und dabei alles Sentimentale vermeidet.

Er begegnet auf Sylt in dem Kreisrichter einem ungewöhnlichen Menschen, der dem Einfluß des Mondes zu entfliehen versucht, weil das Gestirn in ihm alles Romantische, Poetische, das im bürgerlichen Alltag und Beamtendrill Verdrängte hervorruft. Auf der Flucht vor den Strahlen des Mondes bekennt er: „Ich bin nur zu solide gewesen und bereue es heute in Kummer, Schmerz und im Sylter Badekostüm. Oh, hätte ich mich doch ausgetobt in den Tagen meiner Jugend! Hätte ich doch meiner Phantasie die Zügel über den Hals geworfen und die Gefahr, abgeworfen zu werden und das Genick zu brechen, zur

Ein beliebtes Westerländer Restaurant, bekannt unter den Namen „Erholung" und „Trichter"

rechten Zeit auf mich genommen! Kollega, Kollega! Unterdrückte Poesie ist es, welche mich verrückt macht."

Die Mondflucht des Sylter Badegastes und Kreisrichters kennzeichnet die Spannung zwischen bürgerlichem Alltag oder Philistertum und Künstlertum. Sie ist Ausdruck einer Lebenskrise, in der sich der Dichter selbst befand, als er diese Erzählung niederschrieb.

Darauf hat Hermann Pongs in seiner Raabe-Biographie aufmerksam gemacht: „Es ist ein ganzer Rattenkönig von Komplexen, der hier heraus will: der Philisterkomplex, der sich nicht ausgelebt hat; der Künstlerkomplex, der nicht den Mut zu sich selbst gehabt." Eine Menge Gegensätze steckte in dem Dichter. Er führte ein alltägliches Leben wie ein Philister, oft in Kleinstadtenge. „Im gesellschaftlichen Leben wird niemand den Poeten in mir erkennen," bekannte er in einem Brief.

Den Sumpf des Philistertums, in dem sich das Leben vollzieht und dem sich die meisten als beherrschender Realität unterordnen, hat Raabe in seinen Werken zur Sprache gebracht. Auch der Kreisrichter in der Sylter Erzählung ist ein Beispiel eines Daseins im beschränkten Gesichtskreis. Dennoch deutete der Dichter in diesem kleinen Prosastück die Möglichkeit eines Entkommens, des Aufstiegs aus der symbolisierten Philisterwelt an. „Aber der Mond – Ja, ich bin in seinen Banden und werde darin bleiben müssen," erkennt der Kreisrichter: „Durch ihn und mit Beihilfe der gegenwärtigen Zeit und der Weltlage bin ich der Poet in meiner Familie geworden ... Ich, der Erbe so unendlicher Prosa, ich bin besiegt von meinem Feinde und ihm jedesmal, wenn er über den Horizont guckt, verfallen, trotz allem Gesperr und Gezappel. Ich bin Idealist in der Politik, Dichter in der Führung meines Haushalts."

Daß Raabe der „Poesie des Lebens" den Vorzug gab, zeigt der Schluß seiner Sylter Erzählung. Der nüchterne Rahmenerzähler faßt zuletzt, als Ergebnis seines Reiseerlebnisses auf der nordfriesischen Insel, den Entschluß, seinem Sohn, der Mathematik studiert, Jean Pauls Werke zum Geburtstag zu schenken. Die Erzählung bleibt nicht offen, wie Kurt Lothar Tank gemeint hat.

Kräftiges Lebensvertrauen und romantische Poesie gehen am Ende als Sieger über die Gleichgewichtsstörungen hervor, die Wilhelm Raabe autobiographisch offengelegt hat, angeregt durch den Sylter, den deutschen Mondschein. Obwohl die Szenerie, wie eingangs angedeutet, nicht im Vordergrund steht und die Geschichte auch an einem anderen Ort als Sylt spielen könnte, hat die Insel die Phantasie des Dichters bei der Niederschrift dieser Erzählung wesentlich angeregt. Auch in der literarischen Entdeckungsgeschichte von Sylt nimmt deshalb dieses Prosawerk von Wilhelm Raabe einen interessanten Platz ein. –

Rantum

Die Vergangenheit von Rantum, an schmaler Stelle der Insel zwischen Watt und Dünen gelegen, hat Wilhelm Jessen, Mittelschullehrer in Westerland, in zwei Teilen 1923 und 1924 aufgezeichnet. Er nannte das Buch „Rantum auf Sylt. Die Geschichte eines sterbenden Dorfes". Der Untergang des Orts hat zwei Ursachen: das Meer und der Sand. Jahrhundertelang war Rantum auf der Flucht vor den Dünen und der Nordsee. 1725 stand die vorletzte Kirche in Rantum noch weit von den Dünen entfernt. Bis 1757 war der Sand so weit an das Gebäude herangeweht worden, daß es abgebrochen werden mußte. Auch die Zahl der Häuser im Dorf ging in jenen Jahren von 40 auf 26 zurück. Die weiter östlich neuerbaute Kirche war 1801 ebenfalls vom Sand verschüttet. Der Schiffer Ebe Pohn aus Westerland kaufte die noch verwendbaren Teile. Mit Altar und Kanzel schmückte er die Kajüte seines Schiffes, das er „Segen von oben" taufte. 1844 berichtete ein Schullehrer: „Das Dorf Rantum besteht nur, das Schulhaus mitgerechnet, aus 8 Häusern, welche alle seit dem Jahre 1806 wegen Überschwemmung des Flugsandes abgebrochen und etwas südlicher wieder aufgebaut sind." Heute sind am Weststrand von Rantum an sandfreien Stellen gelegentlich noch Siedlungsspuren wie Brunnenringe aus Soden, in den festen Kleiboden eingedrückte Spuren von Rinderhufen, Wagenrädern und anderes zu sehen. 456 Einwohner wurden 1987 in Rantum gezählt, 772 mit Zweitwohnungsbesitzern. Die neue evangelische Kirche St. Peter in Rantum ist 1964 geweiht worden.

Recht

Bevor 1866 das Gesetz über die Eingliederung von Schleswig-Holstein in Preußen erlassen wurde, waren die Herzogtümer ein Teil des dänischen Gesamtstaats. Sylt gehörte als eine Harde oder Verwaltungs- und Steuerbezirk dazu. Hier galten das 1241 erlassene Jütische Recht und die 1426 beschlossene Siebenhardenbeliebung, in der das alte friesische Recht aufgezeichnet war. Die Beliebung regelte straf-, vermögens- und erbrechtliche Fragen und enthielt Bestimmungen des Strandrechts. 1572 entstand das Nordstrander Landrecht, dem die Siebenhardenbeliebung zugrundelag. Bis zur Einführung des Bürgerlichen Gesetzbuchs im Jahr 1900 behielten die alten Rechtsaufzeichnungen ihre Gültigkeit.

Die richterliche Gewalt lag früher in den Händen des Sylter Rats, der sich aus 12 Ratsmännern zusammensetzte, die frei gewählt wurden. Dreimal im Jahr wurde der Thing einberufen, auf dem Verbote und Bekanntmachungen verlesen und Rechtsfragen erörtert wurden. Die Oberaufsicht über das Rechtswesen hatte der Amtmann in Tondern als Vertreter des Landesherrn. Ihm unterstand der Landvogt, der seit 1750 in kleineren Rechtsfällen entscheiden konnte. Streitigkeiten über 10 Reichstaler hatte der Landvogt an den Sylter Rat weiterzugeben. Die nächste Instanz war das Dreihardengericht in Tondern, sodann das Obergericht in Gottorf. In preußischer Zeit entschieden das Amtsgericht in Tinnum, später Westerland, das Landgericht in Flensburg (bis 1879 Kreisgericht), das Oberlandesgericht in Kiel (bis 1879 Appelationsgericht). Das Amtsgericht Westerland ist 1973 nach Niebüll verlegt worden.

Reetdach

In einem schmucken Haus unter dem Reetdach zu wohnen, ist heute ein verbreiteter Wunsch. Das Weich- oder Reetdach ist ein Charakteristikum des Uthlandhauses. Diesen Haustyp gab es bereits in vorgeschichtlicher Zeit. Als die Einwanderer aus Jütland gegen Ende der Altsteinzeit um 4000 v. Chr. auf Sylt seßhaft wurden, Ackerbau und Viehzucht betrieben, bauten sie ihre Hütten aus Naturbaustoffen. Die Unterkünfte waren schornsteinlose Bauten, nämlich Rauchhäuser mit erdgleichen Feuerstellen mitten im Raum. Als Bedachungsmaterial dienten Reet und Rohrkolbenschilf. Das Reet (Phragmites communis, auch Ret, Reeth, Reth, Ried) wächst an flachen Ufern, in Mooren und Sümpfen. Die Pflanze, 1,25 bis 4 m hoch, ist widerstandsfähig gegen Einflüsse der Witterung und des Klimas. Nach der Naturschutzverordnung ist es nicht gestattet, das Reet in der Zeit vom 15. März bis zum 30. September zu ernten. Die Bestände auf Sylt reichen für die benötigten Neueindeckungen und Instandsetzungen nicht aus. Heute wird das Reet aus Österreich, Ungarn und Polen eingeführt (Walter Schattke, Das Reetdach. Schleswig 1981).

Frühe Reiseberichte

Nach Westerland reisten einzelne Touristen bereits lange Zeit vor der Entdekkung des Nordseebads. Nicht nur der Husumer Bürgermeister Danckwerth gehört zu ihnen, sondern beispielsweise auch Johann Heinrich Zedler, der ein „Universal-Lexicon" von 64 Bänden, die umfangreichste Enzyklopädie des 18. Jahrhunderts, herausgab. Zedlers Werk hatte damals eine ähnliche Bedeutung wie heute die Lexika von Brockhaus und Meyer. Der 41. Band dieses Lexikons erschien 1744. Westerland ist darin genannt, und über Sylt wird folgendes gesagt:

„Sylt, eine Insel auf der Nord-See ..., und hat etwan 1700 Einwohner, die auch besonders gekleidet sind und sich meistens von dem Austernfange in der Nähe, oder von dem Wallfischfang bey Grönland nähren ... Im Sommer findet man auf der Insel fast keine erwachsene Mannsperson zu Hause, ausgenommen der Priester und Küster, die übrigen sind alle aus und schwärmen in der See herum, wovon sie guten Gewinn haben."

Zu den frühen Reiseberichten über Sylt gehört die Darstellung von J. E. Fabri aus dem Jahr 1782 (Geographisches Lesebuch zum Nutzen und Vergnügen, Halle 1782): „Die Einwohner sind stark, gutherzig, einfältig und vortreffliche Seeleute. Sobald die Schiffahrt mit dem Frühlinge anfängt, sobald gehen alle Mannsleute, die nur dienen können, zur See. Ein paar alte Männer, die Prediger, etliche Wiegenkinder und ein Landvogt bleiben allein von Mannspersonen da. Die Weiber pflügen, ernten, fahren die auf der Insel ankommenden Fremden und besorgen die ganze Haushaltung, so daß der Mann nach vollendeten Seereisen mit der größten Ruhe und Bequemlichkeit hinter dem warmen Ofen seine Winterzeit vergnügt zubringen kann. Eine Weibsperson auf der Insel Sylt arbeitet in einem Tage soviel als in manchen Gegenden 2 Tagelöhner,

und wenn sie 4 bis 5 Stunden die härteste Arbeit verrichtet haben, so ist ihre Abwechslung und Ruhe der Tanz."
Zur Zeit Fabris und in der ersten Hälfte des 19. Jahrhunderts waren die nordfriesischen Inseln noch keine bevorzugten Reisegebiete. Erst um 1850 finden sich mehrere Reiseschilderungen Sylts und Westerlands. Einer der bekanntesten Reiseschriftsteller des vorigen Jahrhunderts ist der in Bremen beheimatete Johann Georg Kohl (1808 – 1878), der eine Fülle heute noch unterhaltsamer Reisebeschreibungen geschaffen hat, auch ein dreibändiges Werk über seine Fahrten in Schleswig-Holstein (Die Marschen und Inseln der Herzogthümer Schleswig und Holstein, Dresden 1846). Darin kann man nachlesen, welch guten Klang die Namen Westerland und Sylt bereits viele Jahre vor der Gründung des Bades hatten.
Als Kohl über seinen Besuch auf der Insel erzählte, waren Sylt und damit Westerland noch eine Terra incognita, ein unbekanntes Land. Es lag abseits und war schwer zu erreichen. Auf die Insel zu kommen, war in jener Zeit mit großen Mühen verbunden, die den an bequeme, gepolsterte Postwagen gewöhnten Reisenden abschrecken konnten. Gleichwohl sprach man um 1850 von der „Sommerfrische" Sylt, von dem im Sommer zu besuchenden klimatischen Kurort. Das Wort ist zuerst von dem Schriftsteller Ludwig Steub in seinem Reiseroman „Drei Sommer in Tirol" (1846) verbreitet worden. Daß auch Westerland als ideale Sommerfrische ins Gespräch kam, ist einigen Schriftstellern mit zu verdanken. In einem Bestseller des Jahres 1851, im Roman „Der Voigt von Sylt" von Theodor Mügge, empfahl der Autor: „Legt Seebäder an, und eure Möwen und Seeschwalben werden goldene Flügel bekommen." Wahrscheinlich haben auch einige Westerländer Einwohner Mügges Roman gelesen und sein prophetisches Wort ernstgenommen.

Reisewege

Als Friedrich Boie, Jurist und Ornithologe aus Kiel, 1821 auf seiner Reise an die Westküste Sylt besuchte, war die Fährverbindung zur Insel noch ungünstig. Von einem privaten Unternehmer wurde der Fährverkehr geleitet. Nur zweimal in der Woche, am Montag und am Donnerstag, fuhr das Fährschiff. Boie bestieg in Emmerleff das Boot „um 5½ Uhr Morgens, indem wir bei der derzeitigen Ebbe mit dem Wagen bis an den Ort, wo das Schiff bei ungefähr 3 Fuß hohem Wasser vor Anker lag, hinausfuhren. N. N. W. Wind. Der Sturm machte es möglich, bei demselben nach Sylt übersetzen zu können, welches sonst nicht gleich möglich sein würde. Besatzung des Schiffes 2 Mann. Letztes ein glattes Fahrzeug mit einem Schwerthe auf jeder Seite. Landung bei Munkmarsch 6 Uhr Abends bei Eintritt der zweiten Fluth, nachdem wir bei niedrigster Ebbe wieder ein paar Stunden gelegen hatten."
Ähnlich umständlich wie Boies Anreise war der Reiseweg, den die Badegäste im vorigen Jahrhundert zurücklegen mußten, um in die Sommerfrische Westerland zu kommen. Das flache Wattenmeer und der Mangel an geeigneten Hafenplätzen erschwerten die Fahrt.

Beschwerliche Ankunft auf Sylt 1864 – nach einem Holzschnitt von Otto Fikentscher

Seitdem 1854 der Staat das Post- und Fährwesen übernommen hatte, fuhren die Schiffe häufiger und regelmäßiger. Die 1856 gegründete Husumer Reederei setzte das Dampfschiff „Hammer" von Husum über Wyk nach Nösse, der Ostspitze von Sylt, ein. Dort wurden die Passagiere ausgebootet oder an Land getragen. Seit 1858 fuhr der Raddampfer „Ida" von Husum und Hoyer nach Nösse. Da dieses Schiff sich nicht bewährte, wurde 1861 der Dampfer „Auguste" in Dienst gestellt. Mit dem Dampfer „König Wilhelm I." wurde eine Verbindung nach Hoyer aufgenommen. Wie schwierig das Manövrieren im Hoyer-Kanal war, hat Adelbert von Baudissin 1864 beschrieben. Drei stämmige Seeleute mußten den Kutter an einem Tau ins offene Meer hinausziehen.

Daß der Weg nach Sylt einige Mühen mit sich brachte, kommt unter anderem in einem Brief von Gustav Freytag, Schriftsteller, Redakteur der Wochenschrift „Die Grenzboten" aus Leipzig und Verfasser des Kaufmannsromans „Soll und Haben", zum Ausdruck, den er am 7. September 1868 aus Westerland an seinen Verleger schrieb: „Von Hamburg über Husum hierher. Eine stürmische Fahrt durch das Inselmeer, die einen langen Tag dauerte, dann noch zwei Stunden bei blasendem Weststurm auf offenem Wagen durch Sand und Heide bis in ein kleines, niedriges Friesenhaus neben der Dünenhalle, einer Restauration von Ansprüchen, aber mit sehr schmutzigen Servietten. Ich hatte Sylt gewählt, weniger wegen des Wellenschlages, als weil es die Hauptinsel des friesischen Meeres ist und am instruktivsten für Kenntnis hiesiger Erdverhältnisse. Das Bad ist schön, die Wellen schlagen kräftig über den Kopf, die vegetative Seite der Menschennatur ist nicht ganz verwahrlost, man ißt, trinkt und schläft mäßig. Aber vor allem anziehend ist das Völkchen hier und sein Land, welches ihm langsam unter den Füßen wegschwimmt und weiter nach Osten gerückt wird."

1866 hatte Thomas Selmer, Kapitän und Erbauer des Hotels Munkmarsch (1869), die Konzession für die Beförderung der Post und Passagiere von Hoyer nach Sylt erhalten. „Wilhelm" und „Bismarck" hießen seine Schiffe. Ab 1874 unterhielt der Ziegeleibesitzer Clausen diese Linie mit dem Dampfer „Germania". Die zunehmende Bedeutung des Fährverkehrs führte 1883 zur Gründung der Sylter Dampfschiffahrt-Gesellschaft, deren erster Dampfer auf den Namen „Sylt" getauft war. Von Munkmarsch nach Westerland fuhren die Badegäste in Pferdedroschken, bis 1888 eine Kleinbahn fertiggestellt war. Die Sylter Dampfschiffahrt-Gesellschaft, deren Direktor seit 1893 der Westerländer Kapitän Friedrich Erichsen war, vergrößerte ihren Schiffspark. Ihr berühmtester Kapitän war Carl Christiansen aus Westerland, ein Original, bekannt unter dem Namen Käpt'n Corl. Von 1902 bis 1927 war er im Dienst der Gesellschaft. Die Aktienmehrheit besaßen seit 1910 der Bankverein für Schleswig-Holstein und das Hamburger Bankhaus Schröder Gebrüder & Co.

Zahlreiche Gäste nutzten einen neuen Anreiseweg, den die Nordsee-Linie von Hamburg über Helgoland nach Hörnum am 1. Juli 1901 mit dem Raddampfer „Cobra" eröffnet hat. Noch schneller und bequemer wurde dieser Weg mit dem Turbinendampfer „Königin Luise" der Hapag seit 1905 zurückgelegt. Trotzdem erforderte die Reise nach Sylt noch viel Zeit und Mühe, bevor der Hindenburgdamm 1927 fertiggestellt war. Dies zeigt auch eine Notiz, die Thomas Mann in sein Tagebuch schrieb, als er im September 1921 seinen ersten Besuch der Insel beendete: „Umständliche, bei der Embarquierung qualvolle Abreise, Rückfahrt über Watt, überfüllter Zug nach Hamburg."

Rettungswesen

Search and rescue, suchen und retten, abgekürzt SAR, ist das Kennzeichen des Hubschraubers für den Rettungsdienst auch auf Sylt. Die Maschine ist insbesondere für den Seenotdienst vorgesehen. Dadurch ist die Rettung schneller und aus größerer Entfernung möglich. Die Hubschrauber haben Schlauchboote, Schwimmwesten, Lebensmittel und Medikamente an Bord und können mit einer Seilwinde Schiffbrüchige und Verletzte in die Kabinen aufnehmen oder Hilfskräfte absetzen. Zu den neuzeitlichen Einrichtungen des Rettungswesens auf der Insel gehört gleichfalls der Seenotkreuzer Minden der Deutschen Gesellschaft zur Rettung Schiffbrüchiger, der in List stationiert ist. Auf seiner schrägen Heckwanne führt er ein kleines Tochterboot mit, das auch im flachen Wasser manövrieren kann.

Nicht immer war das Rettungswesen auf Sylt so gut ausgerüstet wie heute. Im Jahr 1872 beklagte in einem Brief der Chronist Christian Peter Hansen das Fehlen einer staatlich organisierten Seenotrettung: „Die Regierung hat bisher für die Rettung der Schiffbrüchigen nichts getan, überläßt dies zu vereinzelt stehenden Strandvögten und Privatvereinen, welche denn freilich nach Kampen, Westerland und Rantum einige Rettungsapparate gesandt haben, die aber auf den langen öden Dünenhalbinseln Hörnum und Listland wohl niemals Nutzen bringen werden." Aus privaten Initiativen also entwickelte sich in jener Zeit die Rettung aus Seenot. Zum Beispiel baute um 1855 der Sylter Cornelius Peters einen Ausguck, den er „Luke üt" nannte, um von einer Düne aus die See zu beobachten und notfalls Hilfen herbeizuholen. Eine Schutzhütte für Schiffbrüchige wurde im damals noch unbewohnten Hörnum errichtet und 1871 als Herberge für jedermann ausgebaut.

Anregungen zur Verbesserung der Seenotrettung erhielten die Sylter Rettungsleute, nachdem 1865 in Bremen die Deutsche Gesellschaft zur Rettung Schiffbrüchiger gegründet worden war. Zu dieser privaten Gesellschaft bestanden frühzeitig Kontakte. Von dort empfingen die Sylter einige Rettungsapparate, wie sie C. P. Hansen in seinem Brief nannte. Diese Geräte waren Rettungsraketen, mit denen Leinen an Bord des verunglückten Schiffes geschossen wurden. Die Schiffbrüchigen zogen dann mit Hilfe der dünnen Leine ein stärkeres Tau heran und befestigten es am Mast. In einer Hosenboje wurden sie an Land befördert, falls alles glückte. Der Raketenapparat wurde verwendet, wenn wegen schwerer Brandung das Rettungsboot nicht eingesetzt werden konnte. Dieses hölzerne Boot, offen oder halbgedeckt, von Rudern oder Segeln angetrieben, stand im strandnahen Schuppen auf einem Wagen bereit. Oft wurde es von Pferden ins Wasser gezogen. Mit einem Motor ist das Rettungsboot erst ab 1940 versehen worden. Das war der erste Schritt auf dem Weg zum heutigen Seenotrettungskreuzer.

Die Raketenapparate erwiesen sich oft als unzureichend. Die Schüsse erreichten nicht immer das Schiff. Manchmal war der Vorrat an Raketen zu gering. Der Einsatz der Rettungsraketen mußte immer wieder geübt werden. Raketenabschüsse standen noch in den Jahren vor und nach dem Ersten Weltkrieg auf dem Programm der Rettungsmannschaften. Diese Übungen lockten viele Zuschauer an, vor allem die Kurgäste. Kritische Stimmen über die Brauchbarkeit des Rettungsapparats wurden 1881 laut, als die in Stettin beheimatete Brigg Else bei Westerland in Seenot geriet und das Gerät ohne Erfolg eingesetzt war. Einen Bericht darüber hat am 16. Oktober 1881 der Westerländer Gemeindevorsteher Boy Lorenz Boysen gegeben:

„Die Mannschaft der gestrandeten Brigg Else, ich zählte 8 Mann, hielt sich größtenteils auf dem Vorderwrack fest. P. J. Lassen war Feuerwerker bei der Rakete. Jens O. Thiessen handhabte und schoß mit der sogenannten Pistole die dünne Leine. Mit dem Raketenapparat ist, wenn ich nicht irre, 8mal und mit der Pistole dreimal geschossen worden. Mit dem ersten Raketenwurf schlug die Leine über das Hinterteil des Wracks, und die Mannschaft konnte die Leine nicht fassen, da bei der hohen Brandung selbige sich nur festzuhalten hatte. Ein paarmal riß die Pistolenleine ab. Die Schüsse mit der Pistole waren sämtlich erfolglos. Zwei nahe aufeinander fol-

gende Wellen zertrümmerten das ganze Wrack, und die Mannschaft war verschwunden."
Nachdem der Vorrat an Raketen bei diesem Einsatz verbraucht war, hatte einer der Rettungsleute noch versucht, Leinen mit der Hand zu werfen. Er hatte sich unter Lebensgefahr die Düne hinabgeseilt und wäre beinahe abgestürzt und in den Fluten versunken. Dieser mutige Mann war der Westerländer Photograph Paul Ebe Nickelsen. Ihm wurde die Rettungsmedaille verliehen, und am 22. Januar 1882 erhielt er durch die königliche Regierung in Schleswig eine besondere Anerkennung für seine Hilfsbereitschaft. Nickelsen spielt in der Geschichte des Sylter Rettungswesens – außerdem auch als Photopionier in der Geschichte der Lichtbildkunst auf der Insel – eine hervorragende Rolle. Er gründete 1891 das Freiwillige Rettungs-Corps Westerland. Anlaß zu dieser Gründung war die Strandung des englischen Schiffes Reintjedina am 29. Oktober 1890, die wiederum tragisch deutlich werden ließ, daß die Sylter für Seenotfälle schlecht ausgerüstet und nicht genug ausgebildet waren.
Von nun an wurde die Insel für Bergungsfälle besser und besser vorbereitet – bis hin zur Gegenwart, da in Westerland Seenotrettungs-Hubschrauber und in List Seenotrettungskreuzer mit Tochterboot stationiert sind. Das Freiwillige Rettungs-Corps Westerland besteht noch heute. Die Statuten dieser Hilfsgemeinschaft bestimmen, daß immer nur 24 Aktive im Corps tätig sein dürfen. Es ist der Deutschen Gesellschaft zur Rettung Schiffbrüchiger angegliedert, die auf Sylt auch Rettungsboote in den Stationen Hörnum, Westerland und List zur Verfügung gestellt hat. Zur Zeit unterhält die Deutsche Gesellschaft zur Rettung Schiffbrüchiger an wichtigen Stellen der Nord- und Ostseeküste insgesamt 48 Schiffe vom kleinen 7-Meter-Strandrettungsboot bis zum 44-Meter-Kreuzer. Im Jahr 1990 sind 170 Menschen gerettet worden.
Zum heutigen Rettungswesen auf Sylt gehören die Einsatzwagen des Deutschen Roten Kreuzes ebenso wie die Fahrzeuge der Feuerwehren der Inselorte. Die Freiwilligen Feuerwehren auf Sylt wurden zumeist schon im vorigen Jahrhundert gegründet, in Westerland und Keitum 1880, in Tinnum 1887. In der Festschrift zum 50jährigen Bestehen der Kampener Feuerwehr, die seit 1928 besteht, ist nachzulesen, warum sie zur Hilfe gerufen wurde. Nicht nur zur Bekämpfung von Bränden war sie unterwegs. Die Ursachen ihrer Einsätze waren vielfältig: Kanalverstopfung, Kellerüberschwemmung, Schneeräumen, Unfallhilfe, Rohrbruch, Strandkorbbergung, Strandreinigung. Für alle Rettungseinsätze gilt, was der Titel der Chronik 1891 – 1991 des Freiwilligen Rettungs-Corps Westerland ausdrückt: Gott segne das Rettungswerk!

Rainer Maria Rilke

Rilkes Gedicht „Die Insel", das mit den Zeilen beginnt:
„Die nächste Flut verwischt den Weg im Watt,
und alles wird auf allen Seiten gleich",
ist in mehreren Sylt-Büchern mit der Behauptung abgedruckt, der Dichter habe Sylt charakterisiert. Rilke hat die

Insel Sylt jedoch nie besucht. Er kam 1911 nach Föhr. Das Schiff, auf dem sich damals auch Hans Henny Jahn als Schüler befand, geriet in einen Sturm und drohte zu kentern. Für Rilke war die Überfahrt eine Qual. Nach seinem Besuch auf Föhr entstand das Gedicht „Die Insel“. Auf Sylt paßt der Text gar nicht, denn hier gibt es keinen Weg im Watt, wohl aber von Föhr nach Amrum. Außerdem wird auf Sylt bei Flut nicht „alles auf allen Seiten gleich“. Auf der Wattenseite sind die Wasserverhältnisse unterschiedlich. Auch den Deich, von dem im Gedicht die Rede ist, gab es in jenem Jahr noch nicht auf Sylt.

Ringreiten

Das Ringreiten ist ein beliebter Brauch alten Ursprungs. Das Sylter Ringreiterkorps, Keitum, fand sich bereits 1861 zusammen. Heute gibt es 5 Ringreitervereine auf Sylt, die rund 160 aktive Mitglieder zählen:
Sylter Ringreiterkorps von 1861, Keitum
Archsumer Ringreitercorps, gegründet 1863
Morsumer Ringreitercorps, gegründet 1912
Keitumer Ringreiterverein, gegründet 1920
Ringreiterverein Morsum, gegründet 1920
In jedem Jahr findet in Archsum, Keitum und Morsum ein Turnier der Vereine statt. Es ist eine Art Volksfest. Während der Turniere und Festumzüge tragen die Ringreiter Uniformen mit weißen Handschuhen, schwarzer Krawatte und Lanzenwimpel. Die Reiter zielen in vollem Galopp mit einer 2 m langen Holzlanze auf einen am Seil hängenden Messingring. Die Ringe, die es aufzuspießen gilt, haben je nach Preis und Titel (Königsritt, Prinzenritt, Kronprinzenritt) Durchmesser zwischen 10 und 25 mm. Geschick und Glück bestimmen die Sieger. Der König wird zum nächsten Fest vom Ringreiterverein zu Pferd mit Musik abgeholt. Friedrich Hebbel charakterisierte das Ringreiten so:
Wohl ist des Ringreitens buntes Gewühl
Ein getreues Abbild vom Lebensspiel:
Welche die Pferde gut zu reiten verstehen
Und gehörig vorwärts zum Ringe spähn,
Denen wird's beim Ringreiten gut ergehn.

Henning Rinken

Henning Rinken (Hinrich Reimert Hinrichs) gehört in die ehrenwerte Reihe der Sylter Chronisten neben Hans Kielholt, Muchel Madis, Martin Richard Flor, Jacob Cruppius, Jens Booysen und Christian Peter Hansen. Rinken, 1777 in Rantum geboren und 1862 in Westerland gestorben, war Seemann, wurde mit 20 Jahren Steuermann und dann Kapitän. Im Alter von 42 Jahren gab er die Seefahrt auf und widmete sich in Westerland kommunalen Aufgaben. Unter anderem war er Vorsteher des Kirchspiels Westerland. Er war auch als Landwirt tätig, verfaßte seine Lebenserinnerungen und hinterließ zwei umfangreiche Chroniken, nämlich „Vorzeit und Gegenwart. Beschreibung oder Chronik über der Insel Sylt. 1835, 36 und 37“ (im Besitz des Sylter Archivs in Westerland) und „Vorzeit und Gegenwart. Chronik betreffend der Insel Sylt. 1843 und Fortsetzung" (Handschrift in der Staatsbibliothek Berlin, Kopie im Sylter Archiv, Westerland). Die Aufzeichnungen von Henning Rinken hat 1908 Hanns Koch in Auszügen wiedergegeben (Aus alten Sylter Tagen. Berlin 1908), darunter Berichte über Seefahrt, Hausbau, Brauchtum, Tracht.

Julius Rodenberg

Julius Rodenberg, von 1874 bis 1914 Herausgeber der einflußreichen Zeitschrift „Deutsche Rundschau", die später von Bruno Hake und Rudolf Pechel weitergeführt wurde, ist heute fast vergessen. In neueren Lexika und Literaturgeschichten fehlt meistens sein Name. Wenn er erwähnt ist, sind ihm nur wenige Zeilen gewidmet, die sich auf seine vortreffliche Herausgeberschaft der bekannten Monatsschrift beschränken. Seine eigenen zahlreichen Werke werden zumeist gar nicht genannt. Dagegen sind in der 6. Auflage von Meyers Konversationslexikon, das von 1905 bis 1908 erschien, viele Bücher des Schriftstellers Rodenberg noch angegeben. Darunter sind einige Titel, die daran erinnern, daß Rodenberg für die Geschicke Schleswig-Holsteins und insbesondere der nordfriesischen Inselwelt viel Interesse gezeigt hat. In seiner Jugend gab er den Gedichtband „Für Schleswig-Holstein! Vierzehn geharnischte Sonette" (Hamburg 1850, zweites Heft 1851) heraus, in dem er für Schleswig-Holstein Partei ergriff und den Theodor Storm 1854 einer eingehenden Kritik würdigte. 1859 schrieb Rodenberg in Westerland sein Tagebuch „Stilleben auf Sylt", das wesentlich dazu beigetragen hat, Namen und Ruf des damals noch fast unbekannten Nordseebads zu verbreiten.

Im selben Jahr wie Wilhelm Raabe, 1831, wurde Julius Rodenberg in der Kleinstadt Rodenberg, nördlich von Hameln, geboren. Er hieß eigentlich Levy und nannte sich nach seinem hessischen Geburtsort. Als Fünfzehnjähriger kam er auf das Gymnasium in Rinteln, wo er 1851 die Reifeprüfung bestand. Der Gymnasiast Levy war von der allgemeinen freiheitlichen und nationalen Bewegung seiner Zeit erfüllt. Er trat auch für die Rechte und Freiheiten der Herzogtümer Schleswig und Holstein innerhalb Deutschlands ein und veröffentlichte seine Gedanken unter einem Pseudonym in den „Geharnischten Sonetten". In seiner Gedichtsammlung „Lieder", unter dem Verfassernamen Julius von Rodenberg 1854 erschienen, sind diese Sonette für die Trennung der Herzogtümer von Dänemark ebenfalls abgedruckt.

Auch als Student der Rechte in Heidelberg, Göttingen, Marburg und Berlin vergaß Rodenberg seine poetisch-literarischen Interessen nicht. Nachdem er 1856 in Marburg zum Doctor utriusque iuris promoviert hatte, entschloß er sich, als freier Schriftsteller zu leben. Die ihm gemäße schriftstellerische Form sind die Reportage und das Feuilleton. Er reiste oft, beobachtete, schrieb fleißig und veröffentlichte eine Reihe von Wanderchroniken, Skizzenbüchern und Reisetagebüchern. In dem 1861 erschienenen Sammelband „Verschollene Inseln. Sand- und Seebilder" sind seine Tagebuchblätter „Stilleben auf Sylt" enthal-

ten. Unter diesem Titel kamen sie im selben Jahr selbständig auf den Buchmarkt. Eine dritte Auflage folgte 1876.
Rodenberg besuchte Sylt erstmals im Jahr 1859. Er war einer von 470 Badegästen in Westerland. In seinem Tagebuch zeichnete er ein farbiges Bild vom Leben und Treiben der Besucher in den Anfangsjahren des aufstrebenden Badeorts. Die Insel, der Rodenberg sein Tagebuch gewidmet hat, war noch arm und abgelegen, aber eine Oase der Ruhe und intakten Natur. Damals gab es in Westerland nur wenige Hotels und Logierhäuser. Das Gebiet zwischen dem alten Dorfkern und dem westlichen Dünen-

Titelbild der ersten Ausgabe des Sylter Tagebuchs von Julius Rodenberg (1861)

gürtel war fast unbebaut. Das erste Haus in Neu-Westerland war das Strandhotel. Es wurde 1859 an der heutigen Kreuzung Friedrich- und Maybachstraße eröffnet, wo jetzt das Kaufhaus H. B. Jensen steht. Der Begründer und erste Kurdirektor des Badeorts Westerland war Wulf Manne Decker, ein Original, dessen Eigenarten Rodenberg anschaulich beschrieb. Decker sorgte zusammen mit acht anderen Westerländern dafür, daß die notwendigen Einrichtungen für die Badegäste geschaffen wurden. Erbauer und Eigentümer der ersten Badeanlagen waren die Badeaktionäre oder Badeinteressenten. Bei der Werbung für das neue Bad wurde Decker unterstützt von dem Altonaer Arzt Gustav Ross, der als Badegast auf Föhr öfter Sylt besuchte und die heilkräftige Wirkung des Badeorts Westerland lobte.

In seinem Reisebericht gab Rodenberg sowohl persönliches Erleben als auch Allgemeingültiges wieder. Man liest darin heute wie in einem Märchenbuch und lächelt über die Prophezeiung: „Ein Modebad ist Westerland nicht und wird es auch schwerlich werden." Der Verfasser zählt neben Heinrich Heine zu den literarischen Entdeckern der Schönheit der Nordseelandschaft. Das Meer hatte er schon als Student auf Helgoland schätzen gelernt, als er unter Kopfschmerzen und Nervendruck litt. In der See fand er das Heilmittel, das ihn jahrzehntelang immer wieder auffrischte. Sein Sylter Reiseerlebnis schilderte Rodenberg mit Geist und Gemüt. Als aufmerksamer Beobachter und glänzender Stilist verstand er es ausgezeichnet, die charakteristischen Merkmale der in jenen Jahren noch wenig bekannten Insel festzuhalten. Mit leichter Feder skizzierte er die Eigentümlichkeiten der Inselnatur. Seine Wahrnehmungen vermischte er mit Darstellungen aus Sage und Geschichte. Seine historischen Kenntnisse verdankte er im wesentlichen dem trefflichen Chronisten Christian Peter Hansen (1803 – 1879), dem Autor zahlreicher Werke über Geschichte, Sage und Volkstum der Insel. Deshalb ist sein Buch über Sylt nicht nur journalistisch anziehend, sondern zugleich sachlich wohlfundiert geschrieben. Er kam nochmals 1875 zusammen mit seiner Frau nach Sylt. Rodenberg hatte 1863 Justina Schiff, die Tochter eines reichen Triestiner Großunternehmers, geheiratet. Die Eindrücke dieses zweiten Besuchs hat er 1876 in der erweiterten Ausgabe seines „Stilleben auf Sylt" beschrieben.

Im Jahre 1859, als Rodenberg zum erstenmal auf Sylt war, da lag, wie er es ausdrückte, „die Hand des Dänen noch schwer auf Schleswig-Holstein und den Inseln, es war neun Jahre nach dem Unglückstage von Idstedt, an welchem Schleswig verlorenging". Als er 1875 wiederkam und die Zahl der Westerländer Badegäste auf reichlich 1500 angestiegen war, „da war Schleswig-Holstein deutsch; da war es wieder, was es einst gewesen, die deutsche Grenzmark gegen Norden, die Hüterin des Reichs, die Wächterin am Meere". Trotz seiner patriotischen Gedanken bewies Rodenberg bereits bemerkenswerte Weitsicht und starkes Verantwortungsgefühl gegenüber der Zukunft, indem er – übereinstimmend mit der Auffassung unserer Gegenwart – über die Auseinandersetzung mit Dänemark urteilte: „Auch der alte Streit, so wollen wir hoffen, ist für immer geschlichtet und selbst

die Erinnerung daran hat den bittern Beigeschmack verloren; denn sie gehört bereits der Geschichte."
Als Herausgeber der „Deutschen Rundschau" hat Rodenberg das literarische Leben in Deutschland entscheidend mitgestaltet, vor allem in der Zeit Bismarcks. An dieser Zeitschrift haben unter anderen Theodor Storm, Gottfried Keller, Conrad Ferdinand Meyer, Theodor Fontane, Marie von Ebner-Eschenbach, Felix Dahn und berühmte Männer der Wissenschaft lebhaft mitgearbeitet. Das Blatt entwickelte sich zu einem führenden deutschen Monatsjournal, das man eine „gedruckte Universität" genannt hat. Darin erschienen auch viele Novellen als Erstdrucke, die bald zur Weltliteratur zählten. Zu den Meisternovellisten dieser Zeitschrift gehörte seit 1874 Theodor Storm. Aus Husum erhielt Rodenberg zahlreiche Beiträge, zum Beispiel die Novellen „Waldwinkel" (1874), „Psyche" (1875) und „Aquis submersus" (1876).
Rodenbergs erfolgreiche Herausgeberschaft wurde vielfach geehrt. Der Schriftleiter wurde zum Professor ernannt. Zu seinem siebzigsten Geburtstag überreichten ihm seine Freunde eine Festschrift, zu seinem achtzigsten Geburtstag am 26. Juli 1911 erhielt eine Berliner Straße seinen Namen, und der Verleger Paetel widmete ihm eine Plakette, die Hugo Lederer, der Schöpfer des Bismarck-Denkmals in Hamburg, entworfen hatte. Unmittelbar vor dem Abschluß des vierzigsten Jahrgangs der „Deutschen Rundschau", am 11. Juli 1914, starb Rodenberg in Berlin. Bruno Hake, Nachfolger im Amt des Herausgebers, sprach an seinem Grab: „Die vierzig stolzen Jahre der „Rundschau" sind ein bleibendes Denkmal deutscher Kultur, deutscher Geistesblüte; sie ist sein Werk, mit dem sein Name auch in Zukunft untrennbar verbunden sein wird, das zu hüten und über seinen Tod hinaus zu pflegen er uns als teuerstes Erbe hinterlassen hat." An diesem Erbe hat Schleswig-Holstein einen nicht unbedeutenden Anteil. Sylt verdankt ihm das schönste Tagebuch, das über die Insel geschrieben worden ist.

Dieter Röttger

Aus dem Kunstbetrieb seiner Heimatstadt Hamburg zog sich Dieter Röttger (geb. 1930) 1960 in die Sylter Eremitage zurück. Seitdem spürt er noch intensiver den Reiz des Unmittelbaren in der Natur und Landschaft. Die Insel inspiriert ihn zu einer rätselhaften Pflanzen-, Falter-, Schnecken- und Vogelwelt. In Hamburg hatte der Künstler zwei Jahre lang in einer Ballettschule Zeichenstudien betrieben. Das dabei verfeinerte Gefühl für Bewegung sowie die Stilwahl des Informel bilden die Grundlage für seine heutige Bilderwelt. Aus der fortlaufenden Linie entwickelt er selbständige Strukturen, angeregt durch das in der Natur Beobachtete. Seine Erfahrungen aus dem Studium der Natur hat er mit eigenen Vorstellungen verbunden und dann seine Visionen aufs Papier gebracht. Er zeigt Dinge, die in der Wirklichkeit so nicht vorkommen. Was er uns vorführt, gibt es nicht. Aber es ist aus dem Erlebnis der Natur entstanden und aus einer Vorstellung der natürlichen Entwicklungsgeschichte erwachsen.

Manche Formen meint man in der Umwelt schon einmal gesehen zu haben. Indessen sind die Figuren von Dieter Röttger weit über das Beobachtete hinaus entwickelt. Sie stellen etwas Neues mit eigenem Dasein dar, hervorgegangen aus dem Kosmos im Kopf des Künstlers. Mit diesen Bildern will Dieter Röttger jedoch keine neue Wirklichkeit suggerieren. Seine Verfremdung der Strukturen bleibt Malerei und Kalligraphie.

Gustav Ross

Dr. Gustav Ross, Arzt aus Altona, kam 1857 und 1858 als Kurgast nach Westerland. Am 1. Juli 1858 ist er in der Kurliste genannt mit seiner Frau, drei Knaben, einem Hausknecht und zwei Dienstmädchen. Er wohnte bei P. Eschels Witwe. Eine Gouvernante war bei Diederichsens Witwe untergebracht, zusammen mit fünf Patienten des Arztes. Offensichtlich war Ross von der heilklimatischen Wirkung eines Aufenthalts an der Nordsee überzeugt. Auf die Bedeutung des Nordseebades hat er 1858 mit seiner 24seitigen Schrift „Das Nordseebad Westerland auf der Insel Silt. Eine vorläufige Ankündigung" aufmerksam gemacht. Sie hat zur Werbung um neue Kurgäste erheblich beigetragen.

Ross war in seiner Zeit ein bekannter und anerkannter Arzt. Er stammte aus Altekoppel bei Bornhöved und hatte 1851 in Altona ein privates orthopädisches und zugleich augenärztliches Institut begründet. Als Orthopäde genoß er einen guten Ruf und gehörte zu den Wegbereitern dieses Fachs in Schleswig-Holstein. Seine Praxis mußte er jedoch aus gesundheitlichen Gründen einschränken. Er suchte Heilung an der Nordsee, zuerst auf Föhr, dann auf Sylt. In Westerland verlebte Ross zwei Sommer. Die Badeaktionäre ermutigte er zum weiteren Ausbau ihrer Anstalt. Deshalb baten sie ihn, die Festrede bei der Grundsteinlegung der „Dünenhalle" am 29. September 1857 zu halten. Er sprach prophetische Worte, die später oft zitiert worden sind: „Vieler Orten sind Seebäder begründet worden, aber nicht das schlechteste wird dasjenige sein, wozu wir heute den Grundstein legen, vielleicht das kräftigste von allen! – Ein großartiges Meer, ein Strand meilenlang ausgebreitet wie der köstlichste Samtteppich, die phantastische Dünenwelt, die hehre Schönheit der ganzen Insel, endlich die Tugenden solcher Bewohner – das ist eine so seltene Vereinigung von Vorzügen, daß sicherlich binnen wenigen Jahren Sylt zu den gesuchtesten Nordseebädern zählen wird. Tausende werden Eure gastliche Insel besuchen und mit neuer Kraft, freudigen Mutes und dankerfüllten Herzens wieder von dannen ziehen! – Aber für die Bewohner wird, was wir heute beginnen, nicht ohne tiefe Bedeutung bleiben. Schlagt die Blätter Eurer Geschichte auf, Ihr werdet finden, daß zu keiner Zeit Eure Scholle allein Euch ernähren konnte. Früher bereicherte Euch der Walfischfang, jetzt der Schiffsdienst. Wer aber vermag in die Zukunft zu schauen? Ob nicht, wie das eine aufhörte im Laufe der Zeiten, auch einmal das andere geschmälert werden kann? Deshalb erkennt es dankbar an, daß die gütige Natur Eure Insel mit so herrlichen Eigenschaften zu einem Seebade ausstattete, und das offene Auge einiger unter Euch diesen Fingerzeig der Natur benutzte. Im Verkehr mit den Badegästen, die jeder Sommer Euch von nah und fern zuführen wird, wird Euer Gesichtskreis sich erweitern, werden neue Aussichten, neue Hilfsquellen sich Euch eröffnen, der gesunde Sinn aber, der Euch auszeichnet und der Euch durch alle Meere und Länder glücklich hindurch führt, dieser gesunde Sinn wird Euch auch leiten, von dem dargebotenen Neuen bloß das Gute zu behalten."

Die Kurliste von 1859 verzeichnet nur Frau Anna Ross nebst vier Kindern. Gustav Ross suchte in jenem Jahr in Madeira Heilung von einem schleichenden Leiden. Die fortschreitende Krankheit hinderte ihn daran, nochmals Westerland aufzusuchen. Er starb 1861 im Alter von 42 Jahren. Seine Familie kam noch viele Jahre nach Sylt. Die Tochter Berta übernahm 1897 die Leitung des nach ihrem Vater benannten Kinderheims.

Rotes Kliff

Rotes Kliff

Die 4,4 km lange Kliffwand an der Sylter Westküste zwischen Kampen und Westerland (Nordseeklinik) leuchtet bei sinkender Sonne brandrot auf. Wer das Kliff beim Sonnenuntergang vom Meer aus betrachtet, versteht, warum die Seeleute dieser Landmarke den Namen Rotes Kliff gegeben haben. Auf alten Seekarten ist bereits Troode Clif (Haeye 1585), Roet Kliff (Waghenaer 1585), Roetclif (Janszoon 1608) verzeichnet. Die höchste Erhebung des Roten Kliffs

liegt dort, wo früher das Kurhaus Kampen stand, und beträgt 25 m. Nach Norden und Süden flacht das Kliff allmählich ab. Es ist dort zuende, wo in Kampen das Haus Kliffende erbaut ist.
Am Steilhang des Roten Kliffs tritt der Geschiebelehm zutage, die oberste Schicht des Sylter Geestkerns, der in der vorletzten Eiszeit vor etwa 180 000 Jahren abgelagert wurde. Der Geschiebelehm enthält auch Eisenbestandteile. Daher entsteht die rote Farbe. Im Lehm-Sand-Gemisch sind Geschiebe (Steine) verschiedener Art enthalten: Granit und Gneis aus Schweden, Rhombenporphyr aus dem Oslogebiet von Norwegen, Rapakiwi von den Åland-Inseln, aus Finnland u. a. Da unter dem Geschiebelehm weißer Kaolinsand des Tertiär liegt, kann die Kliffwand leicht unterspült werden. Oft greift die Brandung am Fuß des Kliffs an und spült Lehm und Sand weg. Um den Küstenabbruch zu verzögern, ist mehrmals Sand aus dem Meer vorgespült worden. Dabei ist das Kliff zum Teil zugedeckt worden. Aus dem Roten Kliff wurde ein Totes Kliff.

Alfred Rust

Der Vorgeschichtsforscher Alfred Rust (1900 – 1983) fand am 29. September 1952 am Fuß des Morsumkliffs einen Windkanter im Geröll. Windkanter sind durch Wind und Sand im Lauf von Jahrtausenden abgeschliffene Steine. Der von Rust gefundene Quarzit-Brokken hatte jedoch seine ursprüngliche Form nicht durch Naturgewalten verloren. Er war von Menschenhand geformt. Es war ein Artefakt, ein künstlich behauener Stein, ein vorgeschichtliches Werkzeug. Bis dahin nahm die Wissenschaft an, daß die ersten Menschen in deutschen Breiten sich als Rohstoff für ihre Werkzeuge jenen Stein gewählt hatten, der am besten zu bearbeiten war: Feuerstein oder Flint. Wie aber, so hatte sich Rust gefragt, wenn es in Nordeuropa schon Menschen gab, bevor sie Flint finden konnten? Die Feuersteine waren erst von den Gletschern der Eiszeiten vor etwa 600 000 Jahren aus Skandinavien in den Kontinent hineingeschoben worden. Um eine Bestätigung für diese Theorie zu finden, war Rust nach Sylt gereist. Hier entdeckte er, was er suchte: den bearbeiteten Windkanter. Um seine Theorie weiter auszubauen, fuhr er nach Heidelberg. Dort, bei Mauer an der Elsenz, war 1907 in 24 Meter Tiefe ein 11,5 cm langer Unterkiefer ausgegraben worden: der älteste bekannte Rest eines menschenähnlichen Wesens in Europa. Zahlreiche Vorgeschichtsforscher hatten an diesem Fundort des sogenannten Heidelberg-Menschen vergeblich nach Feuersteinwerkzeug gesucht. Achtlos waren sie an den Artefakten vorbeigegangen, die Rust nun aufhob: behauener Buntsandstein aus früherer Zeit wie am Kliff von Morsum. Für Alfred Rust stand fest: Frühmenschen hatten in Nordeuropa schon vor den Eiszeiten gelebt, auch in der Landschaft, in der heute Sylt liegt.

Sage

Theodor Storm hat Sylt als eine Sageninsel bezeichnet. Das entlegene und unwirtliche Dünenland von Hörnum mit der für Schiffsstrandungen berüchtigten Küste hat den Stoff für den größten Teil der Sylter Sagen und Erzählungen geliefert. Sie sind in der ersten Hälfte des vorigen Jahrhunderts erstmals von Christian Peter Hansen aufgezeichnet und veröffentlicht worden. Darin ist die Rede von dem Meermann Ekke Nekkepenn, den Zwergen, den Unterirdischen, dem König Finn sowie den Riesen mit ihrem König Bröns. Auch die vorgeschichtlichen Grabhügel spielen eine Rolle. Da man in der Sylter Landschaft häufig auf Gräber der Vor- und Frühzeit stößt, ist es nicht verwunderlich, wenn die Menschen der Sylter Sage versonnen sind und darüber hinaus Aberglaube, Hellsehen, Vorspuk und Zweites Gesicht zur Sprache kommen. Eigenartig ist, daß Märchen auf der Insel nicht überliefert sind. Das Märchen ist die Erzählung von zumeist phantastisch-wunderbaren Begebenheiten, die nicht wirkliche Geschehnisse sind, die jenseits aller Erfahrung liegen. Die Naturgesetze sind darin aufgehoben, das Wunder herrscht vor. Im Gegensatz dazu ist die Sage die Erzählung oder der Bericht von Ereignissen, die wohl auch sonderbar sind und über die sinnliche Wirklichkeit hinausreichen können, aber die Sage hat in der Regel ihren Hintergrund und Anlaß in der nahe liegenden Wirklichkeit oder in der Geschichte, wenn sie auch Geschehnisse nicht getreu wiedergibt: Sage ist nicht Geschichte.

Ernst von Salomon im Restaurant „Kupferkanne". In Kampen stellte er seinen vieldiskutierten Dokumentarroman „Der Fragebogen" zusammen

Ernst von Salomon

„Für die Insel Sylt ist nicht der Wetterbericht von Radio Hamburg gültig, sondern der von Daventry. Der britische Sender hatte Sturm angesagt, und der Sturm kam pünktlich. Gleichzeitig setzten bei Lena die ersten Wehen ein. Die Hebamme in Westerland, benachrichtigt, meinte gemütlich, da sei „noch bannig Tid". Das Kind komme erst bei auflaufender Flut." Seine Frau Lena, Flüchtling aus Masuren, hatte Ernst von Salomon (1902 - 1972) am Sylter Weststrand kennengelernt. Das Paar bezog in Kampen am Fuß des Hünengrabs Stapelhoog einen halb unterirdischen Wehrmachtsbunker, im Prospekt des Kurorts gerühmt wegen der „herrlichen Aussicht auf die Nordsee und das Wattenmeer". Bis zu den Lister Wanderdünen im Norden schweift der Blick und bis zum Kirchturm von Keitum im Süden. In dem notdürftig umgebauten Bunker schrieb Ernst von Salomon seinen autobiographischen Bericht „Der Fragebogen", der 1951 erschien und ein Bestseller wurde. Dem Buch liegt der Einfall zugrunde, alle 131 Punkte des Fragebogens der Alliierten Militärregierung ausführlich und wahrheitsgetreu zu beantworten und die Stellung im Zeitgeschehen bewußt zu machen. Seinem Kampener Bunkerdomizil hat Ernst von Salomon stets die Treue gehalten. Er fand auf Sylt „angenehme Bedingungen, um intensiv zu arbeiten".

Sandvorspülung

Seit 1972 ist die Sandvorspülung eine neue Maßnahme des „weichen" Küstenschutzes (anstelle der Verfelsung). Damals wurden aus dem Rantumer Watt in einer Rohrleitung Sandmassen an die Westerländer Küste gepumpt. 1978 wurde die inzwischen abgetragene Sandmenge ersetzt. Seit 1984 sind Aufspülungen an mehreren Stellen der Westküste wiederholt worden. Der Sand wurde jedoch nicht mehr aus dem Rantumer Watt entnommen, sondern aus dem Meeresboden einige km westlich der Insel herbeigeschafft. Saugbagger entnahmen dort in 13 - 14 m Tiefe den Sand. Über Saugrohre und Verteilerstationen ist das Wasser-Sand-Gemisch durch die Brandungszone zum Strand befördert worden. Auch in den kommenden Jahren sind nach einem bestimmten System Sandvorspülungen an wechselnden Stellen wieder vorgesehen. Indessen können auch sie die Küste auf Dauer nicht schützen, denn die Sandvorspülung wirkt nur bis etwa 5 m Tiefe und verhindert deshalb nicht die Erosion des tiefer liegenden Inselsockels.

Peter Sax

Ein gelehrter Landmann von Nordstrand, Peter Sax (1597 - 1662), sammelte die schriftlichen Quellen in Nordfriesland, faßte sie 1636 zusammen und fertigte eine umfassende Beschreibung der Landschaft an. Mit ihm beginnt die nordfriesische Geschichtsschreibung. Anton Heimreich folgte ihm 1666 mit seiner „Nordfriesischen Chronik", einer ausführlichen Darstellung der Nordfriesen, ihres Landes und ihrer Geschichte.

Literatur: Schleswig-Holsteinisches Biographisches Lexikon, Bd. 4, Neumünster 1976
Peter Sax, Werke zu Geschichte Nordfrieslands und Dithmarschens. Bd. 3, St. Peter-Ording 1984

Edwin Scharff

Eine Hand in der Cordhose, mit der anderen die Pfeife haltend, steht Edwin Scharff breitbeinig vor seinem reetgedeckten Haus in Kampen. Dieses Bild, ein Photo, entstand in den fünfziger Jahren, als der Bildhauer von der Landeskunstschule Hamburg oft auf die Insel kam. In der Hansestadt hat er eine Bildhauerklasse bis zu seinem Tod geleitet. Der Neu-Ulmer Edwin Scharff (1887 – 1955), mit einer ungarischen Jüdin verheiratet, war Lehrer an den Vereinigten Staatsschulen für freie und angewandte Kunst in Berlin und wurde zusammen mit dem Maler Karl Hofer von den Nazis beurlaubt. 1933 wurde er nach Düsseldorf zwangsversetzt. Ihm wurde verboten, seine expressiven Werke – Plastiken, Gemälde, Graphik – auszustellen. In der Ausstellung „Entartete Kunst“ 1937 in München waren mehrere Arbeiten von ihm zu sehen. Die Familie Scharff überlebte in Kampen. Das Haus am Wuldeweg auf der Ostseite des Dorfes, um 1729 erbaut und von Edwin Scharff 1926 erworben, steht heute noch unverändert.
Einen Besuch im Haus von Edwin Scharff hat Kurt Lothar Tank in seinem Tagebuch „Sylter Sommer“ (Hamburg 1972) beschrieben: „Es ist ein schönes altes Friesenhaus Sylter Bauart, lang und schmal, einstöckig, mit niedrigen Dekken, kachelbekleideten Wänden und Schrankbetten. Der Hauptflügel, das Wohnhaus, hat einen hübschen nach Süden gekehrten Giebel, und das Giebelzimmer, ein kleiner Raum mit schräggrauen Holzwänden, ist das Atelier des Professors. Wir sehen uns um. Auch hier gibt es eines jener hohen, in die Wand gebauten Betten. Man benutzt eine kleine Holzbank, um hineinzugelangen. Es sieht gemütlich und zugleich ein bißchen gruselig aus, erinnert an Sargnischen in den Katakomben, an ägyptische Totenkammern, und die merkwürdige, von einigen Chronisten mit Verwunderung verzeichnete Tatsache, daß in den Seelen der Sylter, neben den christlichen Gedanken, ja stärker als diese, die Vorstellungen der Seelenwanderung lebendig seien, dieses seltsame Faktum wird mir, während ich den Bettschrank betrachte, plötzlich verständlich. Sie sprechen hier nicht von Zimmern oder Räumen. Sie sagen, ein Haus habe acht oder zehn oder zwölf Fach. Und ein Fach im Fach ist das Bett, darin liegt der Mensch, und nebenan muhen die Kühe. So schließt sich der magische Kreis um alle Kreaturen des Hauses.“

Fabian von Schlabrendorff

Ein Findling unter einer alten Ulme auf dem Morsumer Friedhof zeigt die Inschrift „Fabian von Schlabrendorff, 1907 – 1980“. Nichts weist darauf hin, daß hier ein Widerstandskämpfer beigesetzt ist. Fabian von Schlabrendorff war maßgeblich am Attentatsversuch auf Hitler am 13. März 1943 beteiligt. „Offiziere gegen Hitler“ heißt sein Erinnerungsbuch. In seinen Aufzeichnungen berichtete er auch über den geplanten Staatsstreich am 20. Juli 1944 sowie seine Verhaftung und Verurteilung zum Tode. Er wurde über Flossenbürg nach Dachau und in ein Konzentrationslager bei Innsbruck transportiert. Der berüchtigte Präsident des Volksgerichtshofs, Roland Freisler, hatte die Akten des Angeklagten Fabian von Schlabrendorff in der Hand, als er bei einem Bombenangriff getötet wurde. Am 4. Mai 1945 wurde von Schlabrendorff zusammen mit anderen Nazi-Gegnern von den amerikanischen Truppen befreit und auf Capri eine Zeitlang interniert. In Wiesbaden eröffnete er nach seiner Rückkehr eine Praxis als Rechtsanwalt. 1967 wurde er Richter am Bundesverfassungsgericht. In Morsum erwarb er Anfang der 60er Jahre ein Ferienhaus. Die Insel hat er sehr geschätzt, wie seine Tochter Herzeleide Stökl, Klavierlehrerin in Morsum, erzählte.

Ingrid Schmeck

Die Bilder der Lübecker Künstlerin Ingrid Schmeck, geboren 1944 in Posen, sind nicht in der herkömmlichen Perspektive wiedergegeben, auch nicht ihre Sylter Ansichten. Sie sind vielmehr aus der Wackelperspektive gefertigt, in einer Art Erdbebenstil aus der Phantasie der Malerin gesehen. Ihre gezeichneten und gemalten Landschaften, Gebäude, Straßen, Plätze, Gegenstände wirken wie Lebewesen. Sie sehen schief und krumm aus und haben gerade deswegen einen eigentümlichen Reiz. Zum Beispiel hat Ingrid Schmeck die Siedlung Klappholttal inmitten der Dünenberge von Nordsylt in der Wackelperspektive gezeichnet. Diese Federzeichnung ziert seit 1981 die Titelseite des Klappholttaler Programmheftes. Viele Motive der Lübecker Zeichnerin sind mit Verspieltheit und souveränem Charme festgehalten. Ihr Charme wendet sich immer gegen Ebene, Gerade und die übliche Perspektive. Stattdessen schafft sie eine poetische Wirklichkeit, die Heiterkeit hervorruft. Was die phantasievolle Malerin im Bild festhält, hat sie sich zuvor genau angesehen. Ihre exakte Beobachtung spiegelt sich in ihren Werken wider. Die Detailtreue, ja die Detailverliebtheit gehört zu ihrer Handschrift. Indessen wollen ihre Bilder nicht nur Heiterkeit bewirken. Der Schein trügt, und wer meint, Ingrid Schmeck lebe im Wolkenkuckucksheim, irrt. Denn manche Bilder stimmen nicht nur heiter, sondern zugleich auch melancholisch. Sie machen auf Bedrohungen der Zivilisation und Technik aufmerksam, leider auch an einigen Stellen der Sylter Landschaft.

Rudolf Schollenbruch

Neben Quitzow, Vorstand des Amtskrankenhauses in Westerland, und Nicolas, Badearzt der Kurdirektion und letzter Sylter Landschaftsarzt, war Rudolf Schollenbruch praktischer Arzt und Badearzt in Westerland von 1890 bis 1901 sowie auch Mitglied der Badekommission. Dr. Schollenbruch gehörte zu den ersten Inhabern einer freien Arztpraxis nach dem Wegfall des öffentlichen Amtes des Landschaftsarztes. Er hielt seine Sprechstunden in der Friedrichstraße 9 gegenüber der Inselapotheke ab. Wie üblich vermietete er auch an Kurgäste. Im Verzeichnis der Post ist er als 20. Teilnehmer der Telefon-

anschlüsse genannt. Im Jahr 1901 gab es 51 Anschlüsse in Westerland.
Auf Sylt ist über die ärztliche Tätigkeit von Rudolf Schollenbruch wenig überliefert. 1890 führte er einen Federkrieg mit dem Seebadedirektor und Inhaber der Westerländer Badeeinrichtungen, Adrian Pollacsek, der eine Kurzeitung und einen Badeprospekt herausgab. Dr. Schollenbruch bestellte eine Werbeanzeige, um sich als Arzt zu empfehlen. Die Veröffentlichung wurde jedoch zunächst abgelehnt. Nach längerem Schriftwechsel einigte man sich. Von 1891 ab hat Pollacsek die Anzeigen von Schollenbruch wie die anderer Ärzte in seine Kurzeitung aufgenommen.
Rudolf Schollenbruch hat in der Sozialgeschichte der Medizin in Bayern eine Rolle gespielt. In München waren der Chirurg Nußbaum und der Hygieniker Pettenkofer seine Lehrer. Seine erste Praxis hatte er in einem Dorf des Fichtelgebirges eröffnet. Da die arme Bevölkerung ihren Arzt nicht bezahlen konnte, sah sich Schollenbruch zwangsläufig nach einem anderen Wirkungskreis um. In der aufstrebenden Sommerfrische Westerland war Paul Singer, Mitstreiter des sozialdemokratischen Parteiführers August Bebel, einer seiner Patienten. Er verhalf ihm zu einer neuen Stelle. Ab 1902 war Schollenbruch in München im Arbeiterviertel Giesing in einer Praxis tätig, die er bis 1919 unterhielt. In dieser Zeit erwarb er sich den Ruhm eines wohltätigen Armenarztes. Er sah sein ärztliches Wirken als Dienst an der arbeitenden Bevölkerung und nahm dafür viele Entbehrungen für sich und seine Familie in Kauf. Da er sich entschloß, für den vierten Stand zu den Reichstagswahlen im Kaiserreich zu kandidieren, wurde er von der Regierung und den Kollegen bekämpft und von reaktionären Kreisen verleumdet. Als der Freistaat Bayern nach dem Ende des Ersten Weltkriegs ausgerufen und die Räterepublik begründet wurde, ist Rudolf Schollenbruch zum Volksbeauftragten für das Sanitätswesen und zum Armeearzt der bayerischen Roten Armee ernannt worden.

Bodo Schütt

„Sylt ist mein Haus". So nannte Bodo Schütt einen seiner Gedichtbände. Sylt ist dem 1906 in Kiel geborenen, 1982 in Westerland verstorbenen Arzt und Lyriker zur zweiten Heimat geworden. Mehr als dreieinhalb Jahrzehnte lang hat er hier als Internist gewirkt. Viele langjährige Patienten hat er, der als Arzt zugleich „Vater, Behüter, Ratgeber von tausend Kindern" war, nie allein gelassen.
Als Mediziner in den zwanziger Jahren in Kiel und Berlin ausgebildet, war Bodo Schütt während des Krieges in Frankreich, Polen, Rußland und zuletzt auf Föhr in einem Lazarett tätig. Von dort kam er 1946 auf die Insel Sylt. Eine Zeitlang arbeitete er als Kurdirektionsarzt in Westerland. Für seine Krankenbesuche auf den Dörfern verwendete er zuerst ein Fahrrad, dann ein Motorrad und erst spät ein Auto. Die ärztliche Wissenschaft, die er während seiner Freizeit auf Kongressen ständig weiterverfolgte, war für ihn eine Kunst, wie sie der Vater der Heilkunde, Hippokrates, bereits sah. Er

suchte daher den Stand der Dinge im Ganzen zu erkennen.
Was er als Arzt empfand, auf Sylt erlebte und was ihm die Insel bedeutete, hat Bodo Schütt in mehreren Gedichtbänden ausgedrückt. Er liebte das Leben auf Sylt, die Abgeschiedenheit in Kampen, die Landschaft („Mit Kiefern, Ginster und Gras bin ich verständigt. Mit Möwen und salzigem Wind bedenke ich mich, was vorgeht über der Insel."), nicht aber die Invasion der Badegäste während der Saison („Im Sommer, da tanz nicht, Kind, da kommen die Fremden . . ."). Rilke, George, Weinheber beeinflußten zeitweise seine hochrangige Lyrik. Im Jahr 1941 veröffentlichte er den ersten Teil unter dem Titel „Gestirn des Krieges", 1943 „Stern im Grenzenlosen", 1944 „Geist und Gestalt" sowie „Wandlung und Bewahrung", 1953 „Lieder am Strand", 1968 „Jahr der Insel", 1973 „Zwischenzeit und Ballade vom Tag nach der Zeit", 1974 „Sylt ist mein Haus" und schließlich 1979 „Nördliche Küste".
Dichtung war für Bodo Schütt das Erschließen von Existenz. Sein Leben auf Sylt war die „Existenz auf der Scheide zwischen Wohnland, Menschenland und dem Reich der Riesen, der Elemente". Die Handschrift der Elemente studierte er auf Sylt. Dem Elementaren begegnete er hier und zeichnete in seinen Gedichten die wesentlichen Konturen der Insel, ihr Geschichtliches und ihre Gestalt. Wie kein anderer erfaßte er ihr Urphänomen, auch das Unerklärbare. „Sylt ist mein Haus" ist nicht nur ein Buchtitel. Es ist das Bekenntnis des Dichters Bodo Schütt zur Insel, die Quintessenz dessen, was diese Landschaft einem Menschen bedeuten kann.

Seebad

Die Geschichte des Seebadens beginnt mit dem sagenhaften Asklepios, dem griechischen Gott der Heilkunde. Einer seiner Söhne soll den vor Troja kämpfenden Kriegern geraten haben, ihre Wunden in der See zu baden. Die Griechen hielten überhaupt viel vom Baden im Meer. Von Euripides, dem Tragödiendichter und Zeitgenossen des Hippokrates, stammt der oft zitierte Ausspruch: „Das Meer wäscht alle Übel vom Menschen ab" (Iphigenie bei den Taurern, Vers 1193). Auch Hippokrates empfahl Meerwasserbäder und tägliches Schwimmen in der See zur Behandlung von offenen Wunden, Arthritis, Ischias, gegen Kopfschmerzen und Migräne, auch gegen Hautkrankheiten. Die Römer dagegen zogen warme Bäder vor. Sie unterhielten elegante „Kurmittelhäuser", aber auch Seebäder mit mondänem Badebetrieb. Das bekannteste römische Seebad am Mittelmeer war Baiae (Bajä bei Neapel).
Das von den Römern hochentwickelte Badewesen ging in der Zeit der Völkerwanderung ein. Unsere barbarischen Vorfahren, die Germanen, zerstörten die römischen Badeanlagen, die auf deutschem Boden entstanden waren. Sie hielten diese Anlagen für Stätten der Verweichlichung und Dekadenz und badeten lieber in Flüssen und Seen. Das Bad im Meer, der größten Badewanne der Welt, war während des Mittelalters nicht üblich. Es dauerte lange, bis sich in der Neuzeit das Baden im Meer allgemein durchsetzte.
Erst im 18. Jahrhundert wurde von englischen Ärzten der Wert des Badens im Meer neu entdeckt. Richard Russell

empfahl das Seebad, nachdem er bemerkt hatte, daß Küstenbewohner frei von der gefürchteten Skrofulose, einer Drüsenkrankheit, waren. Der Quäkerarzt Letsome gründete im englischen Seebad Margate das erste soziale Seehospiz für skrofulöse Kinder. Nach Margate reiste der stets kränkelnde Georg Christoph Lichtenberg, Physikprofessor in Göttingen, und lernte dort die Heilkräfte des Meeres schätzen („die gesündesten Tage meines Lebens"). In seinem 1793 veröffentlichten Aufsatz „Warum hat Deutschland noch kein großes öffentliches Seebad?" regte er die Gründung von deutschen Seebädern an.

Sein Zeitgenosse Goethe war jedoch kein Freund des Badens im Meer. Er bezeichnete das öffentliche Baden als „eine Verrücktheit der Enthusiasten für den Naturzustand". Aber immer mehr Stimmen erhoben sich für das Seebad. Auch der spätere Berliner Arzt Christoph Wilhelm Hufeland setzte sich in seiner Schrift „Makrobiotik oder Die Kunst, das menschliche Leben zu verlängern" (1796) dafür ein. Das erste deutsche Seebad wurde 1794 Heiligendamm-Doberan an der mecklenburgischen Ostseeküste. 1797 folgte Norderney als erstes deutsches Nordseebad, später Wyk auf Föhr (1819) und Westerland (1855). Nach Amrum kamen die ersten Kurgäste um 1880.

Damals waren die Badesitten noch keineswegs freizügig. Mit welchen Umständen ein Seebad verbunden war, hat Lichtenberg anschaulich beschrieben:

„Man besteigt ein zweirädriges Fuhrwerk, einen Karren, der ein aus Brettern zusammengeschlagenes Häuschen trägt das zu beiden Seiten mit Bänken versehen ist. Dieses Häuschen, das einem sehr geräumigen Schäferkarren nicht unähnlich sieht, hat zwei Türen, eine gegen das Pferd und den davor sitzenden Fuhrmann zu, die andere nach hinten. Ein solches Häuschen faßt vier bis sechs Personen, die sich kennen, recht bequem, und selbst mit Spielraum, wo er nötig ist. An die hintere Seite ist eine Art von Zelt befestigt, das wie ein Reifrock aufgezogen und herabgelassen werden kann ... In dieses Häuschen steigt man nun, und während der Fuhrmann nach der See fährt, kleidet man sich aus. An Ort und Stelle, die der Fuhrmann sehr richtig zu treffen weiß, indem er das Maß für die gehörige Tiefe am Pferd nimmt ..., läßt er das Zelt nieder. Wenn also der ausgekleidete Badegast alsdann die hintere Tür öffnet, so findet er ein sehr schönes, dichtes leinenes Zelt, dessen Boden die See ist, in welche eine Holztreppe führt. Man faßt mit beiden Händen das Seil und steigt hinab. Wer untertauchen will, hält den Strick fest und fällt auf ein Knie, wie die Soldaten beim Feuern im ersten Glied, steigt alsdann herauf, kleidet sich bei der Rückreise an usw. Nach meinem Gefühl war es durchaus hinreichend, drei- bis viermal kurz hintereinander im ersten Glied zu feuern."

Ähnliche Badekarren wie in Margate sind auch auf den Nordfriesischen Inseln verwendet worden. In Wyk auf Föhr wurde in den Anfangsjahren des Bades in „3 Karren, nach englischem Muster eingerichtet, auf einem Platz gebadet, und die Geschlechter wählten nur verschiedene Stunden" (Friedrich von Warnstedt, 1824). Aber bald entschloß man sich zur Trennung der Badegäste. Außerhalb des Ortes lag das Damenbad, gesichert durch mehrere Warntafeln: „Halt! Damenbad!" Vom

Badekarren aus, der von einem Pferd ins Wasser gezogen war, badete die Dame in einem Badekleid mit Rüschen und Schleifen vom Hals bis zum Fuß, ein Hut mit Bändern und Federn schmückte ihren Kopf. Eine Jalousie schützte den Badevorgang auch gegen Blicke von der Seeseite. Nach mehrmaligem Untertauchen bestieg die Dame durchnäßt wieder den Karren, kleidete sich an und hißte eine rote Fahne, damit der Badewärter mit seinem Pferd den Karren wieder an Land zog. Im Damenbad und auch im Herrenbad badete man nicht länger als eine halbe Stunde, die nach damaliger Ansicht „hinreicht, da es kaum jemanden anzuraten sein möchte, länger als höchstens 8 bis 10 Minuten im Wasser zu bleiben".

Die Badekarren wurden auf Sylt nicht ins Wasser hineingefahren, weil Strand und Brandung es nicht zuließen. Aber auch hier galt bis 1902 ein strenges Badereglement: „Das Baden ist nur an den mit den Tafeln als Herrenbad oder Damenbad bezeichneten Plätzen, und zwar nur unter Benutzung einer Badekarre und nur von 6 Uhr morgens bis 1 Uhr nachmittags erlaubt. Der Damenstrand und die angrenzenden Dünen sind während der Badezeit streng abgesperrt. Nach 2 Uhr dagegen sind alle Teile des Strandes jedem zugänglich. Sobald die Flaggen am Strand und auf den Dünen eingezogen sind, ist das Baden untersagt. Auch dürfen der Damenbadestrand sowie die dort gelegenen Dünen von Herren (ausgenommen sind hiervon nur der Direktor und der Badearzt) nicht betreten werden, solange die Flaggen dort aufgezogen sind. Das Baden am Strand darf nur mit Badekleidung stattfinden."

Erst nach 1900 wurden die strengen Badesitten gemildert. Im Jahr 1902 gründete man in Westerland das Familienbad nach „Überwindung vielfacher Hindernisse", wie die Sylter Kurzeitung schrieb. „All' die Vorurteile und Befürchtungen, welche allzu ängstliche Gemüter schon im voraus beunruhigt hatten, wurden glänzend widerlegt. In der lebensvollen Wirklichkeit sieht eben ein Familienbad ganz anders aus als auf dem Papier und in den Köpfen."

Natürlich gab es schon früher Badegäste, die sich den strengen Badesitten entzogen. Sie badeten abseits der Badekarren, denn, so schrieb Friedrich von Warnstedt 1824 auf Föhr, „ein Bad ... in freier See, mit dem unbegrenzten Blick in den Horizont ... gegen die Kraft und Gewalt des Weltmeeres ankämpfend und anschwimmend, dabei von einer gewaltig daherrollenden Woge überschüttet und bedeckt, gehört zu den überraschendsten und wohltuendsten Genüssen des Badens."

Ohne Badekarren wurde auf Sylt bereits gebadet, bevor die ersten Badegäste nach Westerland reisten (1855). Die Sylter selbst nämlich stiegen in die See, wie der Chronist C. P. Hansen bezeugt: „Nach Beendigung schmutziger und staubiger Arbeiten, wie zum Beispiel das Dreschen es ist, pflegten die Sylter noch im Herbst und bis in den November hinein allen Staub und Schmutz oder sonstige gesammelte Krankheitsstoffe abzuspülen im reinen, stärkenden Meere. Dabei gehörte es beim Sandspierlingsfang im Herbst zu den schönsten Genüssen des Lebens, sich ab und zu von einem tüchtigen Meerbrummer, das heißt einer Brandungswelle, überschütten zu lassen oder wie im Spiel emporgehoben und

auf den Sandwall getragen zu werden.“ An den weiten, menschenleeren Stränden der Sylter Westküste brauchten die badenden Insulaner auf sittenstrenge Regeln nicht zu achten. Deshalb badeten sie unbekleidet, wie es auch der Sylter Arzt A. L. O. Jenner um 1850 empfohlen hatte: „Unter allen Umständen bade man ohne Kleider. Ausgenommen sei hierin allein eine Wachstuchkappe für das Haar der Damen. Denn nicht nur hindern die Kleider, auch wenn sie noch so dünn sind, die Wirkung des Wellenschlages, sondern sie vereiteln gar leicht den Erfolg des ganzen Bades dadurch, daß sie den durch den Wellenschlag erwärmten Körper durch das Anschlagen im nassen Zustande beim Hinausgehen aus dem Wasser wieder durchkälten.“
Könnte der fortschrittliche Dr. Jenner heute das Badeleben an einem FKK-Strand auf den Nordfriesischen Inseln beobachten, er wäre sicherlich erfreut darüber, daß sich nach mehr als 100 Jahren seine Baderegeln allgemein durchgesetzt haben.

Seebär

„Am 5. Juni 1858 hatten wir hier auf Sylt am westlichen Strande bei Gewitterluft die seltsame Erscheinung dreier unter furchtbarem Gebrüll aus Südwest heranrollenden ungeheuern Wellenberge, die hoch auf den Strand und an die Dünen und Kliffe hinaufstürzten“, berichtet C. P. Hansen in seiner „Chronik der friesischen Uthlande“ (2. Auflage 1877). Auch in jüngster Zeit sind solche Wellenberge beobachtet worden. Zum Beispiel rollte am 14. Juni 1964 bei völlig glatter See aus südlicher Richtung eine etwa 8 m hohe Welle an den Strand. Es folgten noch zwei Wellen. Nach der letzten war das Meer wieder spiegelglatt. Das plötzliche Auffluten des Meerwassers wird Seebär genannt. Mit dem bekannten, brummenden Vierfüßler hat der Ausdruck nichts zu tun. Er steht mit dem niederdeutschen Wort boeren = heben im Zusammenhang. Eine Vorhersage des Seebären, der nicht von den Gezeiten verursacht ist, war bisher nicht möglich, weil der Mechanismus bei der Entstehung der langen Welle noch nicht vollständig erforscht wurde. Jedenfalls spielen Gewitterherde und Luftdruckänderungen dabei eine Rolle.

Siebenhardenbeliebung

Für das alte Recht im Herzogtum Schleswig, zusammen mit Holstein ein Teil des dänischen Gesamtstaats bis 1864, war das jütische Gesetz von 1241 maßgebend. Auf dem nordfriesischen Festland und den Inseln galt die Siebenhardenbeliebung von 1426, die erste Aufzeichnung der wichtigsten Bestimmungen des geltenden Gewohnheitsrechts.
7 Verwaltungsbezirke oder Harden, darunter Sylt, beschlossen in der St.-Nicolai-Kirche auf Föhr die Rechtsvorschriften der Beliebung, nämlich das Strafrecht (Blutrache, Mannbuße, Friedlosigkeit), das Vermögensrecht (Kauf, Tausch) und das Erbrecht (Sippenverband, Verwandtenfolge, Güterrecht). Die Bestimmungen sind fast unverändert ins Nordstrander Landrecht von 1572 übernommen worden. Erst mit dem Inkrafttreten des Bürgerlichen

Gesetzbuches im Jahr 1900 hat das Nordstrander Landrecht seine Geltung verloren.

Silvester

Niijaarsin ist das inselfriesische Wort für Silvester. Am letzten Tag des Jahres leben einige alte Bräuche auf. Nachmittags kann man vor allem in den Ostdörfern Reiter sehen, die vor Häusern von Nachbarn und Freunden haltmachen und Glück fürs neue Jahr wünschen (Altjahrsritt). Auch verkleidete Kindergruppen sind mit ihrem Rummelpott unterwegs. Früher war das Rummelpottlaufen weit verbreitet, um die bösen Geister aus den Häusern zu vertreiben. Noch immer üblich, besonders in Morsum und Keitum, ist das Maskenlaufen am Abend. Die Masken, meistens zu zweit oder dritt von Haus zu Haus gehend, tragen Lieder und Gedichte vor, die sich mit aktuellen Ereignissen befassen, nicht nur Dorfgeschehnissen, sondern auch politischen Vorfällen.

Sommerfrische

Sommerfrische hieß im vorigen Jahrhundert der klimatische Kurort, der in den Sommermonaten besucht wurde. Das Wort ist zuerst von dem bayerischen Schriftsteller Ludwig Steub (1812 – 1888) in seinem Reisebericht „Drei Sommer in Tirol“ (1846) verbreitet worden. In der zweiten Hälfte des 19. Jahrhunderts sprach man von der Sommerfrische Sylt.

Siegward Sprotte

Zu den Inselbewohnern, die Sylt mit wachen Sinnen erleben und ihre Empfindungen auch mit Worten ausdrükken, gehört der Maler Siegward Sprotte, der nach dem Zweiten Weltkrieg in Kampen ansässig wurde. Der 1913 in Potsdam geborene Künstler zeigte eine erste Ausstellung seiner Bilder Ostern 1946 im Haus von Peter Suhrkamp in Kampen. Des Malers Charakteristik der Insel: „Es lebt sich auf Sylt wie auf einem Schiff, das durch Räume und Zonen fährt. Afrikaliebhaber kommen hierher und finden in den Dünen eine ägyptische Landschaft. Verzaubert, und von sich selber wie entfernt, auch sind die beschäftigsten Menschen, wenn sie sich des Inseldaseins bewußt werden, zuweilen ihre Arbeit niederlegen und schauen. Der Arbeitsrhythmus der Insulaner ist ein anderer als der auf dem Festland. Gelingt es dem einen oder anderen, hin und wieder in eine Gegenwart einzutauchen, die keine Vergangenheit kennt und keine Zukunft, steht er auf der Düne, die Blicke am Horizont, als der geheimnisvollen Nahtstelle, wo Himmel und Erde einander berühren und ineinander übergehen, so ist er im stillen ein König, ein Individuum. Was das romanische Tätigkeitswort individuare ausspricht, tut er hier im Norden.“

Staven

Der Staven ist der Haus- und Hofplatz mit Garten und Wirtschaftsgebäude. Über die Stavenbesitzer und ihre Familien im alten Keitum haben Erich und

Erika Voss 1987 eine umfangreiche Materialsammlung vorgelegt. Darin sind Keitums Stavenbesitzer von 1709 bis 1875 verzeichnet.

Heinrich von Stephan

In den achtziger Jahren des vorigen Jahrhunderts betrieb der Sylter Landwirt Boy Peter Eben Boysen wie viele seiner Landsleute Schafzucht. Er hielt seine Herde auf einer Wiese östlich des Ringwalls der Tinnumburg in Tüder und hörte am Vormittag eines Herbsttages lautes Knallen, das von den Wiesen südlich seines Hauses herübertönte. Boysen eilte auf den Sommerdeich und sah zwei Männer, die auf einen davonlaufenden Hasen schossen. Der Landmann war zornig darüber, weil die Jagd zwischen seinen Schafen vor sich ging und die Tiere aus Angst um ihre Tüderpfähle rannten und sich verstrickten. Boysen ging geradewegs auf die Jäger los und wies sie mit strengen Worten zurecht. Die beiden Männer versprachen, künftig seine Zurechtweisungen zu beachten. Der eine der Jäger war der Sanitätsrat Nicolas, der andere der Generalpostmeister Stephan.

Die Erinnerung an den Organisator des deutschen Postwesens ist auf der Insel Sylt wach geblieben. In kaum einer Stadt wird man so oft an Heinrich von Stephan erinnert wie in Westerland. Eine Plastik in den Grünanlagen vor dem Rathaus ist seinem Andenken gewidmet. Nach ihm ist die Straße benannt, in der die Westerländer Postagentur im Haus des Kapitäns Erichsen von 1884 bis 1892 untergebracht war und an der 1892 das kaiserliche Postamt errichtet worden ist. Auch ein Hotel und ein Restaurant wählten den Namen des Mannes, der Sylt als Badegast und Jäger oft aufsuchte und dem die Insel einige postalische Neuerungen zu verdanken hat.

Jahrelang hat Stephan die Sommerfrische Westerland besucht. Die Kurlisten verzeichnen in den Jahren 1874 bis 1879 und 1894 bis 1896 seinen Namen. Er wohnte in einem Logierhaus in der Friedrichstraße, das später nach ihm benannt wurde. Im Restaurant „Seestern“, ebenfalls in der Friedrichstraße, pflegte er gern seine Mahlzeiten einzunehmen. Dabei soll er einen guten Tropfen Rotwein und nach dem Essen eine Virginia geschätzt haben.

Als 1931 des 100. Geburtstages von Stephan gedacht wurde, schrieb Christian Jensen für die Sylter Nachrichten einen Beitrag mit dem Titel „Meine Sylter Erinnerungen an Heinrich von Stephan“. Darin erzählte er einige anekdotenhafte Geschichten, die die menschenfreundliche, gütige Art Stephans charakterisieren. Als Stephan während eines Kuraufenthalts auf Sylt vom Weststrand aus durch die Dünen von List wanderte, traf er den Postfuhrmann mit seinem Fuhrwerk, das damals dreimal in der Woche Post zwischen Westerland und List beförderte. Langsam mahlten sich die Räder durch den Dünensand. Während der Kutscher, ein junger Bursche, in der Mittagshitze auf dem Bock eingeschlafen war, zog das Pferd im gewohnten Trott weiter. Stephan rief im Scherz den nichtsahnenden Kutscher an: „Jung, du schlöpst ja!“ Der entgegnete nicht mundfaul, sich die Augen reibend: „Wat geiht di dat an!“ Stephan kehrte darauf nach Westerland zurück und erzählte mit viel Behagen seinen Wirtsleuten das Vorkommnis. Er hat diese Episode im Freundeskreis oft zum besten gegeben.

Denkmal für Heinrich von Stephan in Westerland

Daß der oberste Beamte der Deutschen Reichspost Sylt gern besucht hat, wirkte sich auch auf die Posteinrichtungen der Insel aus. Zum Beispiel wurde hier schon 1897 ein Fernsprechkabel gelegt und Westerland mit einem Fernsprechnetz ausgerüstet. Den Bau der kaiserlichen Post in Westerland hat Stephan ebenfalls gefördert. Als am 1. Juni 1892 dieses Gebäude dem Verkehr übergeben wurde, toastete der Postmeister Hildebrand in seiner Ansprache auf den Staatssekretär Dr. von Stephan und sandte ihm ein Dank- und Begrüßungstelegramm.

1896, ein Jahr vor seinem Tod, hat Stephan Sylt nochmals besucht. Im Atelier des Kunstmalers Korwan-Katzenstein in der Westerländer Strandstraße hat er dem Berliner Bildhauer Hugo Berwald zur Anfertigung einer Büste Modell gesessen. Nach dem Tod von Stephan fand sich in Westerland ein Komitee zusammen, das die Vorarbeiten zu einem Denkmal für den Verstorbenen übernahm. Zum Komitee gehörten unter anderen Dr. Nicolas, Postmeister Hildebrand, Druckereibesitzer Roßberg, Kapitän Erichsen und Korwan-Katzenstein.
Das Denkmal, die Berwaldsche Büste auf einem 1,50 m hohen Marmorsockel mit der Aufschrift „Heinrich von Stephan", ist am 11. Juni 1899 auf dem Platz vor dem Hotel Royal aufgestellt und später in die Grünanlagen vor dem Kurhaus versetzt worden.

Theodor Storm

Die Fremdenliste der Sylter Kurzeitung aus dem Jahr 1887 verzeichnete unter dem 9. August: „Th. Storm und Tochter Lucie ... Wohnung Direktor Pollacsek." Julius Adrian Pollacsek war der Besitzer des Seebades Westerland. Er und seine Frau Elise geb. von Tiedemann waren mit den Storms befreundet und hatten den Dichter auf die Insel eingeladen. Bei ihnen wohnte auch ein alter Freund Storms, Christoph von Tiedemann, der damalige Regierungspräsident des Bezirks Bromberg. Er regte Storm zu einer neuen Erzählung an, zur sogenannten Sylter Novelle, die in den

Dünen zwischen Westerland und Wenningstedt spielt. Sie wurde nicht vollendet und blieb ein Entwurf.
Nach Sylt reiste Theodor Storm, um Erholung zu finden und „kräftiger in den Winter zu kommen". Mit ihm kam sein Freund Ferdinand Tönnies, der Soziologe. Das Echo, das Storms Ankunft im Seebad hervorrief, erlebte Tönnies an der Tafel im Hotel zum deutschen Kaiser. Dort sprach man über die neu eingetroffenen Badegäste. „Der Dichter Storm soll auch gekommen sein," rief eine der Damen über den Tisch hinüber. „Ja, ja", entgegnete ein Gast, „der den Quickborn geschrieben hat." „Jawohl", meinte ein anderer Gast, „und „Sein letzter Ritt"." Tönnies berichtete dem Dichter über dieses Gespräch. Storm hat über die Verwechslung mit Klaus Groth und Graf Strachwitz viel gelacht.
Was Theodor Storm im August 1887 auf Sylt erlebt hat, vertraute er seinem Tagebuch an:

12. August: Sylt, Westerland. Am 9. d. M. von meinen lieben Kindern fort; über Tondern hieher. Stürmische Überfahrt von Hoyer nach Munkmarsch; Lute seekrank. Von Paetels am Ufer empfangen (Pollacseck zu Pferde) und zu letzterem ins Quartier gebracht, wo auch jetzt noch Präsident Tiedemann ist. Wir plaudern viel zusammen. – Bis jetzt Sturm, der uns die Majestät des Meeres zeigte.
    Lucie's Koffer ‹,› Sonntag in Neumünster expediert, ist nicht angekommen. Heute Lucie's Geburtstag; es ist 6 Uhr morgens; noch immer Sturm und Regen über der melancholischen Dünenlandschaft und Möwenschrei. Eben lassen sich zwei große Silbermöwen vor meinem Fenster nieder und laufen schreiend neben ein ander über die Dünen.
17. August: Morgens. Zwischen Frau Elise Pollacseck und deren Bruder Präsident von Tiedemann; sie diktieren: ‹es folgen mehrere niederdeutsche Abzählreime.›
19. August: Gestern mit Tiedemann und Pollacsecks nach Keitum (in der Friesen-Halle Kaffee getrunken; Hansens Museum, dessen alte Witwe, das Bild, das keusche, seiner ersten Frau; Besuch beim Landvogt Hübbe). Am 16^{t} mit den beiden Damen Schiff nach Rantum (der einsame Strand, die silberne Dünendistel, Rettungsstation) ‹.› Am vorigen Sonntag mit Pollacsecks und T‹iedemann› und Schiff's nach Wenningstedt. Prächtige Dünen. Auf der Spitze einer Düne sitzend erzählt Tiedemann mir die von ihm tagsüber erdachte Novellenskizze. Ich habe sie notiert.
    Heut Nachmittag nach der Vogelkoje. Auf dem Weg nach Keitum die alte Landvogtei besichtigt bei Tinnum‹,› 1748 erbaut. (Die Bäume im Garten. Die Sonnenuhr. „Una ex hisce morieris". – Die alte Tinnumburg.)
22. August: Am 19ten Nachmittags auf Sylt Fahrt nach der Vogelkoje mit Frau Elise und den 3 Kindern, Frl. Schiff und dem Gärtner Martens von Lichterfelde bei Berlin. Etwa 2 Meilen von Westerland. In die Dünen hinein über die Heide, mußten 4 oder 5 mal absteigen, um mit dem weitspurigen Wagen nicht den Hals zu brechen. Das Wandern in dem niedrigen Wäldchen. Der Königs-

farren. Rückfahrt: eine Seite Meer, an drei Seiten Dünen; über die nach Wenningstedt sieht beim Abendwerden der eine Leuchtturm mit seinem roten Licht.

Strandkorb

Strandkörbe gibt es in Westerland seit den achtziger Jahren des vorigen Jahrhunderts. Der erste Strandkorb ist im Sommer 1878 in Rostock gebaut worden. Die Anregung dazu gab eine gichtkranke Dame, die einen Stuhl mit Windschutz für den Ostseestrand von Warnemünde bestellte. Der Hof-Korbmacher W. Bartelmann aus Rostock flocht einen Stuhl aus Weide, der mit grauem Leinen bespannt wurde. Da die Leinwand allein nicht dauerhaft war, sind später die Korbstühle höher geflochten und schließlich mit einem Dach versehen worden. Wiederum später kamen eine kleine Markise zum Schutz gegen die Sonne sowie ein kleiner Klapptisch hinzu. Bis der heutige, kippbare Liegestuhl geschaffen war, vergingen Jahrzehnte.

Strandrecht

„Gott segne unsern Strand". Dieser Wunsch soll früher im sonntäglichen Kirchengebet ausgesprochen worden sein. Mit dem noch heute bisweilen zitierten Spruch wird auf die angebliche Freiheit des Strandgangs hingewiesen. Genauer betrachtet, hat es dieses Privileg gar nicht gegeben. Denn die Rechtsverhältnisse am Strand waren schon früh geregelt. Im Jahr 1241 hat sich der dänische König im Jütischen Recht das Strandregal gesichert. Er war der Eigentümer aller Strände und beanspruchte das Strandgut, wenn keine anderen Rechte darauflagen: „Watt sonste nemandt tho gehoret, dat gehoret dem Konige." Im Strandrecht von 1667 bestimmte Herzog Christian Albrecht (Gründer der Kieler Universität), daß ihm zwei Drittel des herrenlos gestrandeten Gutes gehörten. Der Rest sollte zwischen Landvogt, Strandvogt und Bergern aufgeteilt werden. Diese Regelung galt jedoch nur für den herzoglichen Teil des Sylter Strandes. Der Strand des Listlandes unterstand über das Amt Ripen dem dänischen König. Erst 1803 entstand ein einheitliches Strandrecht. Nach diesem Gesetz durfte der Bergelohn nicht mehr als ein Drittel vom Wert der geborgenen Waren betragen. 1874 schuf Preußen eine neue Reichsstrandungsordnung, die den Bergelohn nach den Bestimmungen des Handelsgesetzbuches festsetzte und dem Staat vor allem zollrechtliche Ansprüche zusicherte. Mit einigen Änderungen war die Strandungsordnung von 1874 bis zum 1. Juli 1990 gültig. Sie wurde durch das 3. Rechtsbereinigungsgesetz aufgehoben. Von nun an gelten bei gestrandeten Gegenständen die Vorschriften des Fundrechts nach dem Bürgerlichen Gesetzbuch. Gefundenes Strandgut kann dem Fundbüro der örtlichen Ordnungsbehörde gemeldet werden.

Strandvogt

Der Strand war von altersher ein Streitthema zwischen Staat und Einwohnern. Jeder wollte den „Strandsegen" für sich beanspruchen. Aber schon 1241 hatte der dänische König sich das Strandregal gesichert. Vom Landesherrn eingesetzte Strandvögte überwachten das königliche Recht. Die Aufgabe des Strandvogts war, das Strandgut zu bergen, sicherzustellen und Schiffbrüchige zu retten. Die ersten Strandvögte waren in Westerland, Rantum und List eingesetzt. 1737 ist ein Strandinspektor mit der Aufsicht über den gesamten Sylter Strand betraut worden: Lorenz Petersen Hahn. Innerhalb kurzer Zeit verschaffte er den Strandgesetzen Geltung. Er leitete oft selbst die Bergung von Schiffbrüchigen und räumte mit jeder Art von Strandräuberei auf. Ein bekannter Strandvogt war Wulf Hansen Decker, der ein Strandprotokoll führte. Ab 1855 ist es als Friedhofsprotokoll für die Heimatstätte für Heimatlose in Westerland angelegt (Original im Sylter Archiv in Westerland). In Deckers Aufzeichnungen findet sich manche spannende Strandungsgeschichte.
Strandgut zu bergen, ist nur in wirtschaftlich schlechten Zeiten lohnend. Heute ist zum Beispiel die Nachfrage nach Strandholz so gering, daß nicht einmal die Unkosten für die Bergung von der Behörde beim Verkauf erzielt werden. Die Strandbehörde für Sylt war das Strandamt unter der Leitung des Strandhauptmanns. Die Rechtsgrundlage für dieses Amt und für die Strandvogteien war die Strandungsordnung von 1874. Sie ist durch das 3. Rechtsbereinigungsgesetz mit Wirkung zum 1. Juli 1990 aufgehoben worden. Jetzt gelten auch bei gestrandeten Gegenständen die Vorschriften des Fundrechts nach dem Bürgerlichen Gesetzbuch. Die letzten 6 Strandvögte auf Sylt waren Niels Diedrichsen (List), Jürgen Runkel (Kampen), Franz Schreiber (Westerland), Peter Hansen (Rantum), Hans-Detlef Buchholz (Keitum) und Jens-Uwe Petersen (Morsum).

Straßennamen

Zu Anfang des Jahres 1888 erhielten Westerländer Straßen Namen. Die Anregung und sogar Anordnung dazu hatte der Minister der öffentlichen Arbeiten von Maybach gegeben. Er hatte als Kurgast bemängelt, daß die Orientierung im verzweigten Wegenetz des Kurorts ohne Bezeichnungen schwieriger geworden war. Bis dahin waren nur die Namen Süd-, Ost-, Nord- und Westhedig sowie Oster-, Wester- und Süderende üblich. Im neuen Kurviertel westlich des alten Dorfs hatte sich der Ausdruck Strandpassage für den Hauptweg eingebürgert. Das Wort Straße traf nicht ganz zu, denn es gab in Neu-Westerland zumeist nur ausgetretene Fußwege, die über Wiesen und Heide führten und von Wagenspuren durchfurcht waren. Die hauptsächlichen Wege auszubessern, hatte sich 1888 der Verschönerungsverein vorgenommen. Die Gemeindeversammlung hatte diesen Antrag angenommen und in geheimer Abstimmung mit 22 gegen 20 Stimmen beschlossen, hierfür eine Anleihe von 15 000 Mark aufzunehmen. Für Rechnung des Verschönerungsvereins waren dann noch 700 Meter Promenade mit Kantsteinen einzufassen.

Die Benennung der Straßen ergab sich zum Teil ganz natürlich aus ihrer Lage in der Nähe der Kirche, Düne, Wiese, Seedeich, Bahn und Kurhaus oder aus Flurnamen. Aber man ehrte auch gern Persönlichkeiten der Ortsgeschichte, um die Erinnerung an sie über die Gegenwart hinaus bei kommenden Generationen wachzuhalten. Selbstverständlich erhielten Straßen ihren Namen nach Dr. Ross, der für die Werbung der Sommerfrische Westerland viel getan hat, und der Familie Decker, die mehrfach öffentliche Aufgaben wahrgenommen hat. Wulf Manne Decker war Mitbegründer des Seebads. Der Strandvogt Wulf Hansen Decker regte 1854 an, einen Friedhof für unbekannte Strandleichen, die Heimat-Stätte für Heimatlose, anzulegen. Der verhältnismäßig geringe Einfluß der Politik auf die Namensgebung kommt mit der Bismarckstraße und der Wilhelmstraße, nach Bismarcks Gönner Wilhelm I. benannt, zum Ausdruck. Mit der Maybach-, Bötticher- und Steinmannstraße wurden weniger die Politik der damaligen Zeit als die gern gesehenen Kurgäste geehrt. Albert von Maybach, 1822 in Westfalen geboren, war preußischer Minister. Er war beauftragt, das Reichseisenbahnprojekt Bismarcks zu verwirklichen. 1876 legte er jedoch dieses Amt nieder, weil das Reichseisenbahngesetz scheiterte. 1879 übernahm er das Ministerium der öffentlichen Arbeiten und die Verwaltung der Reichseisenbahn. Er schied aus diesem Amt 1891.
Karl Heinrich von Bötticher, 1833 in Stettin geboren, gestorben 1907, war von 1879 bis 1880 Oberpräsident von Schleswig-Holstein. 1880 ernannte ihn Bismarck zum Staatsminister des Innern. Seiner Tätigkeit sind die sozialen Reformen mit zu verdanken.
Ein großer Teil der Straßen erhielt Namen bekannter Sylter. Die Boysenstraße ist nach Boy Lorenz Boysen, geboren 1814, genannt. Er hat sich als Kirchspielvogt 40 Jahre lang für die Gemeinde eingesetzt. Das junge Bad hat er als Badeaktionär gefördert. 1861 reiste er mit Jens Nickels Brodersen, dem protokollführenden Direktor der Badegesellschaft, nach Kopenhagen, um den Wunsch, das Bad Westerland möge eine Kommunalaufgabe werden, mündlich vorzutragen. Boysen war ein geachteter Mann und hatte mehrere Ehrenämter inne. Als Gemeindevorsteher folgten ihm Otto Lassen und Johann Möller.
Die Dirk-Brodersen-Straße trägt den Namen des 1843 in Westerland geborenen Kaufmanns Dirk Boy Brodersen, der mit seinem Schwiegervater Dirk Thiesen ein bekanntes Kaufhaus geführt hat. Er war auch für die Gemeinde tätig. Im Alter von 89 Jahren verstarb er. Das Haus der Kaufleute Thiesen und Brodersen stand an der Ecke Maybach- und Paulstraße, bis der große Neubau der Sparkasse Nordfriesland diesen Platz für sich beanspruchte. Die Paulstraße ruft die Erinnerung an Paul Ebe Nickelsen wach. Er war ein vielseitig begabter Mann, der für die Ortsgeschichte eine hervorragende Bedeutung hat. Den Beruf des Steinmetz hatte er zwar erlernt, aber aus gesundheitlichen Gründen mußte er dieses Handwerk aufgeben. Er wurde Photograph und Photopionier auf Sylt, als die ersten Bilddokumente entstanden. Seine Photographien sind in vielen Sylter Häusern noch zu sehen. Sie veranschaulichen, wie im vorigen Jahrhundert das Seebad

gewachsen ist. Nickelsen war vielseitig, spielte Geige und fertigte Holzschnitzereien an. Er war Grundbesitzer und hatte sein Atelier, ein Holzhaus, dort, wo später das Kaufhaus Thiesen und Brodersen errichtet wurde. An der Strandstraße eröffnete Nickelsen ein neues Atelierhaus, wo in späteren Jahren Friedrich Roßberg wohnte, der eine Nichte von Nickelsen heiratete. Als Photograph wurde Paul Ebe Nickelsen bekannt, weil er 1888 die Königin Elisabeth von Rumänien in Nationaltracht aufnahm. Die Königin wollte ihm den Titel eines Hofphotographen verleihen, aber Nikkelsen lehnte ab. 1894 ist er gestorben.

Johann-Möller-Straße. Johann Möller, 1846 in Keitum geboren, war Drechsler und Hauslehrer. In Westerland besaß er ein Haus in der Strandstraße. Als letzter Gemeindevorsteher hat er an verantwortungsvoller Stelle in den Jahren des aufblühenden Weltbads wichtige Entschlüsse mit gefaßt, zum Beispiel den Bau des Kurhauses, des Krankenhauses, der Kanalisation und des Elektrizitätswerks. Das wichtigste Ereignis seiner Amtszeit ist der Kauf des Seebads 1893. Als 1905 Westerland zur Stadt wurde, hat Möller seine Verwaltungsgeschäfte, für die vor allem er, der Polizist Erichsen und der Sekretär Erhard Petersen aus Morsum tätig gewesen sind, an die Stadtverwaltung abgegeben. Beim Ausscheiden aus dem Dienst erhielt Möller den Kronenorden vierter Klasse und einen Ehrensold. Ihm zu Ehren gab es im Hotel Hohenzollern ein Festessen. Nachdem die Stadt Westerland den hauptamtlichen Bürgermeister Kindler bestellt hatte, wurde Möller Amtsvorsteher mit Wohnsitz in Keitum. 1931 starb er im Alter von 85 Jahren.

Friedrichstraße. Die Grundstücksbesitzer Friedrich Wünschmann und Friedrich Erichsen stellten Grundstücksteile für die nach ihren Vornamen benannte Straße unentgeltlich zur Verfügung. Auch die Bastianstraße ist nach einem Grundstückseigentümer benannt, Meinert Joh. Bastian, der 1881 Westerland einen Erbanteil hinterließ.

Lornsenstraße. Uwe Jens Lornsen ist der berühmteste Sylter. Er wurde 1793 in Keitum geboren und studierte Rechtswissenschaft. 1830 wurde er zum Landvogt auf Sylt ernannt, aber nach 10 Tagen festgenommen, weil er agitatorisch tätig war und für die Gründung eines deutschen Staates unter Führung Preußens eingetreten ist. Seine Flugschrift „Ueber das Verfassungswerk in Schleswigholstein“ (Kiel 1830) hat das politische Leben in Schleswig-Holstein stark angeregt. Er ist jedoch nicht der Befreier Schleswig-Holsteins gewesen, denn erst 1864 wurden Schleswig und Holstein durch die Politik Bismarcks von Dänemark losgelöst. Der schwermütige Lornsen nahm sich 1838 am Genfer See das Leben.

Dr.-Nicolas-Straße. Seit 1885 war Dr. Nicolas in Westerland als Badearzt tätig. Er war bemüht, mit den heilklimatischen Besonderheiten des Sylter Kuraufenthalts zu werben, wie es bereits 1858 Dr. Jenner getan hat, und Westerland als Heilbad in den Vordergrund zu stellen. 1902 veröffentlichte er seine Schrift „Die Nordseebäder auf Sylt“, die mit folgenden Sätzen beginnt: „Die Insel Sylt verdankt ihren Ruf drei besonderen Vorzügen: ihrer Bedeutung als Luftkurort in Folge ihres weichen Seeklimas, welches jedem Lebensalter den Kurgebrauch gestattet, ihrem kräftigen

Bade, welches an der europäischen Küste nur in Biarritz seines Gleichen hat, und der Schönheit ihres Meeresstrandes und ihrer Dünenlandschaften."

Kuhrt-Straße. Unter der Leitung des Flensburger Emil Kuhrt wurde 1888 die Ostbahn von Munkmarsch nach Westerland gebaut. In sieben Wochen war die 4,2 km lange Strecke fertiggestellt. Am 8. Juni 1888 fuhr der erste Zug, 1891 kaufte Kuhrt diese Bahnlinie. Er baute auch die Nord-Bahn, erst bis Wenningstedt und Kampen (1903), schließlich bis List (1908). Emil Kuhrt starb 1909 im Alter von 61 Jahren.

Lorens-de-Hahn-Straße, Lorenz Petersen Hahn (in alten Urkunden wird sein Name auch Haen, Han, Haan geschrieben), in Rantum 1668 geboren, führte von 1693 bis 1735 hamburgische Walfangschiffe. 1699 baute er sich in Süderende von Westerland ein stattliches Haus. Als Strandinspektor brachte er es so weit, daß die früher häufige Mißachtung der Strandgesetze aufhörte. Er starb 1747 als Neunundsiebzigjähriger.

Pidder-Lüng-Wai und Liliencronweg. Die Ballade „Pidder Lüng" von Detlev von Liliencron hat dazu beigetragen, den Namen des Dichters einer breiteren Öffentlichkeit bekannt zu machen und die Insel Sylt in die Weltliteratur einzuführen. Die Figur Pidder Lüng hat Liliencron so belebt, daß dieser Sylter Friese geradezu zum Idol der friesischen Geschichte und Freiheitsliebe geworden ist. Sein Spruch „Lewer duad üs Slaav" (Lieber tot als Sklave) ist ein noch heute oft genannter Grundsatz. Der Dichter hat das Pidder-Lüng-Thema aus einem Buch von C. P. Hansen kennengelernt. Sein populärstes Gedicht erschien erstmals 1892. Nach Sylt ist Liliencron damals noch nicht gereist, weil eine Fahrt ins internationale Modebad für den fast ständig von Geldnot bedrängten Dichter mit zu hohen Kosten verbunden gewesen wäre. Nachdem er von Schulden frei war, besuchte er Westerland. Er kam am 2. August 1904. Die Fremdenliste verzeichnete: „Baron Liliencron, Hauptmann a. D., aus Alt-Rahlstedt, Unterkunft in Villa Johannsen."

Eidumweg. Eidum, einst etwa 2 km südwestlich von der heutigen Stadt Westerland gelegen, ist 1436 von einer Sturmflut vernichtet worden. Die Einwohner flüchteten und gründeten nordöstlich von ihrer ehemaligen Wohnstätte das Dorf Westerland.

Rungholtstraße. In der heutigen Husumer Bucht gab es einst nahe der Hallig Südfall Rungholt, Hafenplatz und Hauptort der Edomsharde. Er soll 1362 in der „groten Manndränke" untergegangen sein. Rungholt und sein Untergang sind in die Sage eingegangen. Von dem Reichtum dieses Ortes werden Wunderdinge erzählt. Spuren hat der Nordstrander Bauer Andreas Busch gefunden. Detlev von Liliencron hat mit dichterischer Freiheit ein Bild vom blühenden Handel und Versinken Rungholts in seinem Gedicht „Trutz, Blanke Hans" entworfen. Es entstand 1882 während einer Schiffsreise von Husum nach Pellworm, wo Liliencron Hardesvogt war. Der bekannte Reim „Nordsee-Mordsee" ist darin enthalten.

Bomhoffstraße. Als Bauunternehmer hat Johannes Bomhoff großen Anteil am Aufbau von Neu-Westerland. Sein Sohn Heinrich Bomhoff (1878 – 1949) trat in die Fußstapfen des Vaters und wirkte als Architekt auch in Westerland.

Er baute die neue evangelische Kirche, die 1908 eingeweiht wurde.
Einige Straßennamen haben friesischen Ursprung, zum Beispiel Bundiswung (Ackerland des Bauern Bundis), Kjeirstraße (Kjeir bedeutet Teich, Sumpf, Morast), Schippwai (Sjipwai, Schafweg) und Gaadt (enger Weg).

Kurpromenade in Westerland

Sturmflut

Die Winterstürme wichen zur Zeit von Richard Wagner noch dem Wonnemond, vor allem wegen des Stabreims. Auch heute stellen sich die Sturmfluten an der Nordseeküste in der Regel zur Winterzeit ein. Aber es hat hier mehrmals sogar mitten im Sommer hohe Wasserstände gegeben, bedingt durch stürmische Wetterlagen, beispielsweise 1786 (28. Juli), 1779 (31. August), 1710 (27. Juli). Die erste verheerende Sturmflut, die ein Augenzeuge beschrieben hat, war die Marcellusflut vom 16. Januar 1219. Sie tobte vorwiegend im westlichen Teil der Nordseeküste und forderte 36 000 Menschenleben. Die Sturmflut mit den größten Verlusten war die zweite Marcellusflut vom 16. Januar 1362, bekannt unter dem Namen „de grote Manndränke". Östlich von Pellworm versank damals Rungholt, der Hauptort Nordfrieslands im Mittelalter. Die Rungholtsage hat der Dichter Detlev von Liliencron mit seiner Ballade „Trutz, Blanke Hans" weithin bekannt gemacht. Diese Sturmflut ging auf Sylt über Alt-List oder Lystum, auch über andere Inselorte, besonders Rantum und möglicherweise ein zweites Eidum. Hundert Jahre später, um 1450, notierte der älteste Sylter Chronist Hans Kielholt, dessen Vater Albertus Prediger an der Westerseekirche von Rantum war: „Die schöne Kirche, die mein Vater hatte, steht nun täglich zwei Faden tief im Wasser... Ach und Wehe!" Die zweite große Manndränke vom 11. Oktober 1634 durchwühlte den Eidumdeich. Danach lag die Strandlinie auf Sylt immer noch rund 2,5 Kilometer westlich des heutigen Strandes. Im Dezember 1917 holte sich die See in einer einzigen Sturmnacht 35 Meter Dünen bei Hörnum. Im Februar 1962 und Januar 1976 trennte das Meer zeitweise den Ellenbogen vom Inselrumpf ab. Im Februar 1990 legte die Sturmflut in Kampen das Rote Kliff, das zur Hälfte von einer Sandvorspülung zugedeckt war, wieder frei. In jedem Winter wüten Sturmfluten an der Sylter Küste. Im Sommer sind sie selten. Eine sommerliche Sturmflut erlebte im August 1923 als Badegast in Wenningstedt der Dichter Robert Musil. Er hat sein Erlebnis beschrieben: „Am 30. August 1923 ist die bekannte Bäderinsel Sylt durch die Sturmflut von solcher Macht überrascht worden, derengleichen man seit Jahrzehnten vergessen hatte und nicht mehr erwartete . . . Stürme im Hochgebirge stürzen und schäumen, dieser war wie ein ungeheurer, fast ruhiger, nur von inneren Stößen zitternder Strom. Oben auf den Dünen konnte man kaum die Augen offen halten, und in der Heide hinter den Dünen taumelten die Menschen in ihren bunten Wolljacken hin und her wie eine geschüttelte Blumenwiese. Um drei Uhr war Flut, wir kämpften uns an den Strand durch und sahen zu, wie das Wasser von ein Uhr an immer höher stieg. Erst fraß es die Sandburgen und den breiten Badestrand, dann holte es sich die Strandkörbe, die man auf halber Höhe der hinter dem Strand senkrecht aufsteigenden Inselwand in Sicherheit gebracht zu haben glaubte; einer nach dem anderen plumpsten sie, von den Wellen geholt, wie ungeheure Seehunde ins Wasser. Dies alles war Spiel, wenn es gleich schon die elementare Kraft ahnen ließ und beträchtlichen Schaden stiftete. Aber um drei Uhr, als die Flut beginnen sollte wieder zu fallen, tat sie es nicht, sondern stieg, von dem ungeheuren Winddruck erregt, immer weiter an. Das auf weite Strecke sich längs des Ufers hinziehende Kliff, eine zehn bis dreißig Meter hohe, aus Sand, Erde und Ton aufgeschichtete Wand von homerischer Silhouette, in der die Insel aus dem Strand aufsteigt, wurde bis zur halben Höhe von den Wassermassen bespült, und ungeheure Erdmassen, vom Regen erweicht, von den Wellen wie mit Rammböcken belagert, sind auf mehrere Kilometer Länge von Sylt abgebrochen worden."

Sturmhaube

„Türe bitte ganz fest halten!" So stand es im Sommer 1975, von Hand geschrieben, an der Tür zur Buchhandlung im reetgedeckten Gebäude nahe am Roten Kliff in Kampen, der Sturmhaube. Durch seine Stärke überraschte der Wind noch am Eingang des Ladens. Deshalb ist die Verkäuferin in ihrer Not mit der handschriftlichen Warnung zur Selbsthilfe geschritten. Das auf der

Höhe des Kliffs im Jahr 1969 errichtete Haus trägt seinen Namen zu Recht. Die alte Sturmhaube, ein Holzbau mit Umkleidekabinen, Sanitäranlagen, Leseraum, Geschäftszimmer der Kurverwaltung, Restaurant und Verkaufsläden, erbaut nach Plänen des Architekten Walther Baedeker (Hamburg-Blankenese und Kampen), ist am 20. Juni 1936 eingeweiht worden. Es stand weiter westlich als die heutige Sturmhaube und mußte im März 1969 wegen des fortschreitenden Kliffabbruchs aufgegeben werden. Seither trotzt dort der Neubau allen Stürmen.

Peter Suhrkamp

Nahe dem Steinwall auf der Ostseite des Keitumer Friedhofs liegt die Grabstätte von Peter Suhrkamp (1891 – 1959). Nach dem Wunsch des Verlegers sollte seine Asche westlich der Insel Sylt in die Nordsee gestreut werden. Die Bestimmungen ließen es jedoch nicht zu.
Suhrkamp war Volksschullehrer und hat bis 1929 an zwei Schulen mit besonderem Lehrprinzip unterrichtet, an der Odenwaldschule und an der Freien Schulgemeinde Wickersdorf, deren pädagogischer Leiter er von 1926 bis 1929 war. Dann arbeitete er als Journalist, Redakteur und Schriftsteller. Seine Tätigkeit als Verleger begann er 1932 für den S. Fischer Verlag. 1950 begründete er das eigene Verlagshaus. Nach Sylt kam Suhrkamp zu Beginn der dreißiger Jahre, als die Schauspielerin Annemarie Seidel, geschiedene Hoboken, die Schwester der Dichterin Ina Seidel, ihn in ihr Haus nach Kampen einlud. Sie heirateten 1935. Nach dem Zweiten Weltkrieg waren einige Schriftsteller Gäste im Kampener Suhrkamp-Haus, unter anderen Max Frisch. 1949 schickte er aus Kampen schubweise Tagebuchaufzeichnungen an den Verleger. Sie erschienen 1950 als „Tagebuch 1946 – 1949". Der Schriftsteller Peter Suhrkamp hat 1943 eine Landschaftsbeschreibung unter dem Titel „Die nordfriesische Insel" geschrieben. Sie gehört zu den besten Charakteristiken der Insel Sylt.

Sylterfriesisch

Die Sylter Friesen sprechen eine eigene Sprache: das Sylterfriesische. Wie sich die Inselbewohner untereinander verständigen, kann man häufig in den Ostdörfern auf Sylt hören, in Morsum, Archsum und Keitum, allerdings kaum noch in der Stadt Westerland. Das Sylterfriesische klingt ähnlich dem Englischen und Plattdeutschen. Daß es mehr mit dem Englischen als mit dem Plattdeutschen verwandt ist, verdeutlichen Sprichwörter wie:
Di Skrapel kumt jest tö Täärp (Der Schall kommt zuerst ins Dorf, d. h. das Gerede geht vor einem her). – Di Stiin, diar em ek left ken, skel em lii let (Den Stein, den man nicht heben kann, soll man liegenlassen). – Di Sliip fuar Mernacht es di bääst, sair di Man, en da ging hi fif Minüten fuar twelev to Bäär (Der Schlaf vor Mitternacht ist der beste, sagte der Mann und ging 5 Minuten vor 12 ins Bett). – En Gidshals en en Swin kum jest to Gaagen, wan's duar sen (Ein Geizhals und ein Schwein werden erst nützlich, wenn sie tot sind).

Irrtümlich wird oft angenommen, das Friesische sei ein Dialekt, keine selbständige Sprache. Vielmehr ist das Friesische neben den anderen germanischen Sprachen eine vollständig eigenständige Sprache. Es gehört mit dem Englischen, Niederdeutschen und Hochdeutschen zu den westgermanischen Sprachen. Das Friesische unterteilt sich in das West-, Ost- und Nordfriesische. Das nordfriesische Sprachgebiet ist die schleswig-holsteinische Westküste nördlich von Husum bis an die deutsch-dänische Grenze. Eiderstedt gehört nicht mehr dazu. Dort ist bereits um 1800 das Friesische ausgestorben. Das Sylterfriesische oder Söl'ring wird heute nur noch von etwa 2000 Leuten gesprochen, also von 10 % der 20 000 Einwohner der Insel Sylt. Während auf der Nachbarinsel Föhr gelegentlich noch Gemeinderatssitzungen auf friesisch abgehalten werden, ist das Söl'ring vom Aussterben bedroht.
Die Gefährdung und der Rückgang der sylterfriesischen Sprache haben mehrere Ursachen. Von außen wirkt die Überfremdung der Bevölkerung auf das Syltringische ein. Seitdem der Badeverkehr aufgeblüht ist, seit etwa 1855, ist die Zahl der Fremden gestiegen. Der Bau des Hindenburgdamms 1927 und der Flüchtlingsstrom nach dem Zweiten Weltkrieg brachten eine Menge Wahlsylter auf die Insel. Der Bauboom der Ferienhäuser und Zweitwohnungen hat die Überfremdung zusätzlich gesteigert. Aber auch die Gefährdung des Sylterfriesischen von innen macht sich bemerkbar. Diese Sprache, die nie Amts- und Kirchensprache war, ist nicht alleinige Muttersprache. Außerdem hat sie heute nicht die Lebenskraft, um den Erfordernissen der Zeit gerecht zu werden. Sie repräsentiert das alte, vergangene Sylt. Ihr Denken und Fühlen kreisen um das alte Reetdachhaus und die Dinge der Vergangenheit. Ihr ist eine Kargheit eigen, die eine zeitgemäße friesische Identität behindert. Zur Anpassung an das neue technische Zeitalter, an die Großstädte, Astrophysik, Raumfahrt, fehlt es an jedem Ansatz für neue friesische Wortbildungen. Die Gefährdung der Sprache von innen ist dadurch weiter erhöht, daß manche Sylter den Bestrebungen zur Erhaltung ihrer Sprache gleichgültig gegenüberstehen.
Zur Zeit sind die Bemühungen um das Sylterfriesische intensiv. An einigen Sylter Schulen wird Sylterfriesisch unterrichtet. Die nordfriesische Wörterbuchstelle in Kiel ist aktiv. Auch das Nordfriesische Institut in Bredstedt trägt dazu bei, das Friesische am Leben zu erhalten. 1978 ist an der Kieler Universität ein Lehrstuhl für Friesisch eingerichtet worden.
Das Sylterfriesische ist ein Ausdruck der Kultur der Inselfriesen. Es ist die wichtigste Eigenart der Sylter. Sein Verlust bedeutet Verschwinden der Eigenart der sylterfriesischen Kultur, des Volkslebens und des Brauchtums, insgesamt bedeutet es Verarmung und Nivellierung. Deshalb ist es so wichtig, die sylterfriesische Sprache am Leben zu erhalten. Das Sylterfriesische wiederzubeleben, ist jedoch eine schwierige Aufgabe. Es steht sehr schlecht um diese Sprache. Über ihr Fortleben entscheiden nicht Institute und Universitäten, sondern allein die Sylter. Wenn sie nicht mehr das Bedürfnis haben, sich sylterfriesisch auszudrücken, dann hat diese Sprache keine Zukunft, so bedauerlich das ist.

Sylt (Geschichte)

Die kriegerischen Auseinandersetzungnen mit dem Frankenreich, die Landverluste durch Sturmfluten und möglicherweise auch die Handelsbeziehungen veranlaßten um 850 eine Einwanderung der Westfriesen aus den Niederlanden in das Gebiet des heutigen Nordfriesland, auch nach Sylt, wo eine jütische Bevölkerung zuhause war. Wahrscheinlich wanderten die Friesen in einem längeren Zeitraum ein, ohne daß es zu gewaltsamen Eroberungen und Kriegen kam. Die Einwanderer brachten die Kunst des Deichbaus in ihre neue Heimat mit. Die Nordfriesen auf der schleswigschen Geest lebten nach jütischem Recht und waren als Herzogsfriesen dem Herzog von Schleswig unterstellt. Die Nordfriesen des Uthlandes, unter ihnen die Sylter, waren als Königsfriesen dem dänischen König untergeordnet. Sie schufen kein unabhängiges Gemeinwesen, sondern sie nahmen an der politischen Geschichte des Herzogtums Schleswig teil. Die beiden Herzogtümer Schleswig und Holstein sind 1460 mit Dänemark politisch verbunden worden. Sie blieben bis 1864 mit dem dänischen Gesamtstaat vereinigt. Nach dem Sieg der Preußen und Österreicher (1864 Schlacht bei Oeversee und den Düppeler Schanzen) wurden Schleswig und Holstein von Dänemark abgetrennt und durch Preußen (Schleswig) und Österreich (Holstein) verwaltet. Nachdem die Preußen 1866 bei Königgrätz gesiegt hatten, trat Österreich seine Rechte an Preußen ab. Am 12. Januar 1867 wurden die Herzogtümer als Provinz Schleswig-Holstein in Preußen einverleibt. Aus den dänischen Sylterfriesen waren deutsche Untertanen geworden. Die Insel Sylt ist erstmals im Jahr 1141 in einem schriftlichen Dokument genannt. Damals bewilligte König Erich III. dem Kloster zu Odense 30 Mark von seinen Einkünften auf „Sild“. In zwei Urkunden aus den Jahren 1203 und 1226 wird die Insel „Siland“ genannt, in Schriftstücken von 1180, 1241 und 1283 heißt sie wieder „Sild“. Die Sylter selbst nannten ihre Insel Sal, Söl und Söld, die übrigen Friesen bezeichneten die Bewohner von Sylt als Seeliger, Sallinger und Söldring. In den ersten Urkunden wird über Sylt nicht viel berichtet. Aber aus ihnen geht hervor, daß Sylt schon 1141 als Insel bezeichnet wird. Sie war also nicht mehr landfest, wie die Landkarte von Johannes Mejer vermuten läßt. Die historischen Quellen bieten erst im 14. und 15. Jahrhundert weitere Nachrichten. Mit der Chronik von Hans Kielholt um die Mitte des 15. Jahrhunderts setzt die Überlieferung ausführlicher an. Dennoch ist diese Chronik als eine „sehr sagenhafte Beschreibung von Sylt“ (C. P. Hansen) zu bezeichnen.

Wegen seiner geographischen Randlage ist Sylt von Kriegen der Vergangenheit verhältnismäßig wenig betroffen worden. Es blieb jedoch nicht verschont. So durchzogen im Dreißigjährigen Krieg die Truppen von Tilly und Wallenstein die Jütische Halbinsel. Der kaiserliche Oberstleutnant von Suys versuchte, Sylt zu besetzen. Als er die Kirche von Morsum verschanzt fand und wenig Beute zu machen war, zog er am folgenden Tag wieder ab. Am 16. Mai 1644 hat im Lister Tief eine Seeschlacht stattgefunden. Die vereinigte schwedische und holländische Flotte mit 26 und 9 Schiffen kämpfte gegen die dänische Flotte von

9 Schiffen unter König Christian IV., wobei die Dänen den Sieg davontrugen. Seit dieser Zeit heißt der Hafen von List Königshafen. Er ist jedoch nicht der heutige Königshafen. Sein ursprünglicher Platz lag nördlich des Ellenbogens. Lange Zeit war die Landwirtschaft die Lebensgrundlage der Sylter. Aber ihre Erträge reichten oft nicht aus. Deshalb mußten andere Erwerbsquellen gefunden werden. Im 15. und 16. Jahrhundert standen die Heringsfischerei und der Schellfischfang um Helgoland im Vordergrund des Wirtschaftslebens. Der Heringsfang wurde zu Beginn des 17. Jahrhunderts aufgegeben, weil die Bestände verringert waren und der Heringszug eine andere Richtung genommen hatte. Stattdessen kam eine neue Möglichkeit des Verdienstes auf: die Grönlandfahrt, die Jagd auf den Wal, das im Meer lebende größte aller Säugetiere. Mit dem Walfang zogen erstmals Geld, Bildung, Samt und Seide auf die Insel Sylt ein. Als Seefahrer, oft als Kapitäne (Kommandeure) und Steuerleute, nahmen die Sylter daran teil.
Das „goldene Zeitalter" der Sylter war die Handelsschiffahrt in den Jahren 1775 bis 1807. Damals hatten sie sich insbesondere nach dem Ausbruch des nordamerikanischen Unabhängigkeitskrieges im Jahr 1775 von der Grönlandfahrt der Handelsfahrt zugewandt. Beendet war diese Zeit zu Beginn des 19. Jahrhunderts, während der napoleonischen Kriege und der Kontinentalsperre. Nun bildete die Seefahrt nicht mehr die Haupterwerbsquelle. Alle Ersparnisse, oft in Staatspapieren angelegt, wurden zunichte durch den dänischen Staatsbankrott von 1813. Die weltgewandten, zumeist weitgereisten Sylter überwanden jedoch diese Notzeit und wurden wieder bescheidener. Rechtzeitig begann in der Mitte des 19. Jahrhunderts der Fremdenverkehr, der heute das gesamte Leben auf Sylt beherrscht.

Sylt (Name)

Den Namen Sylt zu erklären, bereitet Schwierigkeiten. Einige sehen Sild als Abkürzung oder Zusammenziehung von Silendi und deuten es als Seeland, Land an der See. Andere glauben, der Name komme vom jütischen Wort Sild, was Hering heißt. Diese Bezeichnung erhielt die Insel, als sie noch zu Dänemark gehörte. Zur Erklärung dieses Worts wird darauf hingewiesen, daß die Insel so schmal wie ein Hering ist und früher von Sylt aus Heringsfischerei betrieben wurde. Deswegen zeigt das Sylter Wappen auch einen gerade liegenden Hering oder zwei gekreuzt liegende, gekrönte Heringe.
Die Friesen nennen ihre Insel Söl (Schwelle). Sich selbst bezeichnen sie als Söl'ringe. Aber es ist zu vermuten, daß der Name Sylt älter ist als die friesische Besiedlung. Silendi könnte nicht Seeland, sondern nach einem Ausdruck sächsischen Ursprungs „wüstes, verlassenes Land" heißen. Man kann dabei an die Wanderungzeit denken, als Angeln und Sachsen das Land verließen und nach Britannien auswanderten. Es ist möglich, daß auch die Insel Sylt von dieser Wanderung betroffen war und daher bestimmte Wüstungsperioden erlebt hat. Als Ausgangspunkt der Überfahrt nach Britannien unter der Führung von Hengist und Horsa nennt die Sage das Riisgap bei Wenningstedt.

Da es zahlreiche vorgeschichtliche Grabhügel auf der Insel gibt, ist eine weitere Deutung des Namens entstanden: Sylt, erklärt aus dem vom altnordischen Wort svelta abgeleiteten sylti, das „qualvoll sterben“ heißt. Nach dieser Ansicht könnte der Name Sylt so viel wie „Insel der Toten“ bedeuten. Wer weiß nun, welche Erklärung wirklich zutrifft?

Sylt (Überblick)

Neuerdings spricht man von der Inselsehnsucht, der Nisonostalgie. Für Sylt ist diese Erscheinung nicht neu, denn seit mehr als 100 Jahren steht die Insel hoch im Kurs. Als „Königin der Nordsee“ hat man sie bezeichnet. Sylt sei ein Urphänomen, ist mit einem Wort Goethes gesagt worden. Die Insel wirkt auf viele anregend. Der Schriftsteller Kurt Lothar Tank sprach von Zaubereiland und Traumlandschaft, in der man aufschreibt, was man sieht, und träumt, was man nicht sieht. Was sich nur ungenau beschreiben läßt, nannte er den Inselgeist, der die Menschen weit und beweglich macht und sie über ihre eigenen Grenzen hinausführt. „Nicht nur der Blutkreislauf, auch die Phantasie wird angeregt in diesem Klima“, schrieb der von Sylt begeisterte Tank. „Man träumt tiefer, ausdauernder, ja verwegener auf Sylt. Man schreit am Meer um die Wette mit den Möwen. Wenn der Sturm stark genug bläst, kann man sich an ihn lehnen wie an eine Wand und fällt nicht um. Ich habe es ausprobiert. Ehrenwort.“ Mit rund 100 km^2 ist Sylt nach Fehmarn die zweitgrößte Insel in Schleswig-Holstein. Ihre 38 km lange Westküste besteht aus einem breiten, weißen Sandstrand und Dünen, die vom nördlichen Ellenbogen bis zum südlichen Hörnum reichen. Die Dünen sind aus Sand gebildet, der aus dem Meer auf das Land wanderte, erst von der Strömung, dann vom Wind von West nach Ost getrieben. Manche wandern noch heute. Die Wanderdünen bei List sind etwa drei km lang und durchschnittlich 600 m breit. Sie bewegen sich vier bis sechs m im Jahr weiter ostwärts. Damit sie die neue Straße nach List nicht überfluten, hat man sie 1977 stellenweise mit Strandhafer bepflanzt.
Neben der einzigartigen Dünen- und Strandlandschaft ziehen den Besucher andere Reize der Insel an: die Urwüchsigkeit der Morsumer Heide, die abwechslungsreiche Ostküste, das erdgeschichtlich aufschlußreiche Morsumkliff und das Rote Kliff, die ländlichen Friesendörfer von Sylt-Ost, aber auch das exklusive Kampen und das bunte Angebot der Geschäfte auf den Boulevards in Westerland. Gerade die Verbindung von Gegensätzlichem, von Natur und Zivilisation, von weiter Landschaft und Enge, von Dörflichem und Städtischem erhöht die Anziehungskraft der vielgerühmten Insel und erklärt ihre Bedeutung als Zentrum des Fremdenverkehrs.

Carmen Sylva

Als Dreikaiserjahr (Wilhelm I., Friedrich III., Wilhelm II.) lebt das Jahr 1888 in der Erinnerung fort. Für das Nordseebad Westerland ist es von mehrfacher Bedeutung, nicht zuletzt wegen des Besuchs der Königin Elisabeth von Rumänien,

Links die Königin von Rumänien (Pseudonym Carmen Sylva)

der 1843 geborenen deutschen Prinzessin zu Wied, die unter dem Pseudonym Carmen Sylva gefühlvolle Gedichte veröffentlichte und Romane und Erzählungen dichtete. Seit 1869 mit dem König Karl von Rumänien vermählt, kam sie im Sommer 1888 nach Westerland. Sie stand im Mittelpunkt des Badelebens im Juli und August jenes Jahres. Die Fremdenliste verzeichnete: „Ihre Majestät Königin Elisabeth von Rumänien (Comtesse de Vrancea) mit Gefolge und Dienerschaft aus Bukarest mit acht Personen in Villa Roth."

Wie die Königin ihren Kuraufenthalt in Westerland begann, darüber berichtete die Sylter Kurzeitung: „Ohne weiter auszuruhen, unternahm ihre Majestät dann sofort unter der Führung des Seebade-Direktors einen längeren, weit ausgedehnten Spaziergang am Strande, bei dem sie ein ungewöhnliches Interesse für Alles, eine seltene geistige Frische und Beweglichkeit entwickelte und sich mit der zwanglosesten Liebenswürdigkeit unterhielt. Am südlichsten Ende unseres neutralen Strandes, wo sich der Haupttummelplatz der Jugend befindet, wünschte die Königin ihr Strandzelt aufzuschlagen, um sich, wie sie ausdrücklich bemerkte, so recht vom fröhlichen Kinderleben umgeben zu sehen." Den um sie versammelten Kindern las die Königin eine Geschichte vor. Diesen Augenblick hat der Photograph Paul Ebe Nickelsen festgehalten.

Am 31. Juli 1888 schrieb Carmen Sylva in einem Brief aus Westerland: „Ich wohne allerliebst, fühle mich behaglich hier, habe einen Salon, der vom Schreibtisch aus aufs Meer sieht, vom Balkon aus auf den höchst poetischen Friedhof der Heimatlosen, wo kleine schwarze Kreuze das Datum der Auffindung der Leiche tragen, und die 50 Gräber mit Blumen geschmückt sind." Einen Tag vor ihrer Abreise aus Westerland stiftete die Königin einen Gedenkstein für den Friedhof der Heimatlosen mit der letzten Strophe eines Gedichts, das der Oberhofprediger Dr. Rudolph Kögel aus Berlin – die Königin lernte ihn in Westerland als Kurgast kennen – verfaßt hatte.

Am 2. September 1888 wurde der Gedenkstein von Dr. Pollacsek der Kirchengemeinde übergeben. Auf einen telegraphischen Abschiedsgruß der Badedirektion erwiderte die Königin am 20. August 1888 von Schloß Monrepos: „Tausend Grüße dem ganzen lieben Westerland, Kindern und Großen, und innigen Dank für unvergeßlichen Abschied. Auf Wiedersehen, so Gott will! Carmen Sylva."

Nach Westerland ist die Königin nicht wieder zurückgekehrt. 1916 starb sie in Bukarest.

Tennis

Das Tennisspiel haben Kurgäste auf der Insel Sylt eingeführt. Tennis war ein beliebter Sommersport der Begüterten, als das Badeleben in Wilhelminischer Zeit aufblühte. Die ersten Wettkämpfe gab es hier vor rund 100 Jahren. Von 1892 stammt eine Anordnung des Seebadedirektors in Westerland, die Regeln des Lawn-Tennis (Rasentennis, als Field-Tennis zuerst in England im 18. Jahrhundert entwickelt), Croquet- und Kegelspiels nannte. Der Rasenplatz für das Tennisspiel lag in der Nähe des Kurhauses und des Inselbahnhofs Westerland-Munkmarsch, östlich der Mineralwasserquelle „Stahlbrunnen", wo heute der Parkplatz zwischen Andreas-Nielsen-Straße und der Post liegt. 1901 wurde das erste Lawn-Tennisturnier mit „prächtigem Gelingen" ausgetragen. 1907 entstand eine neue Tennisanlage in der Nähe des Südbahnhofs (Käpt'n-Christiansen-Straße). 1924 gewann der 16jährige Gottfried von Cramm die Sylter Tennismeisterschaft. Zu den tennisspielenden Kurgästen jener Jahre gehörten Hans Albers, Max Schmeling und Harry Piel. Der Tennisclub Westerland ist 1939 gegründet worden.

Tinnum

Tinnum ist erstmals 1440 in einer Urkunde genannt. Aus einem Steuerverzeichnis von 1462 (Zinsbuch des Bistums Schleswig) ist die Größe der einzelnen Ortschaften abzulesen. Tinnum war damals etwa so groß wie Keitum und Archsum. 1613 wohnten 34 Landbesitzer in Tinnum. Noch heute ist dort ein Gebäude erhalten, das zu den Zeugnissen der Landesgeschichte, des Rechts und der Verwaltung gehört: die Landvogtei. Das langgestreckte, reetgedeckte Haus war lange Zeit der amtliche Mittelpunkt der Insel. Der Landvogt hatte als königlicher Beamter Justiz- und zugleich Verwaltungsaufgaben zu leisten. Er unterstand dem Amtmann in Tondern. Sein Verhältnis zum Rat, dem Sylter Volksgericht, und dem Kollegium der Landesgevollmächtigten, der Volksvertretung der Landschaft, war nur beratend und beaufsichtigend. Im Sylter Rat waren 12 Männer für die Rechtssprechung tätig, ursprünglich gewählt von den Bauernschaften, später vom Amtmann in Tondern ernannt. 1862 ist der Sylter Rat aufgelöst worden. Die Landesgevollmächtigten waren die 9 Vertreter der Landschaft mit kommunalen Verwaltungsaufgaben, zusammengesetzt aus den einzelnen Bauernschaften. Bis 1890 bestand dieses Kollegium.
Seit 1970 ist Tinnum ein Ortsteil der Großgemeinde Sylt-Ost.

Toft

Die Toft ist ein beim Haus liegendes Grundstück, Wiese oder Acker, das mit Wall, Graben oder Zaun eingefriedet ist.

Tracht

Die Trachten der Nordfriesen wird man bald nur noch in Museen bewundern können. Auf Föhr und Amrum sind alte Trachten noch erhalten. Dagegen ist die ursprüngliche Sylter Tracht bereits im vorigen Jahrhundert abgelegt worden. Was heute von Trachtengruppen auf Sylt vorgeführt wird, ist einfühlsam nachgebildet, aber nicht originär. Auf Pellworm und Nordstrand gibt es seit langem keine ursprünglichen Trachten mehr.

Trecker

Ein Trecker ist eine Tücke der Sylter Meeresnatur. Er entsteht überall dort, wo Sandbänke dem Strand vorgelagert sind. Die Vertiefung zwischen einer Sandbank und dem Strand wird Laie genannt. Überspielt die Brandung die Sandbank, so bildet sich in der Laie ein Wasserstau. Über die Sandbank kann das Wasser nicht zurückfließen. Deshalb sucht es sich einen Weg um die Sandbank herum und wird zum reißenden Sog, dem Trecker, der auch geübte Schwimmer ins Meer hinausziehen kann.

Trilobiten

Trilobiten oder Dreilappkrebse sind Meerestiere im Erdalterum (vor 570 bis 225 Millionen Jahren), die ausgestorben sind und keine Nachfolger haben. Es sind Urkrebse, gepanzert, zwischen 0,5 und 75 cm groß. Die auf Sylt aufgefundenen fossilen (versteinerten) Tierteile messen 3 bis 5 cm. In Rückständen von aufgelösten oberordovizischen Gesteinen (Ordovizium ist eine erdgeschichtliche Stufe im Erdaltertum vor 500 Millionen Jahren) von Sylt sind junge Formen von Trilobiten gefunden worden. Schwanzteile des Urkrebses sind auch im lavendelblauen Hornstein entdeckt worden. Fundstücke befinden sich zum Beispiel in der Sammlung Ulrich von Hacht, Hamburg.

Den Trilobiten oder Urkrebsen, die auch in den Kalkmergeln der Eifel vorkommen, hat 1933 der Hobbygeologe Batti Dohm aus Gerolstein ein Buch mit dem Titel „Stielauge der Urkrebs. Eine Chronik aus Urzeiten unserer Erde“ gewidmet. Der Verfasser reiste 1932 auf die Insel Sylt und regte den Keitumer Maler Magnus Weidemann an, das Buch zu illustrieren. 70 Zeichnungen des Sylter Künstlers sind in dem Buch enthalten. Eine zweite Auflage des Werks (Leipzig 1942) in Höhe von 30 000 Exemplaren erschien noch während des Zweiten Weltkriegs.

Tuul

Sylt ist in der Nacheiszeit ein Teil des Festlandes gewesen. Seine ursprüngliche Küste lag viel weiter im Westen. Damals gab es hier vermoorte Täler und Niederungsgebiete mit Bruchwäldern. Nachdem Sylt infolge des Meeresspiegelanstiegs vor rund 7000 Jahren zur Insel geworden war, ertranken die Täler und die Torfe gerieten unter Sand- und Schlickschichten. Torfreste wirft heute die Brandung bisweilen an den Strand. Es sind dunkelbraune Stücke mit glatter Oberfläche. Dieser Torf, unter Ausschluß von Sauerstoff durch Bakterien oder Enzyme zersetzte, kohlenstoffreiche Reste von Grassoden, Sumpfpflanzen und Moosen, wird Tuul genannt. Er hat in früheren Jahrhunderten eine Rolle bei der Gewinnung von Salz gespielt. Der Seetorf wurde gebrannt, die Asche ausgelaugt. Nach dem Sieden wurde Speisesalz gewonnen. Die Salzherstellung hat schon 1151 der dänische Geschichtsschreiber Saxo Grammaticus erwähnt. Der Salzhandel wurde bis ins 18. Jahrhundert betrieben. Auch als Feuerung hat der gegrabene Seetorf gedient.

Uthlandhaus

Das Uthland ist das Außenland vor der schleswig-holsteinischen Westküste. Es besteht aus den Inseln und Halligen. Hier und auf dem friesischen Festland gibt es einen bestimmten Haustyp, das uthländische Haus. Bei der dafür auch gebräuchlichen Bezeichnung Friesenhaus ist zu bedenken, daß nicht die Friesen diesen Haustyp geschaffen haben. Die Friesen haben sich erst nach der Völkerwanderungszeit auf den heutigen nordfriesischen Inseln niedergelassen, nachdem sie aus dem niederländischen Westfriesland eingewandert waren. Das von ihnen bevorzugte uthländische Haus gibt es bereits seit 2000 Jahren. Archäologische Ausgrabungen, vor allem in Archsum auf Sylt, haben es zutage gebracht.
Urtümlich ist das uthländische Haus, wenn es dem frühgeschichtlichen Vorgänger möglichst ähnlich ist. Dazu zählen insbesondere das Reetdach, das ursprünglich ein Vollwalmdach war und erst später ein Krüppelwalmdach wurde, sowie die Ständerbauweise: das Dach ruht auf hölzernen Ständern, nämlich auf Innenständern, etwa einen halben bis anderthalb Meter von der steinernen Außenwand entfernt. Der Zwischenraum zwischen den einzelnen Ständern heißt Fach. Ein Fach hat eine Größe von anderthalb bis zweieinhalb Metern. Neun bis zwölf Fach sind die einfachen, giebellosen Häuser groß. Zum urtümlichen Uthlandhaus gehört außerdem die Zweiteilung in Wohn- und Wirtschaftsteil mit der trennenden Querdiele. Die Dachbalken direkt auf die Außenmauern zu legen und auf die Ständer zu verzichten, begann man erst in der Mitte des 18. Jahrhunderts. Dann kamen auch Giebel und Anbauten hinzu. Die heutigen Gauben waren noch gar nicht üblich.
Das Reetdach des uthländischen Hauses ist tief heruntergezogen, damit es gut isoliert. Deshalb sind auch die Fenster und Türen dieses Hauses niedrig. Die Sage scheint es jedoch besser zu wissen und erklärt es anders:
Alte, niedrig gebaute Häuser auf Sylt stammen aus der Zeit des dänischen Königs Gotrik. Ihm gefiel es gar nicht, daß die steifnackigen Friesen so wenig Achtung vor der Obrigkeit hatten. Um sie an Gehorsam und Untertänigkeit zu gewöhnen, befahl er, die Türen ihrer Häuser im Norden anzulegen und so niedrig zu machen, daß sie sich beim Hinausgehen jedesmal nach Norden bücken und vor seiner königlichen Residenz in Kopenhagen tief verneigen mußten. Die Friesen waren tatsächlich steifnackig und brachten an der Ostseite ihres Hauses eine höhere Ebbertür oder Obertür an, durch die sie erhobenen Hauptes gehen konnten, ohne sich bükken zu müssen. Wer aber die Nordtür öffnete, ging rückwärts hinaus.

Uwe-Düne

Die 52,5 Meter hohe Uwe-Düne in Kampen ist die höchste Erhebung auf der Insel Sylt. Von hier aus bietet sich ein weiter Blick über Land und Meer. Bei klarer Sicht blickt man bis nach Föhr, zum Festland und nach Röm. Der höchste Punkt der nördlichen Dünenreihe auf dem Roten Kliff ist nach Uwe Jens Lornsen benannt.

Helene Varges

Die Künstlerin Helene Varges, 1877 in Johannisburg (Ostpreußen) geboren, 1946 in Westerland gestorben, kam 1919 zusammen mit ihrer Freundin, der Schriftstellerin Margarete Boie, nach Sylt. Ihre Wahlheimat hat sie in zahlreichen Bildern mit Kohle, Bleistift, Feder und Pastellfarben festgehalten. Sie hat auch als Schriftstellerin der Insel vielfältige Liebeserklärungen gewidmet. Für Sammler und Naturfreunde gab sie 1923 das Bilderbuch „Flutkante und Inselflora" heraus. Ihrer qualitätsvollen Zeichenkunst in der Art des Jugendstils ist sie bis zum Lebensende treu geblieben. Einfühlsam hat sie besonders das Tier- und Pflanzenleben der Insel dargestellt. Über die Bedrohung der Sylter Natur und Landschaft schrieb sie 1934: „Wo einst Reetdächer niedrig sich duckten, da streben jetzt hohe, moderne Bauten auf, und die neue Zeit blitzt übermütig aus den großen Fensteraugen. Wo einst weglos die Heide sich dehnte, da führen heute breite Autostraßen nach Kampen, nach Keitum; da rasen die Autos, da schwirren und brummen die Flugzeuge dicht über Strand und Dünen. Wer heutzutage das sommerliche Sylt neu kennenlernt, der findet ein helles und flaches Land mit buntem Leben, mit allen modernen Verbindungen, allem Luxus, aller Tollheit und Eleganz."

Vogelkoje

Vogelkoje – das Wort klingt gemütlich und zutraulich. Man denkt dabei an einen Ruheplatz für Vögel. Daß diese Einrichtung ursprünglich jedoch nicht dem Schutz von Gefiederten diente, wie der Name vermuten läßt, sondern als Vogelfalle errichtet ist, wird dem Besucher erst beim Betrachten der Fanganlage deutlich. Die Bezeichnung Entenkoje ist dafür zutreffender, denn die Vogelkoje ist zum Einfangen von Wildenten erfunden worden. Entenkojen haben zuerst die Holländer angelegt, um während des Herbstzuges der Vögel insbesondere Stock-, Spieß-, Pfeif- und Krickenten zu jagen.
In den drei Entenkojen auf Sylt (Kampen, Rantum, Eidum) wird schon seit längerer Zeit nicht mehr gefangen, obwohl nach dem Bundesjagdgesetz von 1977 der Ententod in Entenkojen noch immer legalisiert ist. Die älteste Fanganlage ist die Norderkoje in Kampen, die 1767 errichtet wurde. Sie ist die am besten erhaltene Sylter Vogelkoje und hat von 1971 bis 1985 als naturkundliches Informationszentrum des Deutschen Bundes für Vogelschutz, LV Schleswig-Holstein, gedient. Heute wird dieses Gebiet, das seit 1935 unter Naturschutz steht, von der Söl'ring Foriining (Sylter Verein) betreut.

Vogelkoje Kampen (Lithographie von Wilhelm Heuer 1860)

Der Wildentenfang in den Vogelkojen auf Sylt trug lange Zeit zum Lebensunterhalt der Inselbewohner bei. Die Enten sind als Delikatesse noch immer begehrt. Die Kampener Vogelkoje ist abseits von bewohnten Orten an der Wattenmeerküste zwischen Kampen und List gebaut worden. Sie besteht aus einem von Menschenhand gepflanzten, dichten Wäldchen aus Weiden, Pappeln, Erlen und Birken. In ihrer Mitte liegt ein Süßwasserteich, den die Wildenten gern aufsuchen. Die auf dem Teich eingefallenen Vögel wurden mit Hilfe von flügelgestutzten Lockenten in vier schmale Gräben gelockt. Diese Fangpfeifen sind mit Strohkulissen an den Seiten abgedeckt und enden in einer Reuse (Fangsack). Zum Fang war jeweils die Fangpfeife vorgesehen, über die der Wind dem Teich zuwehte, denn die Vögel schwimmen und fliegen gern gegen den Wind. Von dem zwischen den schräg verstellten Schilfwänden hervortretenden Kojenwärter wurden die Tiere in die äußerste Spitze der Pfeife getrieben, an deren Ende in der Reuse gefangen und geringelt, durch Halsumdrehen rasch getötet. Der Kojenwärter hielt zumeist ein mit glimmenden Torfbrokken gefülltes Gefäß in der Hand, damit die Wildenten ihn nicht witterten.

Seit 1921 wird in der Kampener Vogelkoje nicht mehr gefangen. In diesem Naturschutzgebiet richtete der Deutsche Bund für Vogelschutz 1971 eine naturkundliche Informationsstelle ein. Der Verein wollte hiermit neue Wege der Naturschutzpädagogik erschließen. Er ging davon aus, daß der Besucher der Vogelkoje in der urwüchsigen Landschaft Erholung und Anregung zugleich findet. Seine Naturbeobachtung sollte angeregt werden. Der Deutsche Bund für Vogelschutz hat sich hier 15 Jahre lang um den aktiven Naturschutz bemüht, indem er das Gebiet für den Besucher öffnete (rund 50 000 im Jahr) und versuchte, den Erholungsanspruch mit den Aufgaben des Naturschutzes in Einklang zu bringen. Zwar ist das Ergebnis dieser Bemühungen nicht meßbar. Zweifellos ist die Öffentlichkeitsarbeit jedoch nicht ohne Erfolg geblieben, zumal der Fortschritt im Naturschutz und seine Verwirklichung nicht allein davon abhängen, wie Pflanzen und Tiere oder bestimmte Schutzgebiete betreut werden, sondern wie die Menschen betreut werden, unter deren Einfluß Natur und Landschaft heute stehen.

Die Erhaltung der kleinräumigen Vogelkoje Kampen ist für das Überleben bestimmter, gefährdeter Tiere und Pflanzen wichtig. Zugleich kann dieses Naturschutzgebiet auch als ein Indikator von Veränderungen im Gleichgewicht der Natur eine Rolle spielen. Ein Überblick über die Tier- und Pflanzenwelt der Kampener Vogelkoje seit 1971 zeigt die Bedeutung dieser Landschaft.

Den Brutvögeln bieten die Kampener Vogelkoje und ihre nähere Umgebung als vielseitige Lebensräume (Wald, Gebüsch, Teich, Schilf, Watt) geeignete Möglichkeiten zur Ansiedlung. Der Baum- und Buschbestand hinter dem Seedeich lädt viele gefiederte Gäste, vor allem Singvögel wie Feldschwirl, Sumpfrohrsänger, Gelbspötter, Klappergrasmücke, Fitis und Birkenzeisig, zum Rasten und Brüten ein. Der Mischwald ist ein wichtiger Nahrungsplatz für Vögel, die Insekten und Samen fressen. Er ist der nördlichste Wald auf der Insel, abgesehen von dem winzigen Wäldchen in der Ortschaft List.

Seitdem die Entenfanganlage nicht mehr betrieben wird, dient das Gebiet zahlreichen Vogelarten als Brutplatz. Von 1971 bis 1985 sind insgesamt 49 Brutvogelarten ermittelt worden. Die Artenzahl erhöht sich auf 51, wenn die 1970 beobachtete Brut des Turmfalken und der Waldohreule hinzugezählt wird. In jedem Jahr wurden jeweils 20 bis 39 Vogelarten beim Brüten gesehen, darunter Brandgans, Rotschenkel, Bekassine, Gartenrotschwanz, Misteldrossel, Rohrammer, Hänfling und Aaskrähe.

Für Zugvogelbeobachtungen bietet die Vogelkoje Kampen wegen ihrer geographischen Lage einen besonders günstigen Standort, denn größere Zugbewegungen sind vornehmlich entlang den Küsten zu sehen. Man hat nachgewiesen, daß der Übergang vom Wasser zum Land die weitaus wichtigste Leitlinie für Vogelzüge bildet. Der Nahrungsreichtum der Watten bietet gerade Sumpf- und Wasservögeln optimale Lebensbedingungen und begünstigt Vogelansammlungen. Bei Ebbe halten sich die Tiere gern auf dem trockenliegenden Watt auf, wo Seegras, Muscheln, Schnecken, Würmer u. a. reichlich zu finden sind. Bei auflaufendem Wasser suchen sie wieder das Land auf. Auch im Kojenwald rasten die Gefiederten häufig, weil der üppige Pflanzenwuchs ihnen viele Insekten, Sämereien und Früchte bietet. Der Insektenreichtum zieht besonders kerbtierfressende Vogelarten wie Grasmücken an.

Auf der Wattseite der Kampener Vogelkoje stellen sich vor allem Limikolen (Watvögel) wie Pfuhlschnepfen, Knutts, Alpenstrandläufer, Sand- und Goldregenpfeifer, Rotschenkel und Austernfischer ein. Häufige Gäste im Sommer sind Küsten-, Zwerg- und Brandseeschwalben. Im Frühjahr und Herbst sind manchmal Sprosser und nur selten Karmingimpel zu entdecken. Das leuchtende Rot an Brust, Scheitel und Bürzel des Karmingimpel-Männchens fiel bereits im Juni 1819 Johann Friedrich Naumann, dem berühmten Ornithologen aus Köthen, bei einem Besuch der Vogelkoje Kampen auf. Damals brütete diese Vogelart in der Koje. Der seltene Besuch eines Wiedehopfs ist im Mai 1978 verzeichnet. Dieser braun-schwarz-weiße Vogel mit langer, aufrichtbarer Fächerhaube und lang gebogenem Schnabel zieht nicht häufig durch. Das beobachtete Tier ist wahrscheinlich von seiner gewohnten Zugroute abgekommen. Vermutlich hat ein starker Ostwind den Vogel auf seinem Weg in die Brutgebiete von Pommern und Ostpreußen verdriftet. Dem Wiedehopf droht die Ausrottung durch den Menschen. Schon lange wird ihm, vor allem in Südeuropa, nachgestellt, um ihn zur Herstellung eines Liebestranks zu verwerten.

Der kleinste Rastvogel der Vogelkoje ist das Wintergoldhähnchen, das – winziger als der Zaunkönig und nur 5 Gramm schwer – in jedem Jahr während der Zugzeiten in Scharen das Gebüsch durchstreifte, indem es eilig die Zweige umflatterte und unablässig von Ast zu Ast turnte. Da dieser Vogel nur eine geringe Fluchtdistanz einhält, kann man ihn gut beobachten. Im Herbst 1972 tauchten kleinere, lärmende Trupps von Eichelhähern auf. Der Eichelhäher gehört zu den Vogelarten, die keine Ortstreue kennen und unregelmäßige Invasionen unternehmen. Große Scharen von Fichtenkreuzschnäbeln stellten sich im Oktober 1985 als Invasionsvögel ein. Artenreichtum und Dichte charakterisieren die Fauna der Kampener Vogelkoje. Dazu tragen vor allem die reichhaltige Pflanzenwelt und ihre Schutzwirkung für Vögel und viele andere Tierarten bei. Insbesondere leben dort zahlreiche Kleintiere, unter anderen eine stattliche Zahl von Klein- und Großschmetterlingen wie Weidenbohrer, Pappelschwärmer, Rotes Ordensband und Blaues Ordensband. Die Nachtfalter sind sehr artenreich vertreten. Mehrmals sind Falter auf dem Durchzug gesehen worden, darunter der Distelfalter im August 1980 in mehr als 100 Exemplaren. Daneben haben sich viele Käfer angesiedelt, beispielsweise Großer Pappelbock, Aaskäfer, Hausbock und Gemeiner Weichkäfer. Zu den beobachteten Reptilien gehören Waldeidechse und Zauneidechse, zu den Amphibien Grasfrosch, Moorfrosch und Kreuzkröte. Im Teich haben Aal, Stichling und Meerneunauge ihren Lebensraum. Folgende Säugetiere sind in der Koje gesehen worden: Fuchs, Wildkaninchen, Hermelin, Eichhörnchen, Wanderratte, Ostschermaus, Kleine Wühlmaus, Feldmaus, Waldmaus, Zwergmaus, Zwergspitzmaus und Feldspitzmaus. Das Vorkommen der Zwergmaus, einer in Schleswig-Holstein gefährdeten Art, zeigt, daß dieses Naturschutzgebiet für bestimmte Arten ein Überlebensraum sein kann.

Der Kojenwald vermittelt einen urwaldartigen Eindruck. Indessen wurde er vor mehr als 200 Jahren von drei Syltern angelegt, indem die Umgebung des zu einem Teich ausgebauten Süßwassertümpels mit Büschen und Bäumen bepflanzt wurde. Später haben die Vögel und der Wind Samen und Sporen zahlreicher Pflanzen ausgesät, so daß eine vielfältige Vegetation entstand. Das Wäldchen der Kampener Vogelkoje ist als ein Beispiel für einen sehr artenreichen Bruchwald anzusehen, der vorwiegend aus Weiden, Pappeln, Birken, Erlen und Faulbaum besteht. Eine bezeichnende Pflanze ist der Hopfen. Große Bestände des Königfarns machen das Gebiet zu einer Besonderheit. Daneben wachsen Dornfarn, Bergfarn, Wurmfarn und Frauenfarn. Der Rippenfarn ist nach Überflutung mit Salzwasser 1976 ausgestorben. Bisher sind 170 Gefäßpflanzen ermittelt worden, daneben 13 Arten von Moosen, mehrere Flechten sowie 13 Pilzarten. Sogar eine Orchideenart (Sumpfweichwurz) ist gefunden worden.

Volksbrauch

Wenn von lebenden Volksbräuchen auf den Nordfriesischen Inseln die Rede ist, wird zuerst das Biiken genannt. Das Biikebrennen – mit Baken oder Feuerzeichen hängt das Wort zusammen – leitete im Zeitalter der Grönlandfahrt das Abschieds- und Frühlingsfest für die Seeleute am 21. Februar ein. Am folgenden Petritag hielt man Thing oder Gerichtstag, auf dem Verbote und Bekanntmachungen verlesen sowie Rechtsfragen geklärt wurden. Unsere Zeit hat dem Fest auf den Geestinseln (auf Pellworm und Nordstrand wird keine Biike angezündet) seinen eigenen Sinn gegeben. Im Biikefeuer sieht man jetzt eine Stärkung des Heimatgedankens und der Geselligkeit.

Ein anderer beliebter Brauch alten Ursprungs ist das Ringreiten. Sowohl auf den Geest- als auch auf den Marschinseln gibt es Ringreitervereine, auf Sylt sogar fünf. Das Sylter Ringreitercorps fand sich bereits 1861 zusammen. Auf den Turnieren zielen die Reiter in vollem Galopp mit einer Holzlanze auf einen am Seil hängenden Messingring. Die Sieger werden als König, Kronprinz und Prinz bezeichnet und erhalten Preise. Der König wird zum nächsten Fest vom Ringreiterverein zu Pferd mit Musik abgeholt. Die Reiteruniformen sind auf den Inseln unterschiedlich.

Auch zu anderen Festen sind Volksbräuche überliefert. Der Altjahrsumritt ist zum Beispiel in Morsum noch üblich. Zu Pferde ziehen die Gratulanten am Silvesterabend von Haus zu Haus. Als Gegengabe für ihre Glückwünsche erhalten sie einen Trunk. Zur gleichen Zeit gehen jung und alt mit Masken, Gesichtsbemalung und Verkleidung als Rummelpott um und sammeln Gaben für ihren Gesang und Vortrag. An Spätsommerabenden erklingt das Lied „Laterne, Laterne, Sonne, Mond und Sterne . . .“. Meistens begleiten Erwachsene die Kinder auf ihrem Laternenspaziergang. Auf Kinderfesten sind Eierlaufen, Topfschlagen und Sackhüpfen beliebt.

Vorgeschichte

Die Vorgeschichte ist die Wissenschaft von den Beweisstücken menschlicher Anwesenheit und Betätigung aus der Zeit, für die keine schriftlichen Quellen vorhanden sind. Die wichtigsten Funde der Vorgeschichte sind die im Boden erhaltenen Kulturreste. Die altsteinzeitlichen Reste sind jedoch in Norddeutschland, auch auf Sylt, großteils während der Eiszeiten von den Gletschern vernichtet worden. Das Eiszeitalter begann vor rund 600 000 Jahren und endete vor etwa 10 000 Jahren. Zwischen den vier Vereisungsphasen gab es Warmzeiten mit günstigen klimatischen Verhältnissen, die Tieren, Pflanzen und auch dem Frühmenschen die Existenz ermöglichten. Im Sylter Raum lebte vor der Altsteinzeit vor 500 000 Jahren der Homo erectus oder Frühmensch, der älter als der Neandertaler ist. Er war Jäger und stellte Werkzeuge aus kristallinem Gestein her. Den Feuerstein haben die Gletscher erst später aus dem skandinavischen Raum herantransportiert. Am Morsumkliff entdeckte 1952 Alfred Rust, der Ausgräber der Hamburger und Ahrensburger Renjägerkulturen, einen künstlich behauenen Quarzit-Stein, ein primitives, vorgeschichtliches Werkzeug des Frühmenschen aus der 1. Zwischeneiszeit oder Warmzeit vor dem Beginn der Elster-Vereisung. Bis zu den nächsten Spuren menschlicher Anwesenheit im Gebiet von Sylt vergingen Jahrhunderttausende. Erst in der jüngeren Steinzeit (um 2500 v. Chr.) ist Sylt – seit etwa 5000 v. Chr. eine Insel – erstmals dauernd besiedelt worden. Wahrscheinlich sind Jüten, seßhafte Bauern und Viehzüchter, zugewandert. Die Friesen sind viel später, um 850, aus Westfriesland nach Sylt gekommen. Die Jüten der jüngeren Steinzeit bestatteten ihre Toten nach westeuropäischem Brauch in Steingräbern. Die beim Bau der vorgeschichtlichen Gräber verwendeten Steine sind Transportgut der vorletzten Eiszeit, die Granite, Gneise u. a. mit dem Geschiebelehm der Inseloberfläche aus Skandinavien hierher verfrachtet hat. Der jungsteinzeitliche Denghoog in Wenningstedt ist ein eindrucksvolles Beispiel dafür. Die weitaus größte Zahl der Sylter Gräber der Vorgeschichte gehört der Bronzezeit an (1600 – 450 v. Chr.). Es handelt sich um die Großhügel von seefahrenden Kaufleuten, die in jener Zeit den Fernhandel zwischen dem Norden und den südlichen und westlichen Ländern betrieben. Die Grabhügel enthielten reich ausgestattete Gräber von Männern und Frauen, die in Baumsärgen oder Steinkisten in ihren prunkvollen Trachten und mit reichen Beigaben an Waffen und Schmuck beigesetzt waren. Die Bronzezeit war eine Hochblüte der Kultur, besonders des Kunsthandwerks. Der Handel von Bronze und Gold gegen Bernstein, das uralte, eozäne Kiefernharz, das Gold des Nordens, schuf Fernhandelsverbindungen vom Norden nach dem Süden bis nach Kreta (Mykene) und Ägypten. Bernstein wurde im vergangenen Jahrhundert noch zahlreich auf Sylt gefunden. Einer der schönsten bronzezeitlichen Großhügel ist der im Osten von Keitum gelegene Tipkenhoog, von dem aus man einen weitreichenden Ausblick nach List, auf das Festland hinüber und bis Hörnum hinunter hat. Von der auf die Bronzezeit folgenden Eisenzeit (450 v. Chr. – 800 n. Chr.) ist der ältere und mittlere Teil der vorrömischen Eisenzeit nur schwach mit Funden vertreten. Die Siedlungsüberreste aus den beiden Jahrhunderten vor und nach Christi Geburt sind dagegen um so zahlreicher. Allein in den Gemarkungen von Morsum und Archsum wurden häufig hügelartige und wallförmige Erhebungen eisenzeitlicher und mittelalterlicher Siedlungen und Ackerfelder festgestellt, in denen Funde wie Lehmbewurf von Hauswänden, Herdstellen, Hausgruben und Tonscherben gemacht wurden. Aus der Wikingerzeit (800 – 1000 n. Chr.) sind 92 Grabhügel bei Wenningstedt und Morsum bekannt geworden. Neue Grabungen in Archsum haben die Besiedlung dieses Geestkerns in vorgeschichtlicher Zeit bis ins frühe Mittelalter erforscht. Im Mittelpunkt der Forschungen stand der vorgeschichtliche Wohnhügel Melenknob, dessen älteste Siedlungsspuren bis in das mittlere Neolithikum (Mitte 3. Jahrtausend) zurückreichen.

Wilhelm Waetzoldt

Der Kunsthistoriker Wilhelm Waetzoldt, 1880 in Hamburg geboren, 1945 in Halle verstorben, war in den zwanziger und dreißiger Jahren oft auf Sylt. Von 1927 bis 1933 leitete er die Staatlichen Museen in Berlin. Als Verfasser von erfolgreichen kunstgeschichtlichen Werken wurde er bekannt, darunter sind die Titel „Du und die Kunst", „Die Kunst des Porträts", „Dürer und seine Zeit". Waetzoldt besaß ein Haus am Hoogenkamp in Kampen. Seine Grabstätte liegt auf der Ostseite des Keitumer Friedhofs, wo auch der Kunsthistoriker Fritz Wichert beigesetzt ist.

Walfang

Der Walfang, die Jagd auf die im Meer lebenden größten aller Säugetiere, reicht weit in die Vergangenheit zurück. Die ältesten Darstellungen hierüber sind Felszeichnungen an mehreren Stellen von Norwegens Küste, die auf etwa 2200 v. Chr. datiert werden. Die ältesten Walfänger sind Norweger gewesen. Auch die Basken haben im frühen Mittelalter in der Biskaya den Nordkaper gejagt. Die eigentliche Periode des Walfangs setzt jedoch erst nach den Reisen der Holländer Barendsz, Heemskerk und De Rijp ein, die auf der Suche nach dem kürzesten Seeweg zum Fernen Osten im Jahr 1597 die Nachricht vom reichhaltigen Vorkommen an Walen und Walrossen im nördlichen Eismeer um Spitzbergen heimbrachten. Damals begann die erste Phase der Grönlandfahrt. Allerdings ist die Bezeichnung Grönlandfahrt nicht richtig, denn der Entdecker Barendsz hielt irrtümlich Spitzbergen für einen Teil Grönlands. Am regen Fangbetrieb im Eismeer beteiligten sich neben Holländern und Engländern auch dänische, hamburgische, bremische und französische Walfangschiffe. Der überwiegende Teil der Schiffsbesatzungen der Grönlandfahrer, insbesondere die Commandeure, wurde seit Mitte des 17. Jahrhunderts bis zum Ende des 18. Jahrhunderts von den Insel- und Halligfriesen gestellt, vor allem wegen ihrer hervorragenden

Walfang, Kupferstich Amsterdam 1728

nautischen Fähigkeiten. Die Grönlandfahrt war einst die wichtigste Erwerbsquelle auch für die Sylter Seefahrer. Um 1700, so berichtete der Chronist C. P. Hansen, stammte ein Drittel aller Hamburger Grönland-Commandeure von Sylt. Im Jahr 1701 nahmen insgesamt 3600 Nordfriesen am Walfang teil. In jenem Jahr hatten die Hamburger mit 54 Schiffen 544 Wale, die Holländer mit 207 Schiffen 2071 Wale gefangen. Die Mehrzahl der friesischen Seeleute reiste kurz nach Petritag, ihrem Haupt- und Abschiedsfest, nach Holland und Hamburg ab, um sich dort auf den Schiffen anstellen zu lassen. Im Spätherbst kehrten sie zurück. Die Reise zum Eismeer dauerte Wochen. Während der Reise vertrieb man sich die freie Zeit mit Schnitzen und anderen Handfertigkeiten. Der bekannteste Sylter Walfänger ist Lorenz Petersen Hahn (1668 – 1747). Er war 27 Jahre lang erfolgreicher Commandeur, bevor er wieder auf seine Heimatinsel zurückkehrte und Strandinspektor wurde. Sein Leben hat die Schriftstellerin Margarete Boie in ihrem historischen Roman „Der Sylter Hahn" (1925) anschaulich dargestellt.

Die Walfangergebnisse gingen im 18. Jahrhundert immer weiter zurück, nachdem die Tierbestände geschrumpft waren. Die Seeleute wandten sich deshalb der Handelsfahrt zu. Die Jahre 1775 bis 1807 waren das „goldene Zeitalter" auf Sylt. Auch hier wurde wie beim Walfang gut verdient.

Wappen

Das Wappen der Landschaft Sylt ist, wahrscheinlich seit dem 16. Jahrhundert, ein Hering. Er ist aus der danisierenden Deutung des Inselnamens zu erklären.
Form und Farben des nordfriesischen Wappens sind umstritten. Das Wappenschild zeigt Krone, Grütztopf und halben Adler auf rotem, blauem und goldenem Grund. Seine Entstehung ist nicht ganz geklärt. Es soll auf einer Fahne während der Zusammenkunft der Friesen in Bredstedt am 10. Juni 1844 erstmals gezeigt worden sein. Der Adler ist schon vorher als Wappen von friesischen Geschlechtern verwendet worden, insbesondere von denen, die zum Richteramt befähigt waren und als kaiserliche Beamte galten.
Wie der Adler ins nordfriesische Wappen kam, darüber gibt die Sage Auskunft: Kaiser Sigismund begehrte die nordfriesischen Harden zu Reichslehen. Einer Abordnung aus Nordfriesland schlug er listig vor, den Reichsadler in ihr Wappen aufzunehmen. „Nä", entgegneten die Friesen in plattdeutsch, „dann seggt uns' Lüd, jem sind man half klook". Der Kaiser spürte ihren Widerstand und schlug einen Kompromiß vor: „Dann nehmt den halben!" Somit war die Lehnsfrage erledigt, und der halbe Reichsadler kam ins nordfriesische Wappen. Wie aber kam der Grütztopf hinein?

Westerland, Wappen 1907 und 1955

Die Friesen kämpften einst mit den Dänen. Das Kriegsglück war jedoch nicht auf ihrer Seite. Ihre Schlachtreihen kamen in Unordnung, lösten sich auf und flohen zurück ins Lager, wo die Friesenfrauen gerade Brei kochten. Als die Frauen ihre Männer so feige zurückweichen sahen, wurden sie zornig und zugleich wagemutig. Kurzentschlossen holten sie die Grütztöpfe vom Feuer, liefen dem Feind entgegen und bewarfen die Dänen mit dem heißen Brei. Zuerst lachten die Dänen über die weiblichen Krieger. Als ihnen aber die heiße Grütze im Gesicht klebte, wurden sie vor Schmerz mutlos und wichen zurück. Von ihren Frauen angestachelt, lebte die Kampflust der Friesen wieder auf, und sie vertrieben die Dänen. Später hieß es, die Friesenfrauen haben die Dänen mit dem Grütztopf in die Flucht geschlagen. Ihre Männer nahmen aus Dankbarkeit den Grütztopf in ihr Wappen auf. Mit dieser Sage sind die Heraldiker, die sich ernst und wissenschaftlich mit der Wappenkunde beschäftigen, gar nicht einverstanden. Ihr Zutrauen zur Kampflust der Frauen ist offenbar nicht groß. Sie meinen, der Grützkopf im nordfriesischen Wappen ist als Volkssage zwar lebendig, aber als Symbol ist er bedeutungslos und eher sentimental. Lediglich den Adler anerkennen die nüchternen Sachkenner, weil er als Wappenbild schon in Geschlechterzeichen verwendet wurde und nachweisbar in der Vergangenheit eine Rolle gespielt hat. Indessen sehen sie Grütztopf und Kaiserkrone besser ersetzt durch Schiff und Pflug, denn diese Symbole kennzeichnen die Nordfriesen deutlich als Seefahrer und Bauern.
Ein Wappen verlieh Kaiser Wilhelm II. Westerland am 25. Februar 1907. Es ist von A. M. Hildebrandt, Berlin, entworfen und stellt das Wahrzeichen der Stadt dar: In Silber aus blauen Wogen ein roter Leuchtturm mit goldener Laterne, die nach beiden Seiten je drei goldschimmernde Strahlen sendet. Auf der Turmmitte ein rechtsgeneigter, geteilter Schild: oben ein leeres Feld in Silber, unten in Blau ein silberner Fisch. Oberhalb der Darstellung eine dreitürmige Stadtmauer mit rotem Tor. Das Wappen ist am 24. November 1955 nach Überarbeitung von Wendt neu genehmigt worden. Die Stadtmauer ist im Wappen nun nicht mehr enthalten. Die Silberfarbe wurde durch Weiß ersetzt.

Watt

Das Watt ist eine der wenigen Naturlandschaften an der flachen Gezeitenküste von Dänemark, Deutschland und den Niederlanden. Der norddeutsche Teil steht seit 1985 als Nationalpark Nordfriesisches Wattenmeer unter Naturschutz. Im Einfluß der Gezeiten (Flut und Ebbe, Steigen und Fallen des Meeresspiegels, bedingt durch Fliehkraft und Massenanziehung von Mond und Sonne) hebt und senkt sich der Meeresspiegel zweimal täglich und läßt den flachen Meeresboden, das Watt, trocken fallen. Zu unterscheiden ist zwischen Schlickwatt, Sandwatt, Mischwatt und Felswatt (Helgoland). Das Watt ist ein amphibischer Lebensraum, ein Übergangsgebiet zwischen festem Land und Meer. Das Wort ist abgeleitet von waten, durch seichtes Wasser gehen.

Hermann von Wedderkop

Ein Seehundsbild, gezeichnet von Renée Sintenis, schmückt den gelben Leineneinband des Sylt-Romans „Adieu Berlin“ von Hermann von Wedderkop. Er erschien 1927 im S. Fischer Verlag in Berlin. Die Figuren dieser in Kampen während der zwanziger Jahre spielenden Badegeschichte sind frei erfunden. Aber viele sind wohl dem Leben nachgezeichnet, so daß der Leser ein anschauliches Bild von der vielschichtigen Sylter Badegesellschaft der „goldenen“ zwanziger Jahre in der Weimarer Republik erhält. In diesem Roman, der heute vergessen ist und nur noch antiquarisch gelegentlich zu beschaffen ist, betrachtet der Autor das Kampener Badeleben aus der Sicht eines Großstadtmenschen, eines intelligenten Playboys aus Berlin. Die Kampener Kurgäste, die Wedderkop in seinem Roman beschreibt, sind damals zum Großteil aus der Reichshauptstadt angereist, um die Schlacken der Großstadt loszuwerden und mit „berserkerhafter Gesundheit“ dorthin zurückzukehren. Daß Sylt für die Berliner ein besonders beliebtes Reiseziel ist, hebt Wedderkop hervor: „Berlin wird umgestülpt, hier und woanders. Was gestern noch am Kurfürstendamm spazierenging, liegt plötzlich hier am Strand.“ So erklärt sich auch der Buchtitel „Adieu Berlin“. Der Verfasser beschreibt Badehelden und Playboys auf der Jagd nach Abenteuern in Kampen. Auch das Leben von Künstlern nimmt er unter die Lupe: „In diesem Dorf tummelt sich die komischste Gesellschaft, nur Menschen von Interessen, die zu dieser Landschaft in Beziehung stehen – Musiker, Schriftsteller, überhaupt Künstler. Es ist tatsächlich ein besonderes Fleckchen Erde.“ Was die Badegäste nach Kampen zieht, kennzeichnet Wedderkop zutreffend: „Es ist die bekannte Mischung, wie man sie ja nirgendwo wiederfindet: diese Mischung von Bohème, Großartigkeit der Natur und Komfort. Und zwar vollkommen unberührte Natur, Möwen, Wasser, das kleine Dorf mit dem Leuchtturm nach dem Innern der Insel zu, und schließlich, wunderbarster Gegensatz zum offenen Meer: die Wattseite, diese Art Urlandschaft, an Einsamkeit vielleicht das Unerhörteste, was es gibt.“ Die Frage, was eigentlich den Reiz der Insel ausmacht, ist so beantwortet: „Zwei Dinge ziehen mich hier unwiderstehlich und immer wieder von neuem an: die unendliche Mannigfaltigkeit der See bei ihrer grandiosen Monotonie und die Bodenständigkeit der Bewohner.“

In Wedderkops Roman sind an keiner Stelle die Namen Kampen und Sylt zu finden. „Keinen Namen hinschreiben, sie wecken Vorurteile“, meinte auch Alfred Kerr in seiner Skizze „Die Frieseninsel“, in der er ein Loblied auf Kampen singt (1920 in seinem zweibändigen Werk „Die Welt im Licht“). Ebenso nennt Wedderkop nicht den Namen des Herausgebers einer Wochenschrift, der damals sein Sommerdomizil in Kampen hatte. Vermutlich ist Siegfried Jacobsohn gemeint, Herausgeber der „Schaubühne“, später der „Weltbühne“. Jacobsohn hatte 1920 eines der ältesten Bauernhäuser in Kampen erworben.

Der 1876 in Eutin geborene Hermann von Wedderkop war als Kunstschriftsteller tätig, gab in den Jahren 1922 bis 1931 die amüsante und avantgardistische Zeitschrift „Der Querschnitt“ heraus und verfaßte einige Bände der Buchreihe „Was nicht im Baedeker steht“. 1940 erschien sein Musikroman „Die falsche Note“. Dann verliert sich die Spur Wedderkops im Dunkeln. Um 1950 starb er in Hamburg.

Magnus Weidemann

Magnus Weidemann, 1880 in Hamburg geboren, 1967 in Keitum gestorben, war von 1907 bis 1919 Pastor in Kiebitzreihe nahe Elmshorn in Holstein. Er legte sein Amt nieder, um sich der Kunst ganz zu widmen. Er war ein „Schönheitssucher“. In der unberührten Natur, vor allem im Gebirge und am Meer sowie in der unverhüllten Menschengestalt suchte und fand er die Schönheit der Schöpfung. Beeinflußt vom Spätjugendstil, Wandervogel und Heimatbewegung,

Haus Magnus Weidemann in Keitum

entwickelte Weidemann einen eigenen realistischen Malstil. Seine Arbeitsweise war bestimmt durch die Wechselwirkung zwischen photographischen Studien und Öl- und Temperagemälden. Seinen endgültigen Wirkungskreis fand Magnus Weidemann 1926 auf Sylt. Die Nordseeinsel wurde ihm zum Urbild der nordischen Landschaft, deren Eigenart er in zahlreichen kleinen Aquarellen und größeren Ölbildern erfaßte und der er bis zu seinem Lebensende treu blieb. Sein künstlerischer Nachlaß wird von dem Neffen, Prof. Dr. Volker Weidemann, in Kiel betreut.

Wenningstedt

Wenningstedt wird schon vor der Einwanderung der Friesen nach Sylt im 9. Jahrhundert bestanden haben, wahrscheinlich als Hafenort, vielleicht wie Braderup und List von Dänen gegründet. Der weiter westlich gelegene Hafen soll bei der Sturmflut 1362 stark gelitten und dann seine Bedeutung verloren haben. Die erste schriftliche Aufzeichnung über Wenningstedt (Wynningstede) stammt jedoch erst aus dem Jahr 1463. Deshalb stellte August Sach 1899 fest (Das Herzogtum Schleswig in seiner ethnographischen und nationalen Entwicklung): „Die Nachrichten der Chronisten über den Fresenhaven, der sicher auf ältere Überlieferung zurückgeht, suchen sie auf verschiedene Weise zu erklären; die einen meinen, dort seien die Friesen bei ihrer Einwanderung aus Westfriesland gelandet, die anderen lassen die Friesen in zahlreichen Schiffen mit den Angeln und Sachsen von dort aus nach Britannien fahren, noch andere erzählen, kurz vor 1300 seien 200 Fahrzeuge der Wenningstedter aus dem Hafen gesegelt und zu Grunde gegangen, Wenningstedt selbst dann am

16. Januar 1300 in einer Sturmflut völlig vom Meere verschlungen."
Die neuzeitliche Entwicklung von Wenningstedt kommt in der Bevölkerungszahl zum Ausdruck: 1827 zählte der Ort 52 Einwohner, 1987 waren es 3571 einschließlich der Zweitwohnungsbesitzer. Nachrichten über Wenningstedt hat gesammelt Rolf Spreckelsen, Chronik des Ortes Wenningstedt. Bredstedt 1975

Nordseebad Wenningstedt um 1900, photographiert von Bernhard Lassen

Westerland

„Dr. Gottfried Benn, Dr. Ilse Benn aus Berlin (West) verbrachten den Rest ihrer Ferientage in diesem vielleicht etwas lebhaften, wenn auch wunderbaren Bad und empfanden die Ruhe und den Frieden von Pension Safari besonders dankbar", schrieb der Arzt und Dichter ins Gästebuch der Pension Safari in Westerland, Eidumweg 11, am 23. August 1955. Der anspruchsvolle Gast aus Berlin, den der Romanist Ernst Robert Curtius um 1950 für die größte sprachliche Ausdruckskraft der deutschen Literatur der letzten dreißig Jahre hielt, fühlte sich wohl in Westerland. Zwei sonnige Wochen genossen Benn und seine Frau und beobachteten das Naturschauspiel: anrollende Nordsee, weiter Sandstrand, wehender Strandhafer auf den Dünen. Gerade die Verbindung von Gegensätzlichem im Badeort Westerland, von Natur und Zivilisation, von weiter Landschaft und Enge, von Dörflichem und Städtischem zog Benn an. Der Dichter hat in einem Brief mitgeteilt, was er in Westerland vor allem genossen hat: eine warme Nordsee (der Sommer 1955 war ungewöhnlich heiß, das Meer war 22 Grad warm), blauesten Himmel, Schwimmen und Roulette.

Das Spielcasino in Westerland, das Gottfried Benn besucht hat, ist im Rathaus untergebracht. Dieses architektonisch gelungene Gebäude wurde 1985 unter Denkmalschutz gestellt. Es ist 1898 als Kurhaus eingeweiht und wurde 1933 Rathaus. Der Denkmalschutz gilt für das gesamte Äußere des breiten, zweigeschossigen Ziegelbaus mit Krüppelwalmdach und zwei turmartigen Vorsprüngen oder Risaliten mit welscher Haube in der Fassade. Im rechten Gebäudeteil ist der „Alte Kursaal am Rathausplatz“ zweckmäßig und sehr geschmackvoll neugestaltet worden. Ein rühriger Verein von Theaterfreunden hatte jahrelang dafür geworben und gesammelt. Der verständnisvolle Magistrat unterstützte den Plan.

Als der Alte Kursaal im neuen Gewand im Sommer 1985 eröffnet wurde, ist das rege Sylter Kulturleben in Westerland wieder deutlich geworden. Dort wurde das Musical „Ein Herz für Sylt“ uraufgeführt, geschrieben vom Westerländer Kirchenmusiker Hans-Martin Padel und vom Keitumer Jugendschriftsteller Boy Lornsen. 200 Mitwirkende aus 10 Sylter Schulen füllten das Theater mit Leben.

Das Musical erzählt die Geschichte von einem Reisenden, der erstmals auf die Insel kommt. Wie er Westerland erlebt, ist im 2. Bild mit Humor und Witz dargestellt:

Kurpromenade um 1900

Kurpromenade um 1935

„Sylt ist die Königin der Nordsee, die Perle unter den Nordfriesischen Inseln! Von Hörnum Odde bis Ellenbogen streckt sich ihr 38,5 km langer Sandstrand. Sylt hat Dünen, Kliffs, Marsch und Wiesen zu bieten. Die Insel wird von Gänsen, Schafen, Pferden, Syltern, Badegästen und Hunden bevölkert. Westerland ist die Hauptstadt, der Mittelpunkt der Insel und die Perle unter den Badeorten. Hier finden sich alle Merkmale eines modernen und mondänen Seebades: Kurdirektor, Kurkapelle, Kurkonzert, Kurpromenade, Kurschatten, Kurgäste, Kurkarte, Kurmittel, Kurbäder, Kurgetränke, Kurhäuser, Kurkosten und Kurtaxe."
Mittelpunkt der Insel wurde Westerland erst um 1890, als immer mehr Eigenschaften eines Hauptortes hinzukamen und Keitum als zentraler Inselort überflügelt wurde. Zum Beispiel ist 1892 die Inselapotheke von Keitum nach Westerland verlegt worden. 1893 wurde die elektrische Straßen- und Hausbeleuchtung eingerichtet. 1892 entstand das Postamt in der Stephanstraße. Es ist 1904 nach Norden und 1929 nach Süden erweitert worden. Nachdem die Bundespost 1975 in Westerland einen Neubau bezogen hatte, ist das alte Postgebäude nicht abgerissen worden. Die Stadt renovierte das schützenswerte Bauwerk. Heute beherbergt es unter anderem die Stadtbücherei und das Sylter Archiv. Die neuen Räume des Archivs weisen auf den Stellenwert hin, den der Westerländer Magistrat der Kulturförderung beimißt. Das mit Büchern, Bildern, Karten und Dokumenten reich ausgestattete Archiv hat eine große Bedeutung für die Erforschung der Inselgeschichte. Es wird

rege benutzt und trägt zur wichtigen Aufgabe bei, das Geschichts- und Heimatbewußtsein zu stärken. Hier kann künftig auch in Ausstellungen Heimatgeschichte anschaulich nahegebracht werden.
Insel- und Kulturgeschichte kann der Besucher in Westerland an zahlreichen Stellen erkennen, beispielsweise in den Grünanlagen vor dem Rathaus, wo das Denkmal für den Generalpostmeister Heinrich von Stephan aufgestellt ist. Der Organisator des deutschen Postwesens und Erfinder der Postkarte hatte 1896 im Atelier des Malers Franz Korwan-Katzenstein in der Strandstraße dem Berliner Bildhauer Hugo Berwald zur Anfertigung der Büste Modell gesessen. Stephan war häufig Kurgast in Westerland und hat einige postalische Neuerungen auf der Insel veranlaßt. Ein neuzeitliches Beispiel für die Kunst der Plastik ist in der Wilhelmstraße unweit des Stephan-Denkmals zu entdecken: die Brunnenfigur „Wilhelmine von Sylt", die die Westerländer Bildhauerin Ursula Hensel-Krüger geschaffen hat. Die füllige Dame im Brunnen ist ein Symbol für Lebensfreude, Frohsinn und Heiterkeit im Seebad.
Ein Architekturdenkmal aus der Zeit des Jugendstils ist das Hotel Miramar, das seit 1903 an äußerster Stelle auf den Dünen Westerlands vor der Westküste steht. Das mit typischen Jugendstilornamenten verzierte Gebäude, dessen Fassade 1978 renoviert und mit freundlichen hellgelben Farben gestrichen wurde, gehört zu den oft photographierten Häusern an der Kurpromenade. Es nimmt in der Ortsgeschichte einen besonderen Platz ein. Der frühere Hotelbesitzer Georg Busse war auch ein origineller Maler und Photograph, dessen Bilder zum Teil noch heute in den Räumen des Hauses Miramar zu sehen sind. Seine Tochter Mira Hopfengärtner hat ihre Westerländer Erinnerungen mit leichter Feder in dem Band „Nach Jahr und Tag" aufgezeichnet. Das Buch ist eine Liebeserklärung an Westerland.

Westerland (Geschichte)

Der Ort Westerland ist im Jahr 1436 gegründet worden. Damals siedelten sich Bewohner des ehemaligen Kirchdorfs Eidum hier an, nachdem sie von der Sturmflut vertrieben worden waren. Eidum (Eytem, Eidem) lag südwestlich der heutigen Inselmetropole und bestand schon um 1200. Mehrere Fluten zerstörten diesen Platz. Endgültig wurde er 1436 vernichtet. Vom alten Eidum blieben nur die Flurteile „Enden" übrig, nämlich Oster-, Wester- und Süderende. Die vor der Sturmflut geflüchteten Eidumer zogen sich auf die höher gelegenen Heideflächen zurück und gaben ihrer neuen Siedlung zunächst den Namen Südhedig. Der Name Westerland (inselfriesisch Weesterlön) geht auf ein östliches Flurstück auf Tinnumer Gelände zurück. Hier bestand vermutlich schon eine kleine Bauernschaft, bevor der Ort Eidum in den Fluten unterging. Um 1450 nannten die Flüchtlinge von Eidum ihre neues Dorf Westerland. In einem schriftlichen Dokument taucht der Name Westerland zuerst 1462 auf.
Spuren der alten Eidumer Siedlung waren später wieder zu sehen, zum Bei-

spiel 1850, als das Meer die Stätte der Eidumer Kirche freilegte. Bei niedrigem Wasserstand waren Steinreste des Ostwalls der Kirche zu sehen. Auf der Strandstrecke vom Eidumdeich bis zur Kirchendüne bei Westerland sind bis in unsere Gegenwart hinein nach starken Stürmen Herdstellen, Brunnen, Pflasterungen, Ackerfurchen und andere Siedlungsreste zeitweise freigelegt worden.
Die einzige Darstellung der letzten Eidumer Kirche stammt von Lukas Janzen Waghenaer aus Amsterdam. Er gab 1585 einen Altas mit Seekarten heraus, darunter eine Westansicht der Insel Sylt mit den für die Seefahrer wichtigen Landmarken. Die Eidumer Kirche ist als markantes Seezeichen abgebildet. Sie hat offensichtlich zur Zeit von Waghenaer bestanden. Erst 1634 ist die baufällige Eidumer Kirche zusammengestürzt. Angeblich sollen Teile von ihr zum Bau der alten Westerländer Dorfkirche St. Niels im Jahr 1635 verwendet worden sein. Diese kleine Kirche war mit Reet gedeckt, sie wurde 1701 vergrößert, 1789 fast ganz erneuert und erhielt 1875 einen Turmanbau.
Die Westerländer Hedig-Siedlungen sind nicht in unmittelbarer Nähe der von der Brandung der Nordsee gefährdeten Küste angelegt. Die Eidumer Siedler bauten ihre Häuser aus Furcht vor Sturmfluten in weitem Abstand zum Meer. Außerdem mußten sie damit rechnen, daß der von den Dünen und vom Strand ostwärts treibende Sand ihre Häuser und Felder bedrohte. Weite Teile ihres Ackerlandes überwehte der Flugsand. Um 1740 waren sie in eine Sandwüste verwandelt. Da rüsteten die Anlieger sich endlich zu einer energischen Bekämpfung der Wanderdünen. Aber erst seit 1788 wurden die Bepflanzung mit Dünenhalm und das Aufwerfen von Dünenwällen systematisch betrieben. Bis auf den heutigen Tag halten die Dünenschutzmaßnahmen an. In unserer Zeit sorgt das Amt für Land- und Wasserwirtschaft dafür, daß die Sylter Westküste mit Strandhafer und Sandfangzäunen in jedem Jahr neu ausgestattet wird.
Lange Zeit war die Landwirtschaft die Lebensgrundlage der Bevölkerung von Westerland. Aber ihre Erträge reichten oft nicht aus. Sie erbrachten nur ein Existenzminimum. Deshalb mußten andere Erwerbsquellen erschlossen werden. Im 15. und 16. Jahrhundert standen die Heringsfischerei und der Schellfischfang um Helgoland im Vordergrund des Westerländer Wirtschaftslebens. „Im siebzehnten Jahrhundert war Westerland ein kleiner armseliger Ort (hatte zum Beispiel im Jahr 1658 nur 51 Häuser), dessen Bewohner in dem Verdacht standen, Strandräuber und streitsüchtige Menschen zu sein“, teilte der Inselchronist C. P. Hansen 1845 mit:
„Jetzt ist Westerland gegentheils ein durch die Schiffahrt seiner Bewohner wohlhabend gewordenes Dorf, und die Einwohner gehören zu den rechtlichsten und friedfertigsten Bewohnern der Insel.“
Der Heringsfang wurde zu Beginn des 17. Jahrhunderts aufgegeben, weil die Bestände sehr verringert waren. Statt dessen erschloß sich den Westerländer Seeleuten eine neue Erwerbsquelle: die Jagd auf den Wal, auf das im Meer lebende größte aller Säugetiere. Mit dem Walfang zogen erstmals Geld, Bildung, Samt und Seide auf die Insel ein. Als Seefahrer, oft als Kapitäne und Steuerleute,

nahmen die Westerländer daran teil. Der erfolgreichste Sylter Walfangkommandeur war Lorenz Petersen Hahn. Er baute sich 1699 in Westerland Süderende ein stattliches Haus. Im Schleswig-Holsteinischen Freilichtmuseum in Kiel ist eine Kopie dieses Westerländer Reetdachhauses zu sehen.

Das „goldene Zeitalter“ für die Bewohner Westerlands und der Insel war die Handelsschiffahrt in den Jahren 1775 bis 1807. Damals hatten sie sich insbesondere nach dem Ausbruch des nordamerikanischen Unabhängigkeitskrieges im Jahr 1775 von der Grönlandfahrt der Handelsschiffahrt zugewandt. Einer der erfolgreichsten Kapitäne in dieser zeit war Dirk Meinerts Hahn aus Westerland. Er wurde dadurch berühmt, daß er Auswanderer nach Australien brachte. „Hahndorf“ nannten die Siedler ihr Dorf in Australien zum Dank dafür, daß Kapitän Hahn ihnen nach glücklicher Landung sogar Ackerland besorgt hatte. Beendet war das „goldene Zeitalter“ von Sylt zu Beginn des 19. Jahrhunderts, zur Zeit der napoleonischen Kriege und der Kontinentalsperre. Nun bildete die Seefahrt nicht mehr die Haupterwerbsquelle. Alle Ersparnisse, oft in Staatspapieren angelegt, wurden zunichte durch den dänischen Staatsbankrott von 1813. Die weltgewandten, zumeist weitgereisten Westerländer überwanden jedoch diese Notzeit und wurden wieder bescheidener. Die Entwicklung des Dorfes und die Bevölkerung stagnierten. Die Zahl der Einwohner Westerlands verringerte sich von 496 im Jahr 1769 auf 407 im Jahr 1827. Als der Fremdenverkehr begann und das Seebad 1855 eröffnet wurde, zählte Westerland 466 Einwohner.

Eigentlich begann das „goldene Zeitalter“ Westerlands 1855, als der Ort für den Badeverkehr erschlossen wurde. Es dauert bis heute an. Dem Aufblühen des Nordseebads verdankt Neu-Westerland seine Entstehung. Waren früher die Westerländer vor dem Meer bis hart an die östliche Grenze des Kirchspiels geflohen, so drängten die Zuwanderer nun nach Westen vor und füllten allmählich die weiten Flächen bis zu den Dünen mit einem neuen Ortsteil, dessen Hauptstraßen heute die Friedrich- und die Strandstraße sind. Sogar auf den Dünen baute man: 1880 das Haus Baur-Breitenfeld und 1903 das Hotel Miramar. Am Strand entstanden auf Pfählen hölzerne Strandhallen. 1912 wurden die heutigen Anlagen geschaffen: Strandmauer mit Plattform und massiven Strandhallen. Die Zahl der Einwohner, Häuser und Anlagen des Badeorts war bis 1905 so weit gestiegen, daß Westerland die Stadtrechte erhielt. Die Badeeinrichtungen sind 1893 von der Landgemeinde Westerland aus Privatbesitz gekauft worden.

Westerland war in der Wilhelminischen Zeit ein internationales Mode- und Vergnügungsbad. Damals war das Bade- und Strandleben bestimmt vom Herrenbad im Norden und vom Damenbad im Süden. Erst 1902 wurde ein Familienbad eingerichtet. Nach dem Ersten Weltkrieg verlor der Ort den Charakter eines Weltbads. In den zwanziger und dreißiger Jahren entwickelte er sich mehr zum Kur- und Heilbad, nach dem Zweiten Weltkrieg zu einem der beliebtesten Nordseeheilbäder. Heute ist Westerland das Zentrum des Fremdenverkehrs auf der vielgerühmten nordfriesischen Insel.

Fritz Wichert

„Erster Eindruck der Insel. Eben bin ich den Strand entlang gewandert. Ganz wunderbar ist das Meer. Riesenhohe Wellen und die Wasserfläche wie geschwollen. Wenn man da am Ufer bei den heranrollenden Wellen herumwandert, möchte man sich die Kleider herunterreißen und hineinlaufen.“ Im September 1931 begann Fritz Wichert (1878 – 1951) seine „Aufzeichnungen aus Kampen“ im Wichert-Hof am heutigen Hobokenweg. In seinem Kampener Haus hat der Kunsthistoriker die letzten 17 Jahre seines Lebens verbracht. Nach dem Zweiten Weltkrieg führte er die Geschäfte des Bürgermeisters. Als Leiter der Mannheimer Kunsthalle, später des Städelschen Kunstinstituts in Frankfurt am Main hatte er das Kunstleben nachhaltig beeinflußt. Er versuchte, die Kunst zum Thema der modernen Volksbildung zu machen. Ähnliche Versuche hatte schon Ferdinand Avenarius ab 1887 unternommen. Fritz Wichert ist auf dem Keitumer Friedhof beigesetzt – nahe der Ruhestätte des Kunstwart-Herausgebers.

Wilhelmine

Wilhelmine

An der Wilhelmstraße, im Stadtzentrum von Westerland, steht die dralle Wilhelmine, die Brunnenfigur der Bildhauerin Ursula Hensel-Krüger (geboren 1925 in Hamburg, seit 1963 auf Sylt ansässig). Wer die runden Formen des Kunstwerks sieht, kann ein Schmunzeln nicht unterdrücken. Wilhelmine ist ein Symbol der Freude und Lebenslust. Bei der Enthüllung der Brunnenfigur im Jahr 1980 hat die Künstlerin den Zweck ihres Werks erläutert: „Ein paar ernste Worte zur heiteren Wilhelmine. Ich hatte immer gemeint, die Schlichtheit meiner Arbeit bedürfe keiner Worte. Weit gefehlt! Wir Menschen scheinen schon so kompliziert zu sein, daß wir nichts Einfaches mehr verstehen. Und besonders in Sachen Kunst bedürfen wir des Kindes aus dem Märchen „Des Kaisers neue Kleider“, das frei und wahr seine Meinung zu sagen wagt. Wir Erwachsenen möchten alle nur „in“ sein. Eines ist aber meines Erachtens nicht mehr „in“: das Bekenntnis zur Freude. Ja, meine Lieben, schauen wir uns doch einmal um! Wo lächeln wir uns noch zu, wenn wir uns begegnen? Wie furchtbar ernst sind wir alle, wie verschlossen, wie verbittert unsere Mienen. Es ist schon einige Jahre her, da wurde ich als Künstlerin in einem Fernsehinterview gefragt: „Was bezwecken Sie mit ihrer Arbeit?“ Meine Antwort war: „Ich möchte dem Menschen die Freude wiedergeben.“

Ernst Willkomm

Die Inseln und Halligen vor der schleswig-holsteinischen Westküste und das Watt, jene amphibische Fläche in der Nordsee, sind von den Schriftstellern verhältnismäßig spät entdeckt worden. Noch in der ersten Hälfte des vorigen Jahrhunderts war diese Landschaft kein bevorzugtes Reisegebiet, ausgenommen Helgoland. Erst um 1850 finden sich mehrere Reiseschilderungen und Erzählungen, in denen die nordfriesische Inselwelt, darunter auch Sylt, zum Teil jedoch noch als terra incognita oder unbekanntes Land vorgestellt wird. Zu den Schriftstellern, die schon früh über Sylt berichteten, gehört Ernst Willkomm (1810 – 1886). Er bereiste 1838 und 1849 die Nordfriesischen Inseln und fand hier genügend Stoffe für seine See-, Spuk- und Abenteuergeschichten. Auf Sylt kam der Autor ins Gespräch mit Christian Peter Hansen (1803 – 1879), Heimatforscher, Lehrer und Schriftsteller, der selbst auf der Suche nach Sagen und Geschichten war. Bevor Hansen die von ihm gesammelten Abenteuer des Wattenschiffers Brork in seinen Büchern „Das Schleswigsche Wattenmeer und die friesischen Inseln" (1865) und „Die Friesen" (1875) darstellte, hat er sie seinem Besucher Willkomm erzählt. Unter der Überschrift „Der Schlickläufer" griff der aus Sachsen stammende Erzähler Willkomm die Berichte seines Sylter Kollegen auf und verwertete sie in dem Band „Im Wald und Gestade" (1854). Ehrlicherweise hat er angemerkt „nach den mündlichen Mitteilungen des Cantor C. P. Hansen in Keitum auf Sylt".

Georg Wülfke

Georg Wülfke (1800 – 1858) war von 1824 bis 1838 als Landschaftsarzt auf Sylt tätig. Er war angestellt und erhielt ein vereinbartes Gehalt, das jedoch oft nicht ausreichte, alle Kosten seiner Lebenshaltung zu decken. Deshalb entschloß er sich, eine besser bezahlte Stellung auf dem Festland zu übernehmen. 1838 teilte er dem Kollegium der Landesgevollmächtigten, den Sylter Volksvertretern, in einem Abschiedsbrief mit, daß seine „Amtseinnahme nur für mäßige Bedürfnisse" gereicht habe.

Wülfke war 14 Jahre lang als einziger Arzt auf der Insel tätig. Für zwei Ärzte war erst seit der zweiten Hälfte des 19. Jahrhunderts eine ausreichende Existenzgrundlage vorhanden. Über Wülfkes ärztliche Leistungen ist wenig überliefert, viel mehr ist über sein politisches Wirken bekannt. Auf Sylt hat der Landschaftsarzt an den Bemühungen um eine Verbesserung der Gemeindeordnung teilgenommen. Mit seiner vielbeachteten Schrift „Ueber die Sylter Landschaftsverfassung und ihre zeitgemäße Verbesserung" hat er 1831 die Diskussion vorangeführt, das Interesse seiner Mitbürger für kommunale Aufgaben angeregt und das liberale Denken beeinflußt. Ihre politischen Vorstellungen und Wünsche haben die Sylter im Januar 1831 in einer Petition an den dänischen König übersandt. Ihr Landschaftsarzt war daran maßgeblich beteiligt.

Wülfke war Anhänger der schleswig-holsteinischen Bewegung. Er war mit Uwe Jens Lornsen befreundet und stand mit Theodor Storm in Verbindung. 1848 wurde er von den Syltern als Abgeordneter in die konstituierende Landesversammlung gewählt. Nach dem Scheitern des Versuchs, von Dänemark loszukommen, ist er aus politischen Gründen als Husumer Physikus entlassen worden. Verständlicherweise wollten die Dänen keine politischen Gegner in wichtigen Ämtern beschäftigen.

Die Insel hat Georg Wülfke als seine zweite Heimat geschätzt. „Sylt müßte wohl ein kleines Paradies sein", schrieb er 1841 in einem Brief: „Jawohl, sage ich dann, gehen Sie nur mal hin und leben Sie unter diesen kernigen Leuten, unter Sitten, wie sie auf dem ganzen Festland nicht gefunden werden, und seien Sie mal 14 Jahre hineingelebt wie ich, so werden Sie nicht anders können als mir beipflichten ... Ich werde nie aufhören, ein Sylter zu sein."

Henriette Hirschfeld

Zahnarzt

Deutschlands erster weiblicher Zahnarzt kam aus Westerland: Henriette Hirschfeld, 1834 als Tochter des Pastors Daniel F. C. Pagelsen geboren, 1911 in Berlin gestorben. Ihr Vater bekleidete das Amt in Westerland von 1827 bis 1840. Die Tochter heiratete den holsteinischen Gutsbesitzer Hirschfeld, wurde bald Witwe und entschloß sich, einen eigenen Beruf zu erlernen. Das Zahnweh in ihrer Kindheit und die schlechte Behandlung beim Zahnarzt führten zu ihrer Entscheidung, sich der Zahnheilkunde selber zuzuwenden. Ein Platz an einer deutschen Universität stand ihr jedoch nicht offen. Das Vorurteil gegen Studentinnen war noch zu groß. In Berlin lernte Henriette Hirschfeld einen amerikanischen Zahnarzt kennen, der ihr das Studium in den USA empfahl. Sie ging 1867 nach Philadelphia, legte nach zweijährigem Studium das Doktorexamen ab, kehrte nach Deutschland zurück und eröffnete in Berlin 1869 eine Praxis. Sie ließ am Haus Behrenstraße 9 in Friedrichstadt ein Schild anbringen: Dr. Henriette Hirschfeld, geb. Pagelsen. American Dentist. Berliner Frauen und Kinder waren ihre dankbaren Patienten. Die Männer trauten sich in jener Zeit noch nicht, die Zahnarztpraxis einer Frau aufzusuchen.

Zeitung

Die erste Sylter Zeitung hat 1879 Julius Meyer in Keitum begründet. Sie erschien dreimal in der Woche. Ab 1886 druckte der nach Westerland zugewanderte Fritz Roßberg das Sylter Intelligenz-Blatt. Dieses Druckstück ist 1923 mit der Sylter Zeitung vereinigt worden, die Carl Meyer, Sohn von Julius Meyer, ab 1901 in Westerland herausgab. Bevor diese Sylter Zeitungen auf dem Markt waren, sind auf der Insel Blätter vom Festland gelesen worden, zum Beispiel Altonaer Mercurius (von 1678 bis 1875 erschienen), Husumer Wochenblatt, Itzehoer Nachrichten (seit 1857, zuvor als Itzehoer Wochenblatt gedruckt). Die Sylter Rundschau wurde 1949 von Erich Buchsteiner geschaffen. Heute ist die Sylter Rundschau eine Lokalausgabe des Flensburger Zeitungsverlages. Nur die Inselnachrichten werden auf Sylt von einer Redaktion in Westerland zusammengestellt und zum Drucken nach Flensburg geliefert: ein Beispiel für die Konzentration der Presse und die Rationalisierung im Druckgewerbe. Aber es gibt als Gegenbewegungen mehrere Wochenblätter auf Sylt, die ihre Werbe- und Informationsaufgaben wirkungsvoll wahrnehmen.

Carl Zuckmayer

Als Gast im Haus von Annemarie van Hoboken geb. Seidel in Kampen erlebte Carl Zuckmayer (1896 – 1977) die Jahreswende 1932/33. Dort improvisierte er den hintergründigen Silvesterspruch auf das Jahr 1933, den er seinem Freund Hans Schiebelhuth in einem Brief übermittelte:

„In der Silvesternacht auf Kampen, in der es so still war, daß man glaubte die Glocken vom Festland zu hören (aber es war nur stille singende Luft!), habe ich unterm Dunst hobokenscher Weinschläuche, zu einem Portwein von 1896 (meinem Geburtsjahr!) einen Gruß improvisiert, gestegreift, steggereift, stegreifgereimt, den ich Dir für dieses Jahr und alle Jahre schenke. Ich habe ihn gleich ins Unreine gesprochen, und so ist er auch geblieben:

Silvesterspruch 1932

Das alte Jahr zu Ende geht,
Das neue vor der Türe steht.
Das mag ein gut Jahr werden!

Der Nebel in der Heide stockt.
Der Leuchtturm hinterm Nebel hockt
Und hält die Wacht auf Erden.

Es schläft das Meer, es ruht das Watt,
Die Wildgans schläft, von Muscheln satt,
Das Wachs tropft von den Lichtern –

Wir trinken unsern Portwein still:
Mag kommen, was da kommen will –
Der Himmel helf' den Dichtern!“

Zukunft

Über die Zukunft der Insel Sylt hat sich im vorigen Jahrhundert der Chronist Christian Peter Hansen geäußert. Seinem 1859 gedruckten Fremdenführer von Sylt stellte er als Motto Verse von Ossian voran, dem keltischen Dichter aus dem 3. Jahrhundert. Das Buch, dem Hansen seine Kenntnisse dieser schottischen Lyrik verdankte, war 1760 erschienen. Der Schotte James Macpherson hatte Ossians Gesänge in jenem Jahr herausgegeben, zusammen mit eigenen

Reimen, so daß bis heute nicht ganz entschieden ist, was echt und was fingiert ist. Gleichwohl bekannten sich Goethe, Herder und Klopstock begeistert zu den Versen. Ossians Werk und Wirken sind bis zur Gegenwart nicht vergessen, denn erst 1979 hat die Freiherr-vom-Stein-Stiftung einen Ossian-Preis vergeben, der zur Förderung eigenständiger, in ihrem Fortbestand gefährdeter Sprach- und Kulturgemeinschaften dienen soll. Er ist anläßlich des Friesenkongresses auf Sylt im Mai 1979 an den Holländer Brouwer verliehen worden.
Die allgemeine Begeisterung für Ossian vor rund 150 Jahren teilte auch C. P. Hansen. Deshalb wählte er als Leitspruch für seinen „Wegweiser für Badende in Westerland" diese Worte des schottischen Poeten:

Du beschlammter Sohn des Stromes,
der du noch anjetzt erhoben stehst,
o Stein!
Du sollst reden einst zu den Schwachen,
wann das Geschlecht von Selma wird
erloschen sein.

Untergangsstimmung in der Überzeugung, eines Tages werde die gefräßige Nordsee weitere Küstenstreifen und die friesische Insel Sylt ganz verschlingen? Tatsächlich glaubte der Keitumer Lehrer und Küster C. P. Hansen daran und meinte, wie das alte Friesland zum Teil im Meer versunken sei, so würden auch die übriggebliebenen Inselbrocken „dereinst wie nicht zu bezweifeln, ebenfalls verschwunden sein".
In mehreren Büchern hat der Inselchronist seine Ansicht über die Zukunft seiner Heimatinsel ausgesprochen, zum Beispiel 1858: „Es gewährt mir diese Arbeit freilich zugleich eine wehmütige Erinnerung an das fortwährende Zerbröckeln und an den endlichen völligen Untergang aller friesischen Inseln der Uthlande, vielleicht mit den Bewohnern." Bereits 1856 hatte Hansen in der Einleitung zu seinem Hauptwerk „Chronik der friesischen Uthlande" geschrieben: „Nun, ich denke mir unsere kleine friesische Inselwelt, von der nur noch Trümmer übrig sind, als dereinst im Meere ganz untergehend."
Hansens Pessimismus ist nach den heutigen Kenntnissen der Wissenschaft gerechtfertigt. Die Nordfriesischen Inseln werden dem Ansturm des Meeres auf die Dauer nicht standhalten. Auch Sylt wird von der Landkarte verschwunden sein, bis die dem steten Wandel ausgesetzten Küsten der Nordsee einen Gleichgewichtszustand erreicht haben. Buhnenbauten, Strandmauern, Tetrapodenketten, Dünenpflanzungen und Sandvorspülungen werden dagegen kaum etwas ausrichten.
„In spätestens dreihundert Jahren ist der ganze Rummel hier vorbei. Dann hat das Meer die Insel verschluckt", weissagte der frühere Pfarrer von Keitum mit dem Blick auf das „süße Leben" der Playboys in Kampen. Aber seine Vorhersage wird sicherlich nicht in Erfüllung gehen. Die Geologen rechnen mit viel längeren Zeiträumen. Bis der „ganze Rummel" vorbei sein wird und Meer und Wind ihr Zerstörungswerk vollbracht haben, vergeht noch längere Zeit, vermutlich noch einige Jahrhunderte. Denn das Meer zerschlägt vom Geestkern der Insel in jedem Jahr durchschnittlich mehr als 1 Meter. In manchen Jahren sind es sogar mehrere Meter. Über viele Jahrhunderte betrachtet

Über viele Jahrhunderte betrachtet erreicht der Abbruch an der Sylter Westküste im langfristigen Mittel rund 1,25 Meter.
Neuere Forschungen der Geologie haben gezeigt, daß der Westerländer Geestkern einst mehr als 10 Kilometer weiter nach Westen gereicht hat. Der große Landverlust ist in den vergangenen 7500 bis 8000 Jahren entstanden. Daraus folgert man mit Recht, daß die Tendenz dieser Naturvorgänge auch in der Zukunft ähnlich sein wird. Warum sollte sich hieran etwas ändern? Es ist nicht damit zu rechnen und gar nicht zu wünschen, daß zum Schutz der Insel ein Bollwerk westlich der Sylter Küste errichtet wird, wie es 1938 der Geologe Wilhelm Wolff vorgeschlagen hat: „Das Problem des Landschutzes liegt am Weststrand der Insel. Für diesen kann man vom naturwissenschaftlichen Standpunkt nur sagen, was auch sonst in der Strategie gilt: eine rein passive Verteidigung mit Strandmauern, Buhnen usw. vermag den Kräften des Meeres auf die Dauer nicht zu widerstehen. Angriff muß mit Angriff beantwortet werden. Die Verteidigung Sylt liegt nicht an seinem Strande, sondern davor, draußen in der See. Das Ziel muß sein, gewissermaßen ein zweite Sylt vor dem ersten aufzubauen."
Auf die ständigen geologischen Veränderungen und den unaufhaltsamen Abbruch der Sylter Westküste hat C. P. Hansen frühzeitig hingewiesen. Nach unseren heutigen Kenntnissen wird sich seine Prognose über die Zukunft der Insel als richtig erweisen.

Stefan Zweig

Auf der Kurpromenade von Westerland spielte am 24. Juni 1922 die Kurkapelle, als zahlreiche Kurgäste von der Nachricht über die Ermordung des Außenministers der Weimarer Republik, Walther Rathenau, überrascht wurden. „Ich war an diesem Tage schon in Westerland", behauptete der österreichische Dichter Stefan Zweig in seiner Autobiographie „Die Welt von gestern" (1944): „Hunderte und Aberhunderte Kurgäste badeten heiter am Strand. Wieder spielte die Musikkapelle wie an jenem Tage, da Franz Ferdinands Ermordung gemeldet wurde, vor sorglos sommerlichen Menschen, als wie weiße Sturmvögel die Zeitungsausträger über die Promenade stürmten: „Walther Rathenau ermordet!" Eine Panik brach aus, und sie erschütterte das ganze Reich. Mit einem Ruck stürzte die Mark, und es gab kein Halten mehr, ehe nicht die phantastischen Irrsinnszahlen von Billionen erreicht waren. Nun erst begann der wahre Hexensabbat von Inflation."
Zweigs Biograph Donald Prater hat herausgefunden, daß die Darstellung des Dichters chronologisch ungenau ist. Denn der Ferienaufenthalt von Stefan Zweig in Westerland begann in Wirklichkeit erst im August 1922. Damals wie auch im folgenden Jahr 1923 war er im komfortablen „Hotel zum Deutschen Kaiser" in der Maybachstraße zu Gast. In seinen Erinnerungen an die „Sternstunde" der europäischen Geschichte am 24. Juni 1922 spricht wohl mehr der Künstler als der Historiker. Daß Zweig in diesem Zusammenhang auf Westerland und das heitere Treiben der Kurgäste auf der Promenade und am Strand des See-

bads hinweist, geschieht nicht zufällig oder um der Insel Sylt wegen. Der Hinweis hat hier eine ganz bestimmte Funktion, indem er den idyllischen Rahmen und Hintergrund für das katastrophale Ereignis bildet. Schöne Landschaften bedeuteten für den Schriftsteller nur „neue Kulissen, die seine ambulante Arbeitsstätte umrahmten und die flüchtig zu betrachten er sich nur in seltenen Arbeitspausen gönnte". So hat ihn seine Frau Friderike gesehen, die im Sommer 1922 in Westerland dabei war.

Inhalt